Sept femmes contre Édimbourg

DU MÊME AUTEUR

L'Homme qui était Sherlock Holmes : une biographie du Dr Joe Bell, Éditions Baker Street, 2009.

Ely M. Liebow

Sept femmes contre Édimbourg

Roman

traduit de l'américain
par Françoise Jaouën

Éditions Baker Street

Ouvrage publié
sous la direction de Cynthia Liebow

Nous remercions tout spécialement Jean-Pierre Cagnat et Marc Lescop
pour leur générosité et leur talent.

Titre original :
Seven against Edinburgh

(Première édition mondiale)

ISBN : 978-2-917559-20-8

Sophia Jex-Blake

J'aimerais signaler, avant de commencer mon récit, que ce n'est pas moi qui ai eu l'idée de consigner les singuliers événements qui se déroulèrent durant l'automne et l'hiver 187… J'aurais, pour ma part, préféré oublier la quasi-totalité de ce fatal semestre à la prestigieuse école de médecine de l'université d'Édimbourg. Le lecteur me pardonnera de ne pas donner l'année exacte de ce troublant épisode, qui secoua l'Écosse toute entière, mais mieux vaut ne pas mentionner de date précise, afin de préserver la réputation – et l'identité – de nombre des personnes concernées. Plusieurs membres du Sénat, l'un des plus importants comités de gouvernance de l'université d'Édimbourg, qui m'avaient instamment demandé d'occulter certains noms et événements, ont depuis fait taire leurs objections en voyant les articles parus dans les journaux au fil des ans.

Une précision concernant mon récit. J'ai exigé que l'on attende au moins une génération après ma mort pour le rendre public (je m'amuse encore de l'imprécision de cette requête). À l'époque des bizarres événements racontés dans les pages qui suivent, je dirigeais le service de chirurgie de l'hôpital royal d'Édimbourg ; j'y donnais également quelques cours de chirurgie clinique, en sus de ceux que j'enseignais à l'université. À l'issue de mes études de médecine à Édimbourg, j'avais été envoyé sur le front de Crimée. Blessé peu après mon arrivée, je fus démobilisé, et retournai à mon hôpital d'attache comme un pigeon voyageur rentre chez lui. Aujourd'hui, je crois sincèrement ne pas faire preuve d'immodestie en affirmant que je suis le médecin le plus consulté de la capitale écossaise.

Un dernier mot pour présenter les trois jeunes gens qui me pressèrent de devenir le chroniqueur de ces journées d'épouvante. Étudiants en médecine, ils étaient également assistants auprès de professeurs de l'hôpital. Tous trois insistèrent pour que je fasse le récit fidèle et complet de cette histoire, en m'enjoignant de ne rien omettre, et m'aidèrent à combler les lacunes de ma mémoire. Quelques passages sont donc susceptibles de heurter la sensibilité de certains lecteurs. Ces trois jeunes gens – Alan Caird, Francis Curor et Arthur Conan Doyle – étaient animés de grands idéaux, et furent profondément affectés par les événements relatés ici. Ils ont tous lu la première ébauche de mon récit, tout comme Matilda Chaplin Ayrton et Helen Evans Russel, deux des sept femmes qui auront un rôle central à jouer dans cette histoire, et qui tentèrent d'entrer à l'école de médecine d'Édimbourg.

Dr Patrick Heron Watson,
Royal College of Surgeons (Édimbourg)
3, Charlotte Square
Édimbourg, Écosse
6 janvier 1881

I

Les aspirantes médecins

Comment oublier la façon dont tout a commencé ? Je marchais d'un bon pas dans Nicolson Street, me rendant au bâtiment de chirurgie, lorsque j'entendis une voix :

« Tiens, regarde-moi ça. Vous allez examiner des génitoires, hein ?

— Toutes des traînées, voilà ce que je pense, gronda méchamment une autre voix.

— Moi, j'ai des génitoires que j'aimerais bien vous montrer », ajouta une troisième voix.

Pressant le pas, j'aperçus cinq ou six jeunes gens adossés aux hautes grilles du bâtiment. Un grand blond qui se curait les dents fut le premier à me voir avancer, canne levée. Puis je découvris un groupe de jeunes femmes, que je reconnus immédiatement : les « aspirantes médecins », comme les appelait la presse, bien résolues à faire des études de médecine dans une école et un pays qui refusaient d'ouvrir les portes de l'université aux femmes.

L'espace d'un instant, nous restâmes tous figés ; puis le blond lança son cure-dents comme un projectile en disant : « Allez, allez, fichez le camp. »

Plusieurs d'entre eux s'engouffrèrent dans le bâtiment ; l'un dépassa les femmes en courant, et un autre, léger comme une gazelle montée sur ressorts, sauta par-dessus la large balustrade en pierre en haut des escaliers, atterrit souplement dans les buissons et s'empressa de filer. Je brandis ma canne dans leur direction, criant quelques invectives inintelligibles dans l'air matinal.

Puis le silence… Les stores se levèrent dans quelques maisons avoisinantes ; des portes s'entrouvrirent ; des visages apparurent brièvement aux fenêtres.

Je me trouvais face à Sophia Jex-Blake, la meneuse du petit groupe de jeunes femmes intrépides, curieux mélange de cervelle, de franc-parler et d'implacable détermination.

« Je vous demanderais volontiers des nouvelles de votre santé, docteur Watson, mais je crains de vous contrarier », me dit-elle.

Je m'appuyai sur ma canne avec un petit rire – le premier de cette fraîche journée d'automne.

« Ce serait certes une bonne façon d'éviter le sujet, n'est-ce pas ?

— Vous commencez à ressembler à celle que j'étais à Brighton, rétorqua-t-elle en éclatant de rire.

— Vous n'arriverez pas si facilement à détourner mon attention. Dois-je comprendre que la petite scène à laquelle nous venons d'assister est de celles racontées ces derniers temps par le jeune Mr Ogilvie dans le *Scotsman* ? »

Miss Jex-Blake s'apprêtait à me donner la riposte lorsque Edith Pechey, la plus jeune des sept, et peut-être la plus brillante, fit taire sa compagne en lui prenant le coude.

« Cela, ce n'était qu'un incident mineur, docteur Watson, dit-elle. Les étudiants nous tournent en ridicule, jurent en notre présence, usent d'un langage qui ferait rougir un vieux loup de mer, et ne cessent de réciter une curieuse litanie citant des parties anatomiques du corps – si ce n'est pas un pléonasme – en dépit de leurs lacunes en la matière. Le plus troublant, c'est que tout allait pour le mieux dans les cours où vous nous avez admises, vous et quelques-uns de vos aimables et généreux collègues. »

Je battis furieusement des cils. Elle parlait encore plus vite que son intrépide amie, mais dans un murmure. Je suis sans doute resté planté là un moment, l'air abasourdi, gêné, pris de confusion.

« C'est affreux. Je suis consterné, finis-je par dire. C'est le type de comportement qu'aucun gentleman…

— Docteur Watson, lança sèchement Sophia, qui s'était mise à trembler. Nous n'avons pas affaire à… non, je ferais mieux de me taire.

— Merci de tenir compte de ma susceptibilité, ou devrais-je dire ma pudeur ? Que disait donc Alexander Pope ? "Ne parlez jamais de l'Enfer en présence d'oreilles policées." »

Elle éclata de rire, puis dit doucement, en baissant les yeux : « Non, il s'agissait d'autre chose, mais je ne crois pas que ce soit le moment…

— Sophia ! lança une voix un peu rauque. Je trouve que la situation est grave. Raconte-lui. Ou montre-lui. Il saura peut-être quoi faire, ou pourra nous conseiller. »

Mrs Isabel Thorne, de sept ou huit ans plus âgée que les autres femmes, avait passé plusieurs années en Orient avec son mari, où elle avait eu le malheur de perdre sa petite fille, hospitalisée dans un établissement où, disait-elle, les femmes n'étaient guère mieux traitées que les animaux. Elle était revenue animée d'une farouche détermination.

« Montre-lui, Sophia, montre-lui. »

Sophia ouvrit lentement une grossière sacoche qu'elle avait coincée sous son bras gauche. Défaisant le curieux fermoir en argent, elle se mit à fouiller à l'intérieur.

« Je croyais que je l'avais mis par-dessus, mais je n'arrive pas… »

Nous avions formé un cercle autour d'elle, et nos haleines blanchies par le froid ressemblaient à des traînées laissées par des balles tirées sur le sac.

Je toussai nerveusement. « Ce qui est introuvable est trop bien caché, dit un proverbe écossais », lançai-je pour soulager son embarras.

Puis, tandis qu'Edith Pechey avançait la main pour soutenir le lourd objet, Sophia, agrippée à son sac, répondit : « Oui, et pour citer un autre de vos beaux proverbes : "Deux mains à la pâte, peut-être, mais jamais dans un sac à main." »

Imperturbable, Edith Pechey tendit la main.

« Sophia, je le vois dépasser du fond du sac.

— Ah-ha ! » fit doucement Sophia en abaissant le regard. Elle saisit un objet dans un bruit de papier froissé, puis me le tendit. Comme je l'ai indiqué plus haut, j'avais servi à Balaklava, et j'avais vu quantité de blessés sur le champ de bataille et sur les crasseuses tables d'opération ; mais mes cheveux se hérissèrent lorsque je découvris le contenu du paquet. Ayant dénoué une grossière ficelle noire, j'avais défait bruyamment une grande feuille de papier. À l'intérieur, fixé à un morceau d'ardoise rectangulaire, se trouvait un scalpel d'ophtalmologie recouvert de sang séché, ainsi qu'un doigt masculin en voie de décomposition. Des mots découpés dans un journal avaient été collés à la hâte sur le papier. « C'est ce qui vous attend si vous remettez les pieds à l'hôpital ! » Seul le mot « hôpital » était rédigé à la main, en grossières capitales à l'encre noire.

« Nom d'un chien ! » m'écriai-je (je crois avoir aussi murmuré quelques « Mon Dieu ! »).

Je me mis à marteler le sol avec ma canne – un tic nerveux.

« Je comprends que vous soyez effrayées. Voilà qui suffirait à démonter un sergent instructeur.

— Docteur Watson, qui parle d'être effrayées ? rétorqua Miss Jex-Blake. Je suis furieuse ! Si un toqué aux idées courtes croit nous faire peur, il nous connaît mal. »

À dire vrai, mes lecteurs connaissent tout aussi mal ces jeunes femmes. Afin d'expliquer l'existence de cet affreux paquet, il me faut raconter comment sept jeunes femmes firent soudain leur apparition dans les années 1870 dans une université – je devrais dire un pays – qui n'avait jamais diplômé aucune femme. Elles vinrent frapper aux grilles d'un établissement qui peut être considéré, sans exagération de ma part, comme la plus grande école de médecine du monde, exigeant d'être formées à la médecine. Oui, elles étaient sept. Le *Scotsman*, notre principal quotidien, baptisa la bataille juridique qu'elles allaient mener contre l'université « *Septem Contra Edinam* : Sept contre Édimbourg ».

II

La première aspirante médecin

Je souris, je l'avoue, en écrivant le titre de ce chapitre. Je me souviens de l'apparition de Black Dog dans l'auberge de l'amiral Benbow dans L'Île au trésor, le roman récemment publié par notre étoile littéraire, Robert Louis Stevenson. En entrant en scène, le vieux loup de mer avait chassé la quiétude, plongeant Édimbourg dans les querelles et l'agitation, comme disait mon mentor, le Dr Spence. Une grande agitation, et guère de trésor au bout du compte. Mais le vieil adage qui dit que la vérité est plus étrange que la fiction s'applique certainement ici.

Sophia Jex-Blake, à l'instar de Black Dog, avait débarqué d'un bateau – en l'espèce un navire américain – avant d'arriver sur nos rives. Élevée avec un frère et une sœur de plusieurs années ses aînés dans la région de Brighton par des parents âgés, elle avait le tempérament obstiné d'une enfant unique. Je connaissais bien son frère Tom, directeur d'école à Rugby, et j'avais souvent entendu citer le nom de la jeune femme.

Parvenue à l'âge adulte, très pieuse, elle s'était mis en tête de devenir la première femme pasteur d'Angleterre, et certaines remarques faites par son frère me laissent penser qu'elle terrorisa une grande partie du clergé de la région de Brighton. À l'école, elle se montra entêtée, insubordonnée, et son comportement n'avait le plus souvent rien de féminin. Elle me raconta que la plupart des écoles « observaient de rigides préceptes religieux », et qu'elle fut renvoyée de l'une d'elles. Ses parents, très stricts, s'attendaient sans doute à ce qu'elle se marie un jour, mais puisqu'on lui interdisait de fréquenter les bals, de monter à cheval, d'aller au théâtre et de profiter d'autres plaisirs profanes, je vois mal comment elle aurait pu rencontrer des partis convenables.

Elle partit sur le continent poursuivre ses études. Elle obtint rapidement un poste d'assistante de mathématiques à Mannheim, tout en se jurant de révolutionner l'étrange système éducatif anglais. Son existence et ses projets furent bouleversés par la rencontre inopinée du Dr Lucy Sewall, une jeune doctoresse infatigable formée aux États-Unis. Elle voulut alors accompagner le Dr Sewall en Amérique afin d'y révolutionner le modèle éducatif. Mais la guerre de Sécession dressa quelques obstacles sur son chemin. Dès l'apaisement du conflit, elle prit le bateau. Le Dr Sewall, disciple de la célèbre Elizabeth Blackwell, première femme médecin anglophone, était alors interne au New England Hospital for Women and Children. Cette rencontre fut une véritable révélation pour Miss Jex-Blake.

Au début, Sophia se contentait de dispenser les remèdes, d'administrer les premiers soins, et de servir de factotum à sa nouvelle amie. En Amérique, elle rencontra non seulement des femmes médecins et des étudiantes en médecine, mais également des professeures de langue, de mathématiques et d'astronomie. Soudain, comme Paul frappé de son aveuglante vision sur le chemin de Damas, la jeune femme déterminée n'eut plus qu'une idée en tête : devenir médecin. Naturellement, seule une école du meilleur niveau pouvait faire l'affaire. Elle posa sa candidature à Harvard qui l'informa – courtoisement, je l'espère – que les femmes n'étaient pas admises.

Éconduite, mais sans se décourager pour autant, elle décida de plaider sa cause. En attendant, elle visita toutes les universités qu'elle put en Nouvelle-Angleterre, prenant de copieuses notes sur leurs méthodes éducatives. Au cours de ses pérégrinations, elle fit la connaissance de deux grands penseurs, Ralph Waldo Emerson et Bronson Alcott. S'étant soigneusement préparée à défendre son cas, elle était revenue à Harvard, puis avait commencé à suivre des cours de médecine avec le Dr Blackwell à New York. lorsqu'elle apprit que son père était mourant. Après son décès, constatant qu'elle ne pourrait jamais vivre avec sa mère sous le même toit, elle posa sa candidature à l'école de médecine d'Édimbourg. À l'instar des perspicaces hommes politiques américains qu'elle nous décrirait plus tard, Miss Jex-Blake ne s'en remit pas entièrement au destin. Elle fit le voyage jusqu'à Édimbourg, rencontra Sir J.Y. Simpson, qui avait eu le premier l'idée d'utiliser du chloroforme en anesthésie, et qui enseignait l'obstétrique à l'université. Elle s'entretint également avec le Pr Masson, doyen de la faculté des sciences humaines, et dîna avec le Pr Blackie, le grand spécialiste de grec et de latin, se faisant un allié de ce vénérable personnage. En vérité, elle mena son projet avec aplomb. Elle fut admise à l'école de médecine pour le semestre d'été, mais seulement « à titre expérimental ». Malgré tout, elle pouvait se dire qu'elle avait au moins réussi à entrouvrir la porte aux femmes.

Elle n'était autorisée à suivre que les cours d'histoire naturelle et de botanique, où elle fit florès, si mes lecteurs veulent bien me pardonner ce jeu de mots involontaire. On pourrait même dire qu'elle y réussit trop bien. Elle croyait avoir définitivement forcé la porte, mais la faculté décida de la refermer. « Nous avons le regret de vous informer que l'université se voit obligée d'engager des dépenses et des mesures que ne justifie pas la présence d'une seule et unique étudiante », lui écrivit-on.

J'aimerais ici clarifier la situation pour ceux de mes lecteurs qui jugeraient énigmatique ce raisonnement. Puisque les hommes et les femmes (notamment à l'école de médecine) ne pouvaient se côtoyer dans les amphithéâtres, Miss Jex-Blake devait suivre des cours particuliers, et son éducation allait se révéler très onéreuse. Elle était furieuse, mais refusa de se laisser abattre. « Si c'est ce que vous voulez, gentlemen, on peut jouer à deux à ce petit jeu-là », dut-elle se dire. Elle rendit visite à quelques épouses de professeurs, et passa une annonce dans le *Scotsman*. Quatre jeunes femmes désireuses de devenir médecins, elles aussi, vinrent bientôt lui prêter main-forte. Deux autres les rejoignirent un peu plus tard. Sept d'un coup, m'étais-je dit à l'époque. Leur présence irrita grandement nombre des membres de la faculté de médecine, dont plusieurs s'employèrent à contrecarrer les projets des jeunes femmes, tandis qu'une bonne partie des autres était résolue à leur rendre la vie impossible. Ils considéraient non seulement indécent de les laisser assister aux mêmes cours que leurs homologues masculins, mais voyaient aussi un spectre se profiler à l'horizon : les femmes accaparant leur gagne-pain. Il était temps d'organiser la riposte, ce qui nous amène à Sandy Russel, et à son importante invitation.

III

Voir et observer

Mon ami Alexander Russel, rédacteur en chef du *Scotsman*, m'avait fait porter un message par un garçon de courses à mon domicile, à Charlotte Square :

> Aimeriez-vous vous joindre à quelques distingués collègues et résidents de cette ville afin de débattre d'un nouveau type d'élèves dans votre précieux hôpital – élèves qui sont source de grandes dissensions et qui en hérissent plus d'un. Je fais bien entendu allusion aux étudiantes en médecine. Cela pourrait se révéler éclairant et constructif. Si vous souhaitez en être, nous nous retrouverons au siège du journal mercredi soir à vingt heures trente. Votre voix ne sera pas de trop, soyez-en certain.
>
> Sandy

Quelle note étrange, me dis-je. Quelle singulière situation, à vrai dire. Il n'est sans doute pas inutile de préciser à mes futurs lecteurs qu'à l'époque, les femmes, comme les enfants, n'avaient pas droit à la parole. Leur place était à la cuisine, à l'église et au potager, comme le voulait le vieux proverbe écossais. Quant à la médecine, j'imaginais déjà le déluge d'images, d'épithètes et d'objections qui ne manquerait pas de s'abattre. Mais je me souviens aussi avoir ressenti un frisson d'excitation. Des femmes médecins ? À Édimbourg ? Pourquoi pas ! Rétrospectivement, je crois que j'étais prodigieusement lassé par le mode de vie stéréotypé de mes collègues. Des hommes estimables, certes, bon vivants, gourmets, gourmands, bons maris et pères stricts pour la plupart, mais aussi, trop souvent, médecins relativement médiocres et terriblement imbus d'eux-mêmes. Si quelqu'un était prêt à accepter l'idée d'admettre des femmes en médecine et à la défendre, c'était bien Sandy Russel. Ardent avocat des causes égalitaires, il militait sans cesse pour les idées progressistes. Il publiait presque quotidiennement de brillants éditoriaux dans le *Scotsman* depuis de longues années. Il n'avait guère besoin de signer son travail : chacun reconnaissait sans peine son style énergique et son humour entraînant. Quelqu'un avait un jour dit à son propos qu'il était trois personnages de Dickens à la fois : il avait le crâne chauve du bienveillant Mr Pickwick, l'air astucieux de Sam Weller, et le phrasé haché d'Alfred Jingle. Il introduisit la machine d'imprimerie à rouleau à Édimbourg, s'employa avec succès à nouer une collaboration avec le *Times*, et ouvrit une antenne du *Scotsman* à Londres. On disait aussi que c'est lui qui avait eu l'idée de faire acheminer son journal à Glasgow à quatre heures du matin par train spécial. Ce personnage bienveillant au crâne dégarni serait un excellent meneur du débat, mais c'était sans compter sur la détermination des traditionalistes. Je crois maintenant qu'ils attendaient avec impatience que commence la réunion. C'est le jeune Conan Doyle qui, percevant leur colère tandis qu'ils battaient le pavé devant la porte de Cockburn Street, cita le poète Robert Burns : « Ils étaient là, prêts à s'emporter, entretenant leur colère pour la tenir au chaud. »

****

L'heure approchait. Je quittai Charlotte Square vers huit heures moins dix pour me diriger vers Cockburn Street, où le *Scots-*

man avait récemment installé ses bureaux. Les réverbères étaient depuis longtemps allumés et, dans leur lueur brumeuse, j'aperçus Miss Jex-Blake et son amie Edith Pechey, accompagnées du jeune Francis Caird, qui leur servait sans doute d'escorte.

« Puisque la morale ici est encore plus sévère que vos hivers, j'ai pensé qu'il valait mieux que Mr Caird ne soit pas vu en compagnie d'une femme seule, me lança Miss Jex-Blake lorsque j'arrivai à leur hauteur.

— Nous sommes peut-être stricts, mais nous sommes justes, rétorquai-je, un peu vexé.

— Et c'était injuste de ma part », dit-elle.

Puis, inclinant la tête en arrière – jamais je ne l'avais vue si près de rougir –, elle leva les bras au ciel comme un pasteur exalté et dit d'une voix posée : « Comme j'aimerais qu'un jour les femmes soient jugées à l'égal des hommes. Que dirait-on si une jeune femme était vue en compagnie de deux jeunes gens célibataires ? Pardonnez-moi, docteur Watson, je radote.

— Peut-être, répondis-je, mais quand vous avez levé les bras, vous m'avez furieusement rappelé le révérend Candish, l'un des ministres les plus éloquents et les plus persuasifs de la vieille Église libre d'Écosse.

— Vous ai-je dit que j'envisageais de devenir la première femme pasteur lorsque j'avais quinze ans ? me demanda-t-elle dans un large sourire.

— J'imagine que votre situation aurait alors été aussi délicate que celle dans laquelle vous vous trouvez à présent, dit le jeune Caird en prenant les deux jeunes femmes par le bras.

— J'ai toutes les raisons de croire qu'elle aurait été encore plus délicate, rétorquai-je. Rappelez-vous, mesdames, que nous prenons la religion très au sérieux en Écosse, et que nous vénérons la plupart de nos pasteurs.

— Vous avez sans doute raison, docteur Watson, mais j'ai également observé que certains Écossais considèrent leur médecin à l'égal d'un dieu », dit Miss Jex-Blake.

Nous la dévisageâmes tous trois, puis je me mis à rire.

« Je suis probablement concerné de trop près, mais vous n'avez pas entièrement tort. Je préfère toutefois dire que nous rendons hommage à nos praticiens compétents, et que nous considérons les mérites de nos hommes d'église avec circonspection.

— Je crois que Miss Jex-Blake aurait fait un très bon prédicateur, docteur Watson, intervint Caird, mais Conan Doyle ne cesse de nous rappeler les paroles prononcées par le grand Dr Johnson lorsqu'on évoqua devant lui l'idée d'une femme pasteur : "Monsieur, une femme qui prêche est comme un chien marchant sur ses pattes postérieures. C'est mal fait, et on s'étonne même que cela se fasse."

— Ah, mon père ne cessait de me le répéter quand j'avais quinze ans, dit Miss Jex-Blake.

— Je l'ignorais, Sophia, dit Miss Pechey, soudain devenue grave. Mais je crois que vous auriez fait une superbe prédicatrice. J'oserais même dire que vous prêchez sans cesse. Vous ne m'en voulez pas ?

— Pas le moins du monde, répondit son amie. Mon père me le disait aussi.

— Souhaitiez-vous réellement devenir ministre du culte ? demandai-je.

— L'habit me serait allé à merveille, répliqua-t-elle en riant. À propos, Mr Conan Doyle fait-il partie de ces médecins que nous devons prendre de vitesse ?

— Ah, pas du tout, répondit Cairn alors que nous arrivions devant l'immeuble massif abritant le siège du *Scotsman*. Il est en troisième année, comme moi. Nous préparons tous deux les interventions ; nous servons d'assistants aux équipes médicales.

— Il porte un bien joli nom, dit Miss Pechey.

— Oui, j'ai eu la même réaction quand je l'ai entendu pour la première fois, dit Caird. Il avait une consonance si romantique ; romantique avec un grand "R". J'avoue que je n'ai pas compris sur le moment à quel point ce terme était adapté dans son cas. Doyle est un grand gaillard, qui excelle dans tous les sports connus, et je crois qu'il a lu la quasi-totalité des romans jamais publiés ; et comme si cela ne suffisait pas, « Conan » vient du français, du côté de sa mère. Tous ses ancêtres paternels étaient ou sont des artistes d'une certaine notoriété, et il dit qu'il s'est toujours senti étranger à Édimbourg – comme vous, à certains égards, Miss Jex-Blake.

— C'est un homme, cependant, lança-t-elle. Quelle croix peut-il bien porter ?

— Vous ne croyez pas si bien dire. Comme il le dit lui-même si éloquemment, il est catholique dans une ville de protestants obsédés par la religion.

— Si j'en juge par votre ton, Mr Caird, seul l'athéisme pourrait être pire, répliqua-t-elle alors que nous arrivions devant les bureaux du *Scotsman*.

— Ah, ma jeune dame, m'écriai-je en battant des mains , vous êtes sur le point de rencontrer un de ses plus farouches adeptes – et écossais, de surcroît.

— Et vous êtes tous deux des prédicateurs nés, lança le jeune Caird en riant de bon cœur. Il prêche contre la pauvreté, l'oppression, le charlatanisme et l'hypocrisie. Il s'appelle James Archibald Ogilvie, et il est en outre un homme de presse. Mr Russel lui a offert sa chance au *Scotsman*, et il ne cesse de faire des étincelles depuis. Ses lecteurs l'adorent ou le détestent.

— Dieu du ciel ! s'écria Miss Jex-Blake ; voilà deux personnes que j'aimerais fort rencontrer. Je ne crois pas avoir jamais croisé un authentique athée.

— Il faut absolument lui présenter Conan Doyle, dis-je à Caird. Vous m'avez bien dit qu'il lisait Edgar Poe en ce moment ?

— Dès qu'il a un moment de loisir, monsieur.

— En quoi cela me concerne-t-il ? demanda la jeune femme.

— Poe s'intéressait à l'occulte et au grotesque ; je crois qu'il s'était aussi fait une spécialité des messages énigmatiques et de l'assassinat...

IV

Rencontre des contraires

Russel nous avait dit d'entrer par l'arrière du bâtiment. La massive porte sembla s'ouvrir comme par magie à notre approche, et je découvris avec surprise Angus McKenzie, l'homme à tout faire de l'hôpital.

« Vous prenez cette porte, là, à droite, et vous tombez sur la grande salle de réunion », dit-il dans son épais accent qui semblait s'épaissir à mesure que s'amenuisait celui des autres. Un éclair passa dans ses yeux d'un bleu presque transparent lorsqu'il aperçut les deux femmes.

« Je m'étonne de vous voir ici, Angus », lui dis-je. Il m'interrompit en plaçant un énorme index sur ses lèvres, nous intimant le silence.

L'homme – que l'on appelait Mr Jenny – était une véritable légende à l'hôpital. Il nous conduisit vers l'amphithéâtre qui servait d'auditorium, de salle de réunion aux rédacteurs, et parfois même de salle de banquet.

« Vous vous déplacez sans bruit, pour un grand gaillard, Angus », lui dis-je tandis qu'il s'apprêtait à nous ouvrir la porte à double battant.

Il se retourna lentement – très lentement – et se mit à rire, examinant une nouvelle fois les deux jeunes femmes comme si elles étaient contagieuses, et sa bouche esquissa le rictus amer qui faisait sa renommée.

« Comme vous le savez, docteur, le bourdon le plus bruyant ne fait pas toujours la meilleure abeille.

— Tenez... » dit Miss Jex-Blake, s'apprêtant à commenter le proverbe écossais populaire. Mais le jeune Caird décida sagement de l'entraîner rapidement avec sa compagne vers le premier rang. Je les suivis d'un pas sautillant, claudiquant comme un chien avec une jambe de bois, conscient à chaque pas des regards curieux et hostiles posés sur nous.

Au premier rang, tout au centre, se trouvait Robert Christison, professeur de pharmacologie et pilier de l'école de médecine depuis le début des années 1820. Il était membre de tous les comités importants de l'université, et très probablement aussi le chef de l'opposition. Il arborait une crinière de fins cheveux blancs, avait des yeux verts pénétrants aux reflets cuivrés, et une voix profonde et mélodieuse qui captivait ses étudiants et charmait la plupart des représentants de la bonne société d'Édimbourg.

Ses acolytes s'étaient rassemblés autour de lui, dans la partie de l'auditorium plongé dans la pénombre, me rappelant furieusement les suppôts de Satan entourant leur maître dans l'Enfer de Milton. À sa droite se trouvait Obadiah Benedict, professeur d'anatomie, sans doute le plus farouche adversaire des jeunes femmes après Christison. Il était debout, les pans de sa redingote vert bouteille lui battant les jambes, et ses petits yeux verts semblaient luire tandis qu'il nous observait. Archibald Laycock, professeur de physiologie, se trouvait à sa droite, et on ne savait lequel des deux avait le plus de dédain pour les femmes déterminées à devenir médecins. C'était un grand homme dégingandé dont on ne voyait que le torse et les épaules. Il ne cessait de faire craquer ses articulations et d'ajuster le monocle en or qu'il portait à l'œil droit.

Nous apercevant, il y porta immédiatement la main, se pencha en avant et regarda dans notre direction, de l'air d'un mineur scrutant le puits noir de la mine. Il laissa tomber le monocle au bout de son ruban noir et se mit à l'astiquer vigoureusement. Caird me prit par la manche pour m'inviter à m'asseoir.

Sandy Russel se leva, frappa un coup sec sur le grand pupitre sombre installé sur le devant de l'estrade, et les rires et les échanges nerveux cessèrent comme par magie.

« Messieurs… et mesdames, ajouta-t-il après une longue pause, faisant fuser quelques rires. Je vais aller droit au but, dit-il dans un fort accent écossais qu'il ne prenait que lorsqu'il était anxieux ou irrité. Certains d'entre vous s'interrogent sans doute sur le motif de cette petite réunion de ce soir. Je me suis efforcé d'apporter quelques éclaircissements dans les messages que je vous ai envoyés, mais j'ai déjà été assailli de questions.

« Laissez-moi tout d'abord vous remercier d'être venus par un temps aussi froid. Le Dr Bell m'a chargé de vous dire qu'il était empêché. Quant au Dr Porlock, sa santé ne lui permet pas de se joindre à nous. Ensuite, j'attire votre attention sur les deux gentlemen qui m'ont donné l'idée d'organiser cette réunion. Je veux parler d'Angus McKenzie, mieux connu sous le nom de Mr. Jenny, et Peter Bowie, qui est, comme le savent la plupart des étudiants et des personnes présents ce soir, chargé du maintien de l'ordre au pub de Rutherford.

— Qui sont ces deux hommes ? demanda Miss Jex-Blake.

— Votre question est dictée par la curiosité ou par l'opportunisme ? rétorqua le jeune Caird.

— Taisez-vous tous les deux ! les tançai-je. Je suis sûr que le volubile Mr. Russel va tout nous expliquer. »

Sandy se mit à rire tandis que tous les yeux se tournaient vers les deux hommes, qui piquèrent un fard dans le faible éclairage.

« Comme vous le savez, reprit Sandy, la principale gouvernante de la vénérable Académie d'Édimbourg, l'un de nos lycées, est appelée Mrs. Jenny. C'est une tradition. »

Il sembla se souvenir soudain qu'il y avait plusieurs non-Écossais dans le public.

« Son mari, qui occupe ordinairement le poste de concierge ou d'homme à tout faire, est toujours appelé Jenny, ou Mr. Jenny. C'est le Dr Joe Bell qui a fait venir à l'hôpital Angus McKenzie, notre Mr. Jenny, avec lequel il s'était lié d'amitié lorsqu'il était à l'Académie.

« Comme vous le savez également, l'Académie invite parents, amis et curieux à assister au grand oral qu'elle organise pour tester les connaissances de ses élèves.

— Tout le monde ne le sait pas, murmura Miss Jex-Blake, et je dois dire aussi que votre Mr. Russel met beaucoup de temps à en venir au fait concernant cette petite soirée.

— La folie ne manque pas de méthode, répondis-je doucement dans un sourire.

— C'est ce qui m'a donné l'idée de notre petite réunion ce soir, continua Sandy. Puisque l'Académie invite toutes sortes d'*Homo sapiens*, j'ai songé à un homme lié à cette institution, et qui a indubitablement une opinion sur la situation présente. Vous noterez que je n'ai pas dit "problème". Mr. Jenny était ainsi...

— ... le candidat idéal, me souffla Miss Jex-Blake dans un murmure sans doute perceptible vingt rangs plus loin.

— ... tout désigné », dit Sandy. Puis, sortant un mouchoir de la poche de sa veste, il entreprit de scruter ses lunettes et de les nettoyer. « Certains d'entre vous, j'en suis sûr, ont entendu parler des exceptionnels talents de Peter Bowie, outre ceux qu'il déploie au vénérable établissement Rutherford. Il est le meilleur dresseur de canaris d'Édimbourg, et remporte tous les prix des tanières, comme on appelle ici les pubs, en raison de son exceptionnel savoir-faire aux dominos. En outre, et c'est peut-être la raison principale de sa notoriété, il parie de temps à autre avec des étrangers qu'il peut attirer l'attention du serveur – déjà en soi un exploit en toutes circonstances – d'un coup d'œil. Une fois l'accord conclu, il ôte calmement son œil de verre et cogne la table avec. Ce soir, en échange de cet œil miraculeux, qu'on m'a autorisé à utiliser en guise de marteau (rires), j'ai invité Mr. Bowie, qui m'a dit être très intéressé par le sujet de notre discussion de ce soir.

« Comme vous ne le savez que trop, on a permis à plusieurs jeunes femmes de s'inscrire à l'école de médecine durant le semestre d'automne. Puisque, à mon avis, bien trop de gens ont recours au jargon universitaire, je vous dirai simplement que la faculté a recommandé au Sénat de l'université de le leur permettre ; le Sénat a recommandé la même chose au comité directeur qui, à son tour, a fait une recommandation identique au Conseil suprême de l'université d'Édimbourg. Si l'on devait gérer un journal de cette manière... »

Il se tut et regarda autour de lui.

« Peu importe. Je ne souhaite heurter personne ce soir.

« Les jeunes femmes ont toutes passé avec succès l'examen d'entrée ; puis elles ont suivi la procédure d'inscription ordinaire auprès du secrétariat de l'université, ont payé les droits requis, et inscrit leurs noms au registre. Elles ont également nommé les professeurs avec lesquels elles souhaitaient étudier ; elles ont reçu leur attestation d'inscription, et ont été dûment déclarées *cives academiae*...

« Je ne crois pas faire injure à quiconque en disant que peu de professeurs étaient prêts à travailler avec elles ; on leur a refusé l'accès aux patients, et j'ai été très troublé d'apprendre hier que certains membres de la faculté se sont ligués pour pousser les étudiants masculins à s'en prendre à ces jeunes femmes. »

Le Dr Stewart Anstruther, professeur de botanique, se leva alors d'un bond, agitant furieusement ses grandes mains rouges, cherchant ses mots. Ses étudiants l'appelaient Anstruther d'Aberdeen derrière son dos, et il prenait lui aussi un curieux accent écossais lorsqu'il était en colère ou perturbé.

« Voilà une belle théorie que vous avancez là, Mr Russel. Qui donc vous a dit que certains professeurs y ont incité leurs étudiants, hein ? Vous pensez avoir raison, mais vous pourriez bien faire fausse route, je parie. »

Il se frappa les hanches , regarda autour de lui pour juger de l'effet produit par ses paroles, adressa un large sourire à Christison et à sa coterie puis, soulevant les pans de sa redingote, se rassit lourdement sur son siège.

Alors que Laycock se levait à son tour, Russel donna un coup sec sur la petite table installée près du pupitre.

« Professeur Anstruther, j'ai juré de tenir ma langue jusqu'à ce que j'aie fini d'exposer la raison de notre réunion, ainsi que la manière dont elle devra se dérouler. S'il prend à quelqu'un d'autre l'envie de faire un éclat, il aura la monnaie de sa pièce. »

Tout le monde garda le silence, sauf le vieil Angus, qui semblait chantonner nerveusement quelque chose dans son coin.

« J'avoue que je m'attendais à des désordres, mais pas si tôt, dit Russel. J'aimerais attirer votre attention sur l'absence du Dr Bell. Tout le monde à l'hôpital s'accorde à reconnaître ses talents de négociateur. Je lui avais donc demandé de présider notre réunion, mais le devoir l'appelle ailleurs. Je ferai de mon mieux pour le remplacer dignement, maintenir l'ordre des débats, et les présider de la manière la plus impartiale possible.

« Puisqu'il s'agit sans doute de notre dernier moment de silence, permettez-moi de vous expliquer la manière dont nous allons procéder. Je donnerai la parole à tous ceux qui la demandent, et l'orateur disposera de dix minutes. Je vous demande d'éviter toute attaque personnelle. Si quelqu'un fait allusion à une personne présente, semble le faire à mots couverts, ou interpelle quelqu'un dans la salle, cette personne aura cinq minutes pour se défendre.

« Aucun de nous n'est assez naïf pour croire que ce qui sera dit ce soir ne sortira pas de cette salle. Plusieurs d'entre vous ont noté la présence de Mr. Ogilvie et de Mr. Black. Ils sont ici à titre de participants ou d'invités, et ont accepté de ne diffuser aucun de nos propos. Pour ceux d'entre vous qui ne connaissent pas ces deux gentlemen, je précise que Mr. Ogilvie creuse son sillon au *Scotsman*, et que Mr. Blake est reporter au quotidien matinal le *Courant*, notre concurrent à Édimbourg. Certains d'entre vous se sont insurgés contre la présence ce soir de femmes non étudiantes, tout en reconnaissant que la population féminine de notre belle ville sera à coup sûr touchée par cette affaire si elle n'est pas résolue au plus vite. Nous avons donc parmi nous quelques épouses de professeurs – venues accompagnées ou non de leur mari – ainsi que quelques habitants d'Édimbourg que le sujet intéresse. J'ai également invité le sheriff Hallard, et mentionné la réunion à l'inspecteur McCabe, dont l'épouse suit par ailleurs de près les tribulations de nos étudiantes. Non pas parce que je redoutais un incident, mais parce que je connais ces deux hommes depuis un certain temps, et j'ai eu l'occasion d'apprécier leurs compétences, leur sagacité, et l'intérêt qu'ils portent au bien-être des habitants de cette ville.

« Puisqu'il n'y a plus d'interruptions, nous pouvons commencer. Je vous ai rassemblés ici afin de débattre, de manière rationnelle, d'un sujet explosif. Pour le dire simplement, une, puis cinq, et maintenant sept jeunes femmes souhaitent faire des études de médecine. Je ne crois pas me tromper en affirmant qu'aucune femme n'a jamais été diplômée d'une université britannique, et encore moins d'une école de médecine. Les jeunes femmes – elles ne sont pas les seules – ne s'en étonnent guère puisque, comme nous le savons tous, bon nombre de nos compatriotes trouvent intolérable l'idée de femmes médecins. Que faire ? Aucun d'entre nous ne veut nuire à notre prestigieuse école de médecine. J'ai pensé que si nous écoutions les arguments des uns et des autres, exposés posément, nous pourrions peut-être empêcher la situation de s'envenimer. Je vous laisserai la parole dans un instant. Je demande à tous les orateurs de monter sur l'estrade et de se présenter. Enfin, si je me suis répété, je vous prie de me pardonner. Laissez-moi simplement ajouter que j'ai passé la semaine à arpenter mon bureau en répétant mon petit discours. Ce matin, l'un des vieux employés d'imprimerie m'a dit : "Il paraît que vous n'êtes pas très content de votre discours. Peuh ! Je ne m'en ferais pas, à votre place. Et alors, quoi, si c'est trop long ? Ce sera très bien comme ça." »

Il frappa une nouvelle fois la table avec le repoussant œil de verre et s'écria : « Place aux orateurs ! »

Seul le jeune Ogilvie était prêt. Il rôdait sur la gauche de l'amphithéâtre depuis que Sandy avait commencé à parler. Il s'approcha rapidement du pupitre, qu'il agrippa de ses mains osseuses et grêlées, mais c'est Mr. Jenny qui prit la parole le premier. Il était en train de régler le faible éclairage, ajustant quelques lampes, en allumant d'autres. Entendant Ogilvie monter sur l'estrade, il donna le maximum de clarté et se tourna vers lui.

« Hé, monsieur, vous n'avez pas entendu ce que Mr. Russel vient de dire ? Patience. Vous devez lever la main et attendre qu'on vous donne la parole. »

Le jeune journaliste, qui se laissait rarement dérouter, et qui n'avait pas sa langue dans sa poche, se recula du pupitre, avant de reprendre sa place en y appuyant sa silhouette dégingandée.

« Angus, aboya le reporter, qui s'échauffait facilement ; vous avez parfois raison, et c'est le cas ici. J'ai levé la main, mais on ne m'a pas donné la parole.

— Ah ! Il se prend pour un gros bras, mais il porte encore des culottes courtes. »

L'œil de verre et la colère de Sandy s'abattirent soudain.

« Je n'accepterai pas ce genre de comportement. Conduisez-vous comme les gentlemen que vous êtes, tous les deux ! »

Un long silence s'installa.

« Bien. La tenue des débats serait sans doute améliorée si vous leviez bien haut la main pour demander la parole, reprit-il. Et, Mr Ogilvie, puisque le *Scotsman* parraine plus ou moins cette réunion, je propose que nous laissions parler en premier l'un de nos invités. Pas d'objection ? »

Ogilvie lança un regard dans la direction d'Angus, puis dévisagea Andy en souriant et dit : « C'est parfait, monsieur. Je vous obéis volontiers.

— Excellent ! Je donne la parole au Dr Laycock. »

Laycock leva lourdement sa massive silhouette de son siège, et se dirigea lentement vers l'estrade tout en astiquant son monocle, comme si ce geste était un préalable au discours. Puis il sortit sa petite tabatière en argent, porta une pincée de tabac à ses narines, et dit : « Je crois que la plupart d'entre vous me connaissent. Alexander Laycock. J'enseigne l'anatomie à l'université, où j'ai entamé mes études de médecine en 1840. Je parle peu et – comme le savent la plupart d'entre vous – je suis très croyant. Je suis opposé à l'admission de femmes dans notre école – dans n'importe quelle école, à vrai dire – pour plusieurs raisons. Il est scandaleux et indécent de mélanger – oui, mélanger – hommes et femmes dans le même cours d'anatomie, les mêmes salles de soins, d'opération ou de consultation. Je vous avoue que je suis même un peu gêné à cette seule idée. » (Bravo ! bravo !)

L'œil de verre s'abattit une nouvelle fois dans un bruit sec, mais Laycock resta imperturbable. Le sujet lui tenait à cœur, et il était loin d'en avoir terminé.

« Ma position m'oblige à m'insurger contre cette honteuse situation. De surcroît, les femmes prêtes à l'accepter ont une conception erronée de la place qui leur revient. De manière générale, comme Horace et Juvénal l'ont judicieusement noté avant moi, j'estime que les femmes travaillent plutôt mal en ce monde. Plutôt mal, vous dis-je. »

Il joignit ses grosses mains et fit craquer ses articulations. Il buvait du petit-lait.

« En tant que professeur d'anatomie et homme de logique, je ne crois pas qu'elles aient la force ou le cran nécessaires pour pratiquer la médecine. »

Il fit une pause avant de reprendre sur un ton paterne et mielleux :

« La plupart des femmes d'Édimbourg préfèrent que les hommes fassent les choses à leur place, même dans un magasin. Enfin, j'aimerais offrir un conseil à ces jeunes femmes si naïves et si résolues. »

Il enfonça son monocle dans l'œil, tendit le cou, et nous fixa en clignant des paupières comme une vieille dinde pleine de sagesse. Tendant son index droit vers nous avec le mouvement saccadé d'un pic-vert, il chuchota suffisamment fort pour que tout le monde l'entende : « Aucune femme respectable ne connaît rien aux jeunes gens ; elles ne savent pas de quoi ils sont faits. Elles ne connaissent rien aux, euh, désirs des jeunes gens. Voilà ! »

Le monocle chuta, tandis qu'Ogilvie et Miss Jex-Blake levaient simultanément la main.

Sandy Russel invita Ogilvie au pupitre, pendant que le contingent de Christison félicitait le radieux Laycock – qui faisait craquer une fois encore les articulations – et que plusieurs des épouses présentes gloussaient de rire au dernier rang.

Ogilvie, qui semblait toujours prêt à mettre le feu aux poudres, s'efforçait de garder son calme. C'était un grand échalas dont le corps s'étirait interminablement sous ses vêtements. Bras, jambes, cou trop longs.

« Messieurs, mesdames, Mr Russel, je vous remercie de me donner l'occasion de m'exprimer, commença-t-il. Comme vous pouvez le voir, j'ai préparé quelques notes. J'aurais dû savoir qu'avant même de les utiliser, je souhaiterais répondre à quelqu'un.

« Je suis navré que le Dr Laycock ait introduit la religion et la morale dans notre débat de ce soir. Je suis, comme vous le savez, et pour paraphraser Marc Antoine, un homme simple qui parle vrai. Je suis également, pour reprendre les termes de mon estimé rédacteur en chef, l'un des athées de service à Édimbourg. Dans une ville à la morale rigide, ce n'était pas un choix facile, mais je ne suis pas ici pour dire du mal de la religion. Comme la plupart d'entre vous le savent, notre belle ville, appelée l'Athènes du nord, se noie dans l'hypocrisie. Le Dr Laycock estime apparemment que mélanger hommes et femmes dans un même cours d'anatomie est un scandale ou un péché. Il juge également que les femmes sont trop fragiles pour pratiquer la médecine. Ha ! J'ai entendu la même chose dans la bouche d'un de ses collègues, qui a ajouté que les femmes étaient trop fragiles pour faire quoi que ce soit. Mesdames et messieurs, j'ai vu ma chère mère se tuer au travail : faire la cuisine, la lessive et le repassage pour des gens plus riches qu'elle. Ma sœur, qui a élevé six enfants, est plus solide que la plupart d'entre nous ici ce soir. J'aimerais également attirer votre attention, ainsi que celle du Dr Laycock, sur les Amazones d'Amérique du Sud, ainsi nommées en référence à celles de la mythologie grecque, qui se coupaient souvent le sein droit – si je puis employer ce terme pendable – pour mieux tirer à l'arc, et qui étaient des guerrières hors pair. »

Anstruther, un ami de Laycock, se leva aussitôt.

« Mr Russel, ce genre de langage est intolérable.

— Vous voulez dire que vous ne l'utilisez jamais dans votre amphithéâtre ? demanda calmement Ogilvie, le visage blanc.

— Messieurs, je vous en prie », dit Sandy d'une voix posée.

Le silence se fit.

« Laissez-moi clore ce petit discours, même si je n'exclus pas de revenir sur le sujet, reprit Ogilvie. Mr. Russel m'a autorisé à vous lire une lettre arrivée ce matin aux bureaux du *Scotsman* : "Nous entendons souvent dire que les patients masculins pourraient se sentir gênés par la présence d'étudiantes, mais reconnaissons au sexe faible ces qualités tant vantées de pudeur et de décence. Je me suis souvent trouvé au chevet de pauvres filles qui paraissaient prêtes à s'évanouir de honte à être exposées devant un groupe de jeunes gens – un sentiment que même la souffrance imposée par les interventions ne pouvait dissiper." C'est signé "Un étudiant en médecine". Je vous remercie. »

Ogilvie redressa sa haute silhouette et s'écarta du pupitre.

« Vous m'aviez dit qu'il avait un caractère belliqueux, qu'il était un agitateur. Mais je trouve qu'il a fait un discours plutôt posé et efficace, dit Caird en se penchant vers moi.

— Oui, mon garçon. À l'instar de nos meilleurs généraux, il sait quand envoyer des éclaireurs, quand riposter, et quand tirer sa salve la plus dévastatrice.

— Chut ! fit Miss Pechey. Voici justement leur général qui s'apprête à entrer dans l'arène. »

Le Dr Robert Christison, l'une des personnalités les plus célèbres et les plus vénérées d'Édimbourg, avait effectivement pris place au pupitre. Cette figure chenue avait été affectueusement baptisée « notre Nestor » par une école et une ville connues pour leur amour de la grande tradition gréco-latine. S'il ne possédait sans doute pas la sagesse du héros d'Homère, il paraissait à beaucoup en avoir l'âge. Penchant la tête, les mains derrière le dos, il prit la parole.

« Chers amis et collègues, chers invités, je pourrais vous dire que la déclaration que je vais faire me peine énormément, mais vous n'y verriez certainement qu'une formule. Les journaux (il pose son regard d'aigle sur Sandy et Ogilvie) m'ont qualifié de chef de l'opposition, d'ennemi du sexe opposé, "la bête noire des aspirantes médecins", selon le *Scotsman*. Je signale brièvement que je ne m'oppose nullement à l'inscription de femmes à l'université uniquement en raison de leur sexe. J'aime et respecte les femmes tout autant, j'imagine, que n'importe quel homme (longue pause délibérée).

« De la modération en toutes choses (rires). Je ne dis pas que les exigences posées par une formation médicale ardue, les rigueurs de la salle d'opération et les conditions déplaisantes du laboratoire de dissection sont au-dessus des forces d'une femme, quelle qu'elle soit. Par ailleurs, je ne crois pas que l'analogie avec la lessive et le travail ménager présentée par Mr. Ogilvie soit très à propos. Les difficultés et les exigences des études médicales et du métier de médecin sont d'une tout autre nature. Si différentes, à vrai dire, que tous les pays du monde estiment impensable et malséant d'admettre les femmes dans les écoles de médecine. À mon sens, il s'agirait là d'un dangereux précédent, qui n'apporterait que des ennuis. La faculté y est majoritairement opposée, tout comme l'instance dirigeante – les instances dirigeantes, devrais-je dire – de l'université.

« Pour conclure, j'aimerais lire une déclaration rédigée par une délégation de médecins et de professeurs qui exercent aux quatre coins de l'Écosse. Si je ne m'abuse, cette déclaration sera également publiée mardi prochain dans le *Medical Times and Gazette.* »

Il se redressa, rejeta en arrière ses épais cheveux blancs, puis approcha une petite feuille à quelques centimètres de ses yeux. « Pour notre part, nous considérons qu'admettre des femmes dans le domaine de la médecine est une grossière erreur qui avilit le statut et le caractère du sexe faible, et menace de nuire gravement aux intérêts et à la réputation de la profession qu'elles cherchent à investir. En exigeant d'assister au cours public d'anatomie et à celui de dissection, elles obtiendront certes la garantie d'un enseignement uniforme, mais les femmes respectables, clairement les seules à pouvoir postuler, verront alors se dresser devant elles un obstacle difficilement surmontable. Nous espérons que le Sénat ne se contentera pas d'ériger la barrière que nous suggérons, et qu'il refusera catégoriquement d'admettre les femmes à l'examen, à moins d'y être contraint par un juge ; nous espérons également que ce refus sera soutenu par les autres instances dirigeantes de l'université d'Édimbourg, les professeurs de l'école de médecine, ainsi que par le reste de la profession. »

Il replia la feuille, ôta ses lunettes et retourna d'un pas vif à son siège, au milieu d'un chœur de « bravos ! » accompagné de battements de pieds de la part de ses supporters. En y repensant, je crois qu'il s'agissait d'une déclamation, bien plus que d'une lecture. Les modulations de la riche voix mielleuse, les bras levés vers le plafond, le regard scrutant des cieux quelque peu bouchés, les pauses théâtrales. En l'observant au milieu de ses admirateurs radieux, j'en concluais que notre Nestor n'était pas peu satisfait de lui-même.

À présent, tout le monde avait le vague sentiment que c'était au tour de l'autre camp de s'exprimer, mais seule Miss Jex-Blake avait levé la main. Sandy, qui s'était mis à transpirer abondamment, esquissa un hochement de tête, et la jeune femme s'avança lentement vers le pupitre. Puisque, nécessairement, le lecteur ne prendra connaissance de tout ceci que dans l'avenir, laissez-moi dire quelques mots de l'intrépide Miss Jex-Blake. De taille supérieure à la moyenne, elle avait de longs cheveux noirs et luisants qu'elle portait relevés en chignon. Elle était robuste sans être corpulente, et incarnait pour moi la tante idéale. Je me demandais si elle avait jamais été véritablement jeune. Sa lèvre inférieure s'était mise à trembler. Elle jeta un regard vers Sandy.

« Mr Russel, messieurs et, pour mon plus grand plaisir, mesdames, je vous remercie d'être venus à cette insolite mais importante réunion, et d'écouter ce que j'ai à vous dire. J'aimerais tout d'abord corriger une petite erreur commise par le Dr Christison. Il a déclaré qu'il était impensable et malséant – les termes qu'il a employés, me semble-t-il – qu'une université, quelle qu'elle soit, admette des femmes à l'école de médecine. Comme vous le savez certainement, le Sénat se réunit la semaine prochaine afin de décider de l'avenir des sept femmes inscrites dans votre célèbre école. On m'a autorisée à faire une déclaration devant les membres du comité, dont fait partie le Pr Christison. Ma démonstration pourra vous paraître tortueuse, mais j'aimerais évoquer brièvement l'éducation médicale des femmes, un fascinant sujet d'étude. Le Dr Christison pense que cela ne prendra qu'une seconde, puisqu'elle est inexistante. (Légers rires.) Ce n'est pas le moins du monde le cas.

« Je me bornerai à dire que ma passion pour la médecine est née en travaillant au côté du Dr Lucy Sewall, qui a été formée aux

États-Unis. Le Dr Sewall et d'autres médecins du New England Hospital for Women and Children m'ont laissée "rouler les cachets" à la pharmacie de l'hôpital, comme disent les Américains. Certains praticiens m'ont autorisée à les accompagner pendant leurs visites aux patients ; j'ai eu accès aux laboratoires cliniques du Massachusetts General Hospital. Je vous avouerai également que j'ai posé ma candidature à l'école de médecine de Harvard, qui m'a fait savoir qu'elle n'admettait pas encore les femmes.

« Puisque certains d'entre vous n'ont que peu ou pas d'estime pour la formation médicale aux États-Unis, laissez-moi vous lire l'extrait d'une lettre de Mary Putnam, la première femme à avoir été admise à l'école de médecine de Paris. »

Elle défit le fermoir de son énorme sac, dont elle sortit une feuille de papier. Elle prenait trop de temps, me dis-je. Elle lut la lettre de Miss Putnam d'un air digne, d'une voix lente et assourdie : « Je suis libre d'étudier toutes les matières, et d'assister à tous les cours, quels qu'ils soient. Je n'ai jamais rencontré la moindre difficulté à étudier avec les jeunes gens qui m'entourent, non seulement en classe, mais aussi à l'hôpital, dans la salle de lecture, les laboratoires, etc. J'ai toujours été traitée avec courtoisie, de manière à la fois franche et respectueuse. »

Un silence particulier s'installa lorsqu'elle se tut.

« Mesdames et messieurs, vous m'accorderez que les Français ne sont pas une bande de sauvages. Mais je m'intéresse avant tout à cette lettre, qui nous apprend que les femmes sont formées à la médecine tout autour de nous. Mr. Ogilvie nous a indirectement rappelé que l'Écosse est très attachée aux opinions de son Église. Des amis catholiques m'ont confié que de nombreuses maladies ne sont pas soignées dans les couvents, car les sœurs, qui poussent la notion de réclusion à l'extrême, se sentiraient quasiment profanées si elles se soumettaient aux soins d'un homme. Le père d'une de mes amies était soignant dans un couvent anglais, et je peux dire, sans crainte d'exagération, que les conseils prodigués aux nonnes dans ces cas-là étaient de deuxième main, l'épouse du médecin étant la ressource favorite en cas d'urgence. Ma propre mère, qui a souffert pratiquement toute sa vie d'un mal de dos, a avoué récemment qu'elle était trop gênée pour en parler à un médecin. Mais j'ai découvert, mesdames et messieurs, d'autres arguments contre les femmes médecins.

« Lorsque je suis allée la première fois consulter le Dr Laycock sur la possibilité de m'inscrire à l'école de médecine, il m'a dit – comme vous l'avez entendu le proclamer si catégoriquement ce soir – qu'il ne pouvait imaginer qu'une femme respectable souhaite étudier la médecine, chose impensable pour les dames de la bonne société. On nous a non seulement dit qu'il était indécent qu'une femme étudie au milieu d'hommes, mais aussi, dans la foulée, on nous a cité des douzaines de lettres adressées au *Scotsman* et à la *Daily Review* concernant nos faibles capacités intellectuelles. Je suis abasourdie, bien plus qu'irritée, qu'on nous considère comme des êtres mentalement inférieurs. »

Miss Pechey lui fit signe que Sandy s'apprêtait à l'interrompre. Elle regagna rapidement son siège, tandis que Sandy lui disait qu'elle pourrait reprendre plus tard la parole, si elle le souhaitait.

Il donna la parole au Pr Bancroft. Ce dernier s'était assis à l'écart, observant chacun attentivement. Je trouvais, je l'avoue, le personnage un peu énigmatique. Talentueux dans sa spécialité, il aimait accompagner dans ses tournées de la ville le Dr Henry Littlejohn (qui serait plus tard anobli), qui était à la tête de notre Comité d'hygiène publique, tout récemment créé. Bancroft, quant à lui, dirigeait la troupe du Little Theatre d'Édimbourg, et c'est Joe Bell qui m'avait fait remarquer qu'il semblait toujours en représentation. Son épouse était extrêmement jalouse de l'attention qu'il portait aux autres, notamment les femmes, et il était, il faut le dire, de tempérament très sociable. Dans un article du *Scotsman*, Ogilvie avait décrié les talents de comédienne de Mrs. Bancroft dans un rôle shakespearien, et celle-ci avait exigé que son mari provoque le journaliste en duel – bien que, à vrai dire, Bancroft partageât l'opinion d'Ogilvie.

Cet homme de haute taille, d'allure sportive, toujours imperturbable et plein d'assurance, se leva alors et s'avança lentement vers le pupitre. J'étais certain que lui aussi prenait un malin plaisir à cette soirée. Il esquissa une moue, faisant tressaillir sa moustache rousse et fournie.

« Euh, oui. Eh bien, mesdames et messieurs, Mr Russel, lorsque j'ai reçu votre invitation, je me suis dit que je me bornerais au rôle d'observateur objectif. Mais j'ai bien réfléchi à la question qui nous préoccupe, comme l'ont certainement fait beaucoup d'entre nous. J'ai consulté nombre de mes collègues, et écouté attentivement les intéressants points de vue exposés ce soir. Je n'irai pas par quatre chemins, car je crois m'être fait une opinion. J'ai reçu une lettre d'un ami ; et puisque vous verrez sans doute son nom dans le *Scotsman*, car Mr. Russel a accepté de la publier, je vous dirai que cet ami est sous-gouverneur de la région nord du Bengale. Vous pourrez constater qu'il a suivi de près les tribunes et les lettres publiées dans nos journaux. »

Il sortit de la poche intérieure de son veston plusieurs feuilles de papier, qu'il se mit à lire d'une voix complètement différente, sur un ton pompeux et grandiloquent un peu ridicule, ponctuant sa lecture de pauses, et frappant de temps à autre le pupitre de la main.

« "Pour ma part, j'avoue qu'une belle et robuste Écossaise chargeant du blé sur une charrette offre une belle image de digne labeur, et je serais navré de voir nos édiles mettre un terme à des activités aussi saines et utiles que celle-là. En ce qui concerne les femmes des classes plus élevées qui souhaitent devenir médecins, avocats et ministres du culte, et investir des professions jusqu'ici réservées aux hommes, je peux tout à fait comprendre leurs aspirations à faire œuvre utile ; j'estime cependant hautement souhaitable qu'elles s'en tiennent, autant que faire se peut, à des domaines où elles rivaliseront avec des femmes, et non avec des hommes.

« J'ai déjà proposé qu'elles se chargent d'abord du gros des tâches ménagères. Après quoi, on pourrait imaginer qu'elles s'intéressent à certains domaines de la médecine. Je ne souhaite pas de femmes avocats, et les textes bibliques instruisent les femmes à observer le silence à l'église et à interroger leur mari chez elles, ce qui semble leur interdire le sacerdoce. Elles font apparemment d'excellentes employées télégraphistes, et sont également en France de très compétentes comptables et employées de bureau. Ne pourrait-on imaginer que des femmes éduquées puissent, sans atteindre à leur dignité, se procurer des revenus supplémentaires en travaillant quelques heures dans certains secteurs manufacturiers de produits fins et délicats ?"

« Telle est la lettre de mon ami, mesdames et messieurs, et si ses arguments ont pu, ici ou là, dépasser parfois sa pensée, on doit reconnaître, je crois, qu'il a soulevé quelques points capitaux. » (Bravo ! Bravo ! lança la claque de Christison.)

« Qu'en pensez-vous ? » demandai-je aux deux femmes assises à côté de moi. Miss Jex-Blake, qui avait dû laisser la place à Bancroft, tremblait de rage. Miss Pechey jugeait la lettre infâme. Quant à moi, je trouvais que la remarque finale de Bancroft complétait parfaitement sa prestation : chaud / froid, compassion / mépris. Il fallait entendre le ton et le timbre de sa voix, ses silences tactiques pour apprécier son discours à sa juste mesure. Le théâtre avait perdu un grand comédien lorsqu'il avait choisi la médecine.

C'est alors que le vieux Dr Alexander Wood, qui avait été sans doute le premier à introduire l'usage de la seringue, qu'il avait perfectionnée, se leva. Tout le monde savait ce qu'il allait dire avant même qu'il ouvre la bouche, car il ne cachait pas ses opinions. Il ôta ses lunettes, souffla dessus et se mit à les astiquer avec un énorme mouchoir, avant de les enfouir dans la poche de son gilet.

« Oui, oui, c'est très juste. J'ignore pourquoi le Dr Bancroft exprime des doutes. La lettre me semble parfaitement claire, comme à nous tous, n'est-ce pas ? dit-il en gloussant comme une poule satisfaite. Considérez, je vous prie, ce que ces gam... jeunes femmes demandent. Cela va à l'encontre du bon sens. Des femmes médecins ! En voilà une belle idée ! Comme on nous l'a rappelé ce soir, nous sommes un pays de croyants, ce dont je me félicite, où la famille passe avant tout. Je suis fier de pouvoir dire que j'ai toujours songé d'abord à ma famille. Comme vous le savez, deux de mes cinq fils font des études de médecine. Nous connaissons vous et moi un trop grand nombre d'excellents praticiens qui parviennent à peine à joindre les deux bouts. Oui. Laissez-moi donc vous dire... »

Un des lourds vantaux des fenêtres s'abattit soudain avec fracas, laissant apparaître les visages crasseux de trois gamins des rues qui se mirent à se moquer bruyamment du Dr Wood. Mr. Jenny, empoignant un grand balai, se précipita vers la fenêtre ouverte en criant : « Allez, ouste, fichez moi le camp, ou je vais vous tanner les fesses. Ce n'est pas bien de faire ça, vous m'entendez ? »

Cet épisode comique me parut fort bienvenu. Manifestement, c'était aussi l'avis du jeune Ogilvie, qui interpella Wood :

« Vous avez toujours autant de respect pour la famille, docteur ?

— Mr Ogilvie, pardonnez-moi, répliqua Wood, qui n'avait guère de patience avec les enfants. Vous savez, il me semble que, lorsque vous ouvrez la bouche, c'est souvent pour vous écouter déblatérer, si vous voyez ce que je veux dire. » Puis il ajouta, la main sur le cœur : « Même les gamins crasseux ont le droit de s'amuser. J'en ai terminé, Mr Russel. »

Levant les yeux, je vis Sandy Russel hocher la tête en direction de James Fraser, le professeur d'anatomie, qui se dirigeait en hâte vers le pupitre, les pans de son pardessus gris lustré se gonflant derrière lui.

« Mr Russel, messieurs… et mesdames, ajouta-t-il en baissant la voix et en dirigeant son regard vers le fond de l'amphithéâtre plongé dans la pénombre. Je vais moi aussi en venir directement au fait. Je considère que c'est faire injure à la moralité des femmes – et des hommes – que de les rassembler dans des cours où l'on analyse, dissèque et étudie le corps humain. Je doute que les femmes soient capables de se consacrer sérieusement à l'étude de la médecine cinq années durant. Je ne souhaite nullement insulter ou embarrasser les jeunes femmes présentes, mais je pense que la tête féminine n'est pas faite pour les sciences. La littérature, l'histoire, les langues, sans doute. Les sciences, non. Non, vous dis-je, et la plupart des médecins d'ici à Glasgow seront d'accord avec moi. Je – euh – merci. Merci beaucoup. »

Il descendit d'un bond les quatre marches de l'estrade et remonta l'allée aussi vite que lui permettaient ses courtes jambes, en donnant l'impression de courir sur un tapis roulant incliné.

Ogilvie leva la main juste avant la championne de la cause des femmes, dont l'irritation devenait audible. Elle bouillait littéralement, et le jeune Caird et Miss Pechey s'efforçaient de la calmer.

Ogilvie consulta son petit carnet, remercia l'orateur et commença.

« Oh, quel authentique et vertueux paradis que cette Athènes du nord. Mais la vérité finit par sortir du puits, n'est-ce pas ? Nous y voilà. Apparemment, nombre d'entre vous sont prêts à laisser les femmes étudier la médecine et les sciences à l'université, à condition que cela se limite à la perception d'honoraires de la part de leurs professeurs. Belle mentalité, comme dirait ma mère. »

Il se mit à frapper du dos de la main dans sa paume, et d'une voix stridente qui tremblait légèrement, ajouta :

« Mais dès qu'il s'agit de les former et de leur octroyer un diplôme afin qu'elles deviennent des praticiennes, dès qu'il y a la moindre chance que ces estimables femmes encaissent elles-mêmes des honoraires qui, comme nous ne le savons que trop, partent aujourd'hui dans les poches de la fraternité médicale masculine, alors on s'oppose farouchement à ce qu'elles suivent leur cursus jusqu'à leur licentiation, si ce mot existe. Nous avons en face de nous un professeur d'université déclarant publiquement – et beaucoup d'autres disent certainement la même chose en privé – qu'en ce qui concerne cette grande question de société – et je vous garantis, messieurs, qu'elle ne s'évanouira pas de sitôt –, il s'opposera à ce que les femmes soient autorisées à étudier la médecine et à pratiquer, pour le plus grand bénéfice financier de ses collègues masculins et de lui-même. Votre fameux serment d'Hippocrate a-t-il quelque chose à dire là-dessus ? En vérité, mieux vaudrait dire le serment d'Hypocrite. » (Cris, sifflets, parapluies levés.)

Il se tut, observant son public. Puis, les mains derrière le dos, il reprit d'une voix calme et posée : « Et ces hommes pleins de sagacité secouent la tête en dissertant sur la nécessité d'éradiquer le syndicalisme ouvrier. Dieu du ciel, mais vous êtes un syndicat à vous seuls !

— Mr Russel ! cria soudain le Dr Laycock dans la pénombre veloutée. Si vous ne faites pas taire cet homme, je m'en chargerai ! »

Il brandissait un épais et solide bâton, à mi-chemin entre la canne et la massue. L'objet était célèbre, car lorsque Laycock était en colère ou frustré, il s'en emparait pour menacer ses étudiants. Notre corps enseignant était indubitablement haut en couleurs.

« Professeur Laycock, dit Ogilvie sans se laisser démonter ; je ne vous ai pas interrompu, il me reste encore quelques minutes, et votre gourdin ne me fait pas peur. »

Laycock, plus surpris qu'irrité, se rassit pesamment sur son siège.

« Ce qui m'amuse et m'attriste à la fois, mesdames et messieurs, reprit Ogilvie, c'est que les doyens de notre profession médicale professent l'altruisme et l'amour inconditionnel de leur prochain. Il y a de quoi rire. J'ai toutes les raisons de croire qu'un monstrueux népotisme gangrène notre milieu médical.

« Avez-vous la moindre idée des obstacles, des barrières que l'une de ces femmes, Miss Jex-Blake, a dû franchir avant de pouvoir s'inscrire dans deux cours seulement ? Ces mêmes obstacles se dresseront de nouveau devant les six autres femmes qui souhaitent poursuivre leurs études ici.

« Je regrette que Miss Jex-Blake n'ait pas récité la litanie – c'est bien le mot – des différents comités qui gouvernent l'université d'Édimbourg, comités qui ont été consultés tour à tour avant qu'elle puisse s'inscrire dans deux cours d'été. Nombre d'entre vous ont oublié cette hiérarchie, la grande chaîne biologique, pourrait-on dire, des instances qui nous gouvernent ; ou peut-être l'ignorent-ils, puisqu'ils sont des hommes, et n'ont jamais eu affaires à elles.

« Tout d'abord, le corps enseignant de l'école de médecine ; puis le Sénat, qui englobe les enseignants de toutes les disciplines, auxquels vient s'ajouter le doyen ; le comité directeur, composé du président, du doyen, du Lord Provost d'Édimbourg et de cinq autres membres nommés respectivement par le chancelier, le recteur, le Sénat, le conseil municipal d'Édimbourg, et le conseil général de l'université ; et enfin, le conseil général de l'université, qui rassemble tous les diplômés qui souhaitent en faire partie. Miss Jex-Blake a dû affronter tous ces comités, qui devront être consultés avant que l'on puisse modifier le règlement de fer qui régit l'université.

« Certains d'entre vous s'étonneront peut-être que j'arrive à citer tous ces noms de mémoire ; sachez que j'ai dû en dresser la liste et que je l'ai apprise par cœur. Elle m'a été fournie par Miss Jex-Blake, qui me l'a récitée immédiatement lorsque je lui ai demandé à quels comités elle avait eu affaire.

« Comme je l'ai dit à Mr. Russel et au Dr Watson, j'envisageais d'écrire un livre sur la misère révoltante qui règne dans cette ville, mais j'ai décidé avant cela de consacrer un article ou une monographie à notre célèbre communauté médicale. Vous serez peut-être intéressés d'apprendre que la grande majorité des étudiants en médecine de ce pays ont un père médecin. En consultant les archives de la bibliothèque de l'université – on croyait sans doute que j'allais écrire un énième panégyrique de nos grands professeurs de médecine –, j'ai découvert que, dans la dernière décennie, environ vingt-cinq pour cent de nos médecins, douze pour cent de nos chirurgiens et quarante pour cent de nos pharmaciens étaient fils de médecins. Certaines écoles de médecine dispensent de frais d'études les fils de leurs employés et de ceux affiliés à l'hôpital. Combien d'entre vous connaissent la condition d'un étudiant en médecine démuni à Édimbourg ?

« En hiver, il gèle dans un galetas sans toilettes ; il vit probablement de gruau, et ne se plaint pas. Le plus souvent, il ne peut se plaindre à personne, car ses estimables professeurs, dans leur majorité, ne daignent pas lui adresser la parole en dehors des cours, et les relations personnelles entre étudiants et professeurs sont partiquement inexistantes dans les salles de classe.

« Les professeurs de l'école de médecine méritent des félicitations sur un point. Ils prennent grand soin les uns des autres (rires). Vous pouvez me croire, mesdames et messieurs. Je le dis avec le plus grand sérieux. Je rends hommage à cette mutuelle de soins, en quelque sorte.

« Le Dr Bell a pour patients les Dr Begbie et Christison, qui souffrent de catarrhe, une affection sans doute due aux miasmes qui envahissent si fréquemment notre belle ville. Le Dr Watson soigne les yeux de près de la moitié de la faculté. Selon mes notes, le formidable Dr Simpson et le Dr Bancroft ont présidé à la mise au monde de la quasi-totalité des enfants nés chez nos enseignants entre 1855 et 1870. Parmi les affections plus exotiques, le Dr Cannon a soigné et guéri les crises épispastiques du Dr Baker (une affection qui provoque des cloques) ; le Dr Clarkson traite l'astéréognosie du Dr Bancroft, une maladie où le patient, si j'ai bien compris, éprouve des difficultés à distinguer les objets au toucher. »

Une chose curieuse se produisit alors. Ogilvie se mit à trembler. Agrippé au pupitre, il sortit un mouchoir dans lequel il plongea son visage ; puis il descendit de l'estrade et alla s'asseoir tout au bout du premier rang, suivi par tous les regards, à l'exception de celui du vieil Angus, occupé à monter sur l'estrade, posant précautionneusement ses grands pieds sur les marches.

« Vous savez que je n'ai pas beaucoup d'éducation, et j'avais un peu peur de prendre la parole, mais je vais le faire, puisqu'on m'y autorise », dit-il en arrivant devant le pupitre.

Puis, cherchant des yeux Ogilvie à son ancienne place, il lança d'une voix grondante, dans son épais accent : « Vous êtes un athée qui mérite les flammes de l'enfer, Mr Ogilvie. Je n'en dirai pas plus. Je me demandais bien pourquoi vous passiez tant de temps à la bibliothèque, et pas au Rutherford ou dans un autre pub, comme un homme normal. Et laissez-moi vous dire ce que je pense de vos recherches : quand on joue avec le feu, on se brûle, et ça s'applique particulièrement à vous. Je ne vous laisserai pas insulter nos bons docteurs. Vous critiquez tout – nos écoles, l'Église, même Dieu, et maintenant vous critiquez les médecins qui gagnent honnêtement leur vie.

— Oh, Angus, Angus, sanglota Ogilvie au premier rang, faisant sursauter notre Mr. Jenny, sincèrement étonné de le trouver là. Je ne leur reproche pas l'argent qu'ils gagnent. Je méprise leur hypocrisie et leur duplicité. Vous ne voyez donc pas qu'ils monopolisent une profession lucrative, et qu'ils refusent de le reconnaître ? Oh non ! Ils prétendent sauvegarder la morale, préserver la qualité des études de médecine afin de traiter les maladies de façon scientifique. Cela ne les engage pas à grand-chose. C'est comme l'ouvrier qui réclame une augmentation de salaire sous prétexte d'améliorer son sort, et ne songe qu'aux pintes supplémentaires qu'il pourra se payer. »

Il replongea son visage dans son mouchoir, puis se leva et se dirigea d'un pas chancelant vers la sortie. Angus, l'air gêné, comme s'il avait contribué à bouleverser encore davantage le jeune journaliste, rejoignit son siège à la hâte en marmonnant que les athées étaient tous des demeurés, et qu'Ogilvie était « parti chez les fées », autrement dit fou.

Toute sa colère semblait se concentrer sur le jeune Ogilvie. Le vase avait débordé quelques années auparavant par une chaude soirée (rare à Édimbourg) au Rutherford, un pub qu'Ogilvie fréquentait avant tout pour parler golf. Angus avait, semble-t-il, pris la mouche en entendant Ogilvie raconter deux anecdotes, et s'était emparé d'une bouteille pour en menacer le reporter.

Mes lecteurs se souviendront peut-être que j'ai averti qu'un passage scabreux pourrait faire irruption ici ou là. Si Angus s'était offensé des propos d'Ogilvie, Doyle et Caird m'avaient assuré alors que les deux histoires relatées était si anciennes et si connues qu'elles ne pouvaient froisser que les plus délicats.

Angus s'était emporté en entendant Ogilvie s'en prendre une nouvelle fois à la religion et déclarer qu'il en avait assez des pasteurs qui cherchaient à terroriser leurs fidèles avec un langage à glacer le sang. Il avait récemment entendu l'un d'eux proclamer : « Ô pécheurs, je vous implore, au nom du Tout-Puissant, de considérer cette question. Imaginez que vous êtes à l'article de la mort sans vous être réconcilié avec Dieu. Le pouvoir implacable que vous avez défié vous mène au bord de l'abîme et vous criez : "Je ne veux pas mourir !" Ô, hommes, préparez-vous ! Le temps fuit, les hommes meurent, l'enfer se remplit, le Christ va revenir sur terre et vous n'avez pas assuré votre salut ! »

On m'avait dit qu'Angus s'était emparé d'une bouteille en entendant Ogilvie reprendre, en la corrigeant, une célèbre plaisanterie que venait de raconter un ivrogne : celle de la jeune mariée écossaise qui, demandant à sa mère ce qu'elle devait faire pendant sa nuit de noces, s'entend répondre : « Tiens-toi tranquille et songe à l'Empire. »

La claque de Christison gloussa avec condescendance, considérant sans doute qu'Angus incarnait la *vox populi*. Ils étaient tous soulagés qu'Ogilvie se soit retiré de l'arène, même provisoirement. Je les observais, et je compris, en voyant leurs regards passer de l'appréhension au mépris, que Miss Jex-Blake, chef de l'opposition, allait prendre la parole. Elle s'avançait déjà vers l'estrade, une liasse de feuillets dans une main, un carnet dans l'autre. Cette fois, elle ne s'embarrassa pas de formules de politesse.

« J'aurai tout entendu, comme disait parfois mon père en lisant le journal, commença-t-elle. Je n'aurai pas l'impolitesse, l'inconvenance, voire l'impertinence de dire que quelques-uns des propos tenus jusqu'ici sont dus à l'ignorance ou à l'hostilité. Certains d'entre nous devraient corroborer et vérifier leurs faits avant de les présenter, et même s'assurer qu'ils les connaissent. Examinons par exemple la formation médicale des femmes. En 1788, une certaine Maria Petraccini obtient son diplôme de médecin à Florence, et on la découvre peu après donnant des conférences sur l'anatomie devant des étudiants et des collègues masculins. Sa fille suivit ce que Mr. Ogilvie pourrait appeler la tradition anglaise. Elle étudia la chirurgie à Bologne, où elle obtint son diplôme en 1800. On peut également citer l'exemple plus éminent encore de Maria delle Donne, qui étudia elle aussi à l'université de Bologne. Elle fit une longue carrière de médecin et de chirurgien, et fut nommée par Napoléon en personne à la chaire d'obstétrique de Bologne.

« Par ailleurs, dans la seconde moitié du siècle dernier, Mme La Chapelle était un célèbre et respecté professeur d'obstétrique dans le pays de ce formidable général. En 1821, tous les chefs de service des hôpitaux de Paris assistèrent à ses funérailles. Son successeur, Mme Boivin, dont le savoir et les compétences lui valurent une renommée plus grande encore, avait été décorée de l'Ordre du mérite par le roi de Prusse en 1814. Elle fit plusieurs découvertes en anatomie et inventa divers instruments de chirurgie. (Silence absolu.)

« En 1869, les journaux suédois publièrent un décret royal accordant aux femmes le droit d'étudier et de pratiquer la médecine. C'était pratiquement hier, mesdames et messieurs. La même année, Mme Kaschewarow obtint son diplôme de l'Académie de médecine et de chirurgie de Saint-Pétersbourg. Je cite ici le très respecté *British Medical Journal* : "Lorsque le doyen appela son nom, elle fut saluée par un tonnerre d'applaudissements qui se prolongea plusieurs minutes. À l'issue de la cérémonie officielle, ses collègues et camarades étudiants la portèrent en triomphe sur une chaise à travers le bâtiment."

« Le progrès et l'ouverture d'esprit sont tout aussi marqués de l'autre côté de l'Atlantique. On sait que plusieurs petites écoles de médecine américaines ont admis sans hésiter les femmes dès qu'elles en ont fait la demande. Treize femmes s'inscrivirent à l'Université du Michigan l'année où on leur en ouvrit les portes. Elles sont aujourd'hui environ soixante-quinze. Il semblerait donc, mesdames et messieurs, que la nature n'interdise pas d'emblée aux femmes de pratiquer l'art de guérir. »

Jusque-là, Miss Jex-Blake avait à peine jeté un œil sur ses notes. Soudain, les lumières de l'estrade se mirent à clignoter. Elle rapprocha les feuillets de ses yeux. Brusquement, toutes les lampes s'éteignirent dans un bruit sourd, plongeant la salle dans l'obscurité.

« Docteur Watson, Sophia pourrait être en danger là-haut ! » s'écria Miss Pechey en agrippant mon poignet.

L'idée ne m'avait pas traversé l'esprit. Le jeune Caird prit les devants, et nous nous dirigeâmes tous trois à tâtons vers l'estrade. Quelqu'un cria le nom d'Angus, une autre voix demanda qu'on apporte des bougies ; puis on entendit un hurlement. Certains se précipitèrent vers la sortie en nous bousculant. Quelqu'un se mit à taper avec une canne ou un bâton puis, Dieu merci, la lumière revint.

Le vieil Angus était au fond de l'estrade, penché en avant comme s'il cherchait de la monnaie tombée par terre, sifflant et claquant furieusement de la langue. Il examinait un grand clapet installé dans la partie inférieure d'un tuyau de gaz grisâtre qui remontait le long du mur et se prolongeait à l'horizontale au plafond jusqu'aux coulisses.

« Qu'est-ce que… hurla Angus. Qui a fait ça ? Une canaille a saboté le tuyau, et a même fait du bon boulot. »

Il ne cessait de désigner l'estrade et le clapet d'un mouvement saccadé du menton, tenant une longue perche à briquet dans la main gauche.

Presque tout le monde à l'hôpital avait recours aux services d'Angus, et personne ne s'étonna qu'il réussisse sans mal à rebrancher le gaz. Il devait avoir froid, car je vis lorsqu'il se releva qu'il s'était emmitouflé dans un gros pardessus hirsute qui le faisait ressembler à un ours en pleine mue. Sandy était à côté de lui, gesticulant d'un air agité. J'étais inquiet pour lui, sachant qu'il était sujet aux palpitations. Je ne savais que faire, lorsque Caird, l'air calme en dépit de la veine qui pulsait violemment près de son œil, me prit par la manche et me montra les deux femmes sur l'estrade. La brusque lueur des lampes et le spectacle du vieil Angus, avec son étrange manteau et sa longue perche qui lui donnaient l'allure du dieu Chronos, avaient brisé mon élan.

Edith Pechey, en revanche, s'était précipitée vers l'estrade. Elle se tenait d'un côté du pupitre, Sophia de l'autre, et les deux femmes avaient les yeux rivés sur la surface inclinée du pupitre. Miss Pechey leva brusquement les bras puis, nous jetant un étrange regard implorant, esquissa un minuscule mouvement de tête qui semblait nous demander de la rejoindre. Sophia, très troublée, s'était mise à trembler. Caird m'entraînait déjà dans leur direction.

« Que se passe-t-il ? demandai-je à Miss Pechey, tout en lui indiquant de la tête et du regard que j'avais compris que son amie était bouleversée par quelque chose.

— Docteur Watson, regardez ! » me souffla-t-elle d'une voix désarticulée en me montrant le pupitre.

Caird, qui avait pris la direction des opérations, me fit contourner le pupitre puis dit à la tremblante Sophia : « Venez vous asseoir. Vous devez être fatiguée et frigorifiée. Laissez-moi aller chercher votre manteau. »

Mal à l'aise et manifestement effrayé, comme moi-même, je l'avoue, il ne savait trop quoi dire. Mais Sophia refusa de se laisser faire.

« Comme je vous l'ai dit aujourd'hui, je suis en colère, fit-elle d'une voix rauque. Mais maintenant j'ai aussi peur. Regardez donc cette chose ! »

Elle indiqua du doigt une petite boîte en carton gris posée sur le pupitre. Le couvercle avait glissé sur le côté, découvrant deux oreilles à l'étrange couleur rosée posées sur du coton. Des oreilles humaines. Probablement celles d'une femme. Près de la boîte se trouvait une feuille sur laquelle était inscrit : « Vous n'avez pas écouté ! RENONCEZ à vous inscrire – sinon, gare à vous ! »

Là encore, les mots avaient presque tous été découpés dans un journal, à l'exception de RENONCEZ, écrit à la main en lettres capitales, et d'« inscrire » rédigé en petits caractères inclinés. J'avoue que les événements qui s'étaient déroulés sur l'estrade étaient pour moi une énigme, et tout le monde était sans doute aussi perplexe que moi. C'est alors que le jeune Conan Doyle se propulsa d'une main sur l'estrade et arriva vers nous, le front et la moustache luisants de sueur.

« Le Dr Bell m'a dit de me hâter, dit-il d'une voix haletante. Nous étions au département d'ophtalmologie lorsqu'il a soudain semblé craindre qu'il se se passe quelque chose ici ce soir. Il devrait déjà être là, car il est parti depuis un bon moment. Il m'a dit de me dépêcher. Je venais d'entrer dans la salle quand les lampes se sont éteintes. Que se passe-t-il donc ? » demanda-t-il avant de s'affaler sur une chaise au fond de l'estrade en s'épongeant le front.

Presque tous les autres, restés assis dans la salle, lançaient une rafale de questions. « Qu'est-ce qui s'est passé ? Qu'est-ce qui cloche avec la lumière ? Est-ce que quelqu'un a saboté… ? »

Caird mit Doyle au courant.

« Il faut avertir la police, si ce n'est déjà fait », dit ce dernier en regardant fixement le fond de la salle, plongé dans l'obscurité.

Puis il aperçut les deux femmes, encore sous le choc, le teint gris, agrippées au pupitre. Il se précipita vers elles et leur prit les mains dans ses énormes pattes.

« Je suis navré. Quelle abomination ! Qui a osé – oh, bon sang, pardonnez-moi. Je suis Arthur Conan Doyle, et c'est le Dr Bell qui m'a demandé de venir au plus vite pour voir si tout allait bien. »

Les deux femmes, malgré leur étonnement, se sentirent grandement rassérénées par la présence de ce grand gaillard, et le remercièrent de s'inquiéter de leur sort. Miss Pechey, une main sur la bouche, indiqua, de l'autre, la boîte. Il s'approcha du pupitre. « Nom d'un chien ! Ne touchez à rien et, je répète, appelez la police.

— Je vais envoyer Craig, mon assistant de laboratoire, lança d'une voix tremblante le Dr Christison en montant sur l'estrade.

— Excellente idée ! lançai-je.

— Merci, monsieur, dit Doyle, avant de reconduire le chancelant Christison à son siège. Le Dr Bell avait sans doute vu juste. Cet incident ne laisse présager que des ennuis. »

Jamais prophétie ne fut plus juste.

V

De nouveaux personnages entrent en scène

Je vais m'efforcer de décrire de manière succincte la confusion créée par l'arrivée des représentants de la « maréchaussée » d'Édimbourg, comme disait le *Scotsman,* à savoir le constable Howell et le sergent Dundas. Howell faisait le va-et-vient entre les lampes de l'estrade et la vanne principale installée au fond des coulisses. Dundas, un grand bonhomme dont Joe Bell avait soigné l'asthme quand il était enfant, entreprit de demander à tous ceux qui se trouvaient sur l'estrade ou à côté s'ils avaient vu quelqu'un tripoter le clapet de la canalisation ou poser la boîte sur le pupitre. Les deux hommes descendirent ensemble de l'estrade pour rassurer les personnes présentes et leur demander de garder leur sang-froid. Sandy, en véritable mère poule, s'efforçait de réconforter les dames, qui se disaient qu'il avait davantage besoin qu'elles de réconfort.

Le sergent avait eu la présence d'esprit de demander d'abord si quelqu'un avait été blessé. Caird et moi lançâmes un regard interrogateur aux jeunes femmes lorsqu'il nous questionna sur la signification de la note. Il prit également soin de parler en aparté aux deux femmes pour les interroger sur le message et l'étrange incident des lampes. Je crois que c'est à cet instant que j'entendis Sandy se lamenter dans son coin : « Qu'est-ce que tout cela signifie, bon sang ? »

Dundas remarqua alors Angus qui tournait en rond, sa perche à la main.

« Qu'est-ce que vous fichez donc avec ce bâton ? » aboya-t-il, manifestement désireux de faire étalage de son autorité.

Angus resta imperturbable, refusant de se laisser impressionner, et se comporta admirablement. Il posa tout doucement sa perche par terre au fond de l'estrade puis, ôtant son gros pardessus hirsute, rajusta son pull plus hirsute encore, enleva une peluche imaginaire, et dévisagea son cadet.

« Je crois que c'est à moi que vous parlez, dit-il.

— Vous savez pertinemment à qui je m'adressais.

— "Pertinemment", répéta Angus sur un ton moqueur. Du beau langage, mais je suis là pour vous rappeler la politesse, jeune homme. »

Dundas eut un mouvement de recul en voyant Angus le singer, mais se reprit aussitôt.

« Désolé, dit-il sèchement. Pardon de vous avoir offensé. Mais on nous a appelés, et il semble qu'on ait effectivement besoin de nous », ajouta-t-il en hochant la tête en direction des femmes et de Sandy, toujours effondré.

Angus ne se laissa pas amadouer aussi facilement.

« Ben voyons. Vous pensiez qu'on allait tous lever les bras au ciel en geignant "Heureusement que vous êtes là !" en vous voyant arriver, hein ? »

Joignant le geste à la parole, il avait prononcé son petit discours d'une voix geignarde. Le sergent, le visage s'empourprant, s'avança d'un pas, mais Angus le prit de court.

« Je vais vous dire une chose, jeune homme. Bon travail, bon travail. Vous avez posé les bonnes questions, c'est vrai, mais sur le mauvais ton. Je pourrais vous apprendre une ou deux choses si seulement… »

Il n'eut pas le loisir de finir sa phrase. Le sergent efflanqué s'avançait vers lui, main levée, lorsqu'un grand type en uniforme de policier escalada d'un bond les marches de l'estrade et arrêta Dundas en posant la main sur sa poitrine. Il y avait quelque chose de comique à voir la facilité avec laquelle il l'avait désarçonné.

Puis, tournant la tête vers Angus, il dit, d'une voix profonde qui imposait le respect : « J'imagine que la bonne question concerne la perche à briquet que je vois là-bas ?

— Oui, murmura Angus, manifestement intimidé par cet homme à la carrure de taureau.

— Eh bien ?

— À qui ai-je l'honneur ? demanda Angus en allongeant la dernière syllabe d'un air satisfait.

— Je suis l'inspecteur McCabe, répondit l'autre, mais peu importe pour l'instant. Parlez-nous donc de cet objet, si vous voulez bien. »

La courtoisie du policier fit merveille.

« Oh, peuh, dit Angus. Ça n'a pas non plus grande importance. On continue à les utiliser pour les lampes à pétrole, mais depuis qu'ils ont installé le gaz, la perche ne sert plus à grand-chose. Quand la lumière s'est éteinte, j'ai pas réfléchi, et je suis allé la chercher comme un chien va chercher son os. »

Puis, haussant les épaules et baissant la tête, l'air d'un gamin attardé, il ajouta :

« Pourrais-je vous dire quelque chose, inspecteur ?

— Bien sûr.

— Eh bien, laissez-moi vous dire que si vous pensez aussi bien que vous sautez, vous allez sûrement réussir.

— Vous êtes trop bon, répliqua dans un large sourire l'inspecteur, dont la massive silhouette continuait à s'interposer entre le sergent et Angus. J'aurai sans doute une ou deux autres questions à vous poser, si vous n'y voyez pas d'inconvénient. Mais je dois d'abord parler à ces deux jeunes femmes. Elles m'ont l'air très secouées. »

Me souvenant soudain que Littlejohn m'avait dit beaucoup de bien de l'inspecteur, je sortis enfin de ma transe.

« Je suis le Dr Patrick Heron Watson, et je propose que l'on raccompagne ces jeunes femmes chez elles. Depuis combien de temps êtes-vous ici, inspecteur ? »

D'un signe de tête, il demanda à son vaillant subordonné d'escorter jusqu'à leur siège les deux hommes présents sur l'estrade, qui furent reconduits comme deux agneaux égarés.

Il me regarda fixement, puis dit sur un ton sec : « Tout d'abord, pour répondre à votre question, docteur Watson, je suis arrivé – voyons... un peu avant huit heures. J'ai travaillé tard, et puisque la réunion était ouverte au public, je suis venu. Ma femme s'intéresse de très près à la cause de ces jeunes femmes. Vous vous rappelez les gamins qui criaient à la fenêtre ? J'ai couru après eux, juste pour leur faire savoir que j'étais là. Ils avaient déjà sauté par-dessus la palissade derrière Lowther's Pub avant que je puisse voir combien ils étaient. Ils sont revenus, vous savez, juste avant que les lumières s'éteignent. Je suis sorti dans le couloir lorsque j'ai entendu du bruit dans la rue. De toute évidence, ils avaient trouvé des barriques à Lowther's, et s'apprêtaient à recommencer leurs bêtises. Quand ils m'ont vu, ces petits gredins ont fait rouler leurs barriques vers moi, avec beaucoup de précision, je dois dire. J'ai failli me faire écraser les jambes. Ils ont détalé, et j'ai poursuivi les deux plus lents jusqu'à la gare Waverley, où ils ont prestement disparu sous un train en me laissant parler tout seul à voix haute. Ils étaient rudement dégourdis, car je suis plutôt rapide pour un homme de mon gabarit. »

Il fit une pause et s'épongea le front.

« Concernant votre deuxième point : dois-je comprendre que tous ceux qui se trouvaient sur l'estrade ont vu le contenu de… »

Il s'arrêta en pleine phrase, me regarda des pieds à la tête, puis son large et sympathique visage devint cramoisi.

« Pardonnez-moi, docteur Watson. Je m'écoute parler. Où avais-je la tête ? Mesdames, je suis navré, ajouta-t-il en se tournant vers les jeunes femmes. Je suggère que nous emportions ce qui se trouve sur le pupitre puis, si vous le voulez bien, nous nous rendrons au commissariat tout proche ; à moins que vous ne préfériez que l'on vous raccompagne, comme l'a suggéré le bon Dr Watson.

— Je suis déjà bien trop au centre de l'attention, répondit Miss Jex-Blake d'une voix enrouée.

— Sophia, je préfère infiniment rentrer, dit Miss Pechey. Si vous n'y voyez pas d'objection, docteur Watson.

— Étant donné cet étrange incident, je crois que c'est à l'inspecteur d'en décider.

— Nous habitons à quelques minutes à pied, dit sa compagne, manifestement peu désireuse de visiter un commissariat. Et si vous n'y voyez pas d'inconvénient, inspecteur, nous allons rentrer. Cette salle sent bien trop le renfermé. »

L'inspecteur descendit de l'estrade et demanda aux auditeurs éberlués de contacter la police si quelque chose leur revenait à l'esprit, et de donner leurs noms à ses hommes avant de partir. Il fit preuve d'une grande courtoisie, et bien peu protestèrent. Ses paroles de conclusion semblèrent les apaiser tout à fait :

« Mesdames et messieurs, je ne me permettrais pas de vous dire comment diriger vos affaires ou votre maison, comment traiter vos patients ni quoi faire au bloc opératoire. Je m'incline devant vos compétences et votre savoir, et j'attends la réciproque de votre part. Je ne peux encore dire avec certitude si un crime a été commis ici ce soir, mais j'ai bien l'intention de tirer les choses au clair. Je vous prie de quitter la salle dans le plus grand calme. »

Puis, comme s'il avait des yeux derrière la tête, il se retourna brusquement vers Ogilvie et le confrère de celui-ci, qui enfilaient leur pardessus au fond de l'estrade.

« Mr Ogilvie, dit-il en s'avançant lentement vers lui ; vous et votre ami du *Courant* n'avez pas encore besoin de vos manteaux. Non, mon vieux, pas de protestation, ajouta-t-il en élevant légèrement la voix et en prenant un fort accent, tandis qu'Ogilvie s'approchait de lui en tanguant, se déboîtant presque l'épaule en tentant d'enfiler son manteau. Vous n'allez pas nous accompagner, j'en ai peur. Pour l'instant, je crois qu'il vaut mieux pour tout le monde en dire le moins possible. Écoutez..., ajouta-t-il alors qu'Ogilvie commençait à protester. J'ai bien plus d'expérience que vous en la matière. »

Il n'avait pas quitté des yeux Caird et Doyle, qui s'apprêtaient à escorter les femmes au bas de l'estrade. Il s'approcha de Doyle et le prit par le coude.

« Ce sont vos étudiants, docteur Watson ? me demanda-t-il.

— Pour ainsi dire. Caird est mon assistant, et Doyle est celui du Dr Bell.

— Je crois, docteur Watson, qu'il vaut mieux pour l'instant ne pas accorder à ces deux gentlemen des privilèges refusés à nos intrépides journalistes, ne trouvez-vous pas ? Ils en savent déjà bien plus sur cet étrange... » Il se tut soudain, et se mit à tapoter son carnet avec son crayon. « Pardonnez-moi, messieurs, j'ai failli être injuste. Puisque vous avez escorté ces dames jusqu'ici, vous pouvez venir avec nous les raccompagner, et vous nous laisserez ensuite. Manière, euh, polie, de vous demander de disparaître. Voyez-vous, ma femme me dit que je dois apprendre à me montrer plus courtois envers le public.

— Ne vous excusez pas, inspecteur, fis-je. Il s'est passé bien des choses depuis que vous êtes revenu de votre petite escapade avec les gamins. On ne peut pas vous en vouloir de… »

Le grand gaillard claqua des doigts.

« Le Dr Bell, dites-vous ? Deux de mes hommes – le constable Ryan et le sergent Menzies, m'ont beaucoup parlé de ce Dr Bell. Il soigne la petite fille de Ryan et le garçon de Menzies. Ils jurent qu'il est un mélange de devin et de sorcier. Il semble non seulement tout savoir sur les enfants et leur maladie d'un coup d'œil, mais aussi tout connaître sur mes hommes. Ses observations les ont laissés pantois. »

Le jeune Doyle, qui se tenait derrière l'inspecteur et s'efforçait d'attirer son attention, finit par lui taper sur l'épaule.

« Pardon de vous interrompre, inspecteur. Je m'appelle Arthur Conan Doyle, et je suis l'assistant du Dr Bell, comme on vient de vous le dire. Je voulais juste ajouter qu'il fait parfois preuve d'une diabolique perspicacité, et qu'il ne cesse de nous étonner, nous ses étudiants. Pour en revenir à notre sujet, Caird m'a dit qu'il avait encore beaucoup de travail sur la planche, et je précise que je n'ai pas accompagné les jeunes dames ici ce soir. En outre (je revois encore le large sourire qu'il fit alors), nous ne cherchons pas à obtenir des privilèges plus grands que ceux accordés à nos journalistes indépendants, mais je meurs d'envie de vous accompagner, si Mr Ogilvie et son collègue n'y voient pas d'inconvénient. »

Doyle jeta un regard à Ogilvie, qui regarda son jeune collègue, puis l'inspecteur. Levant les mains au ciel, le jeune reporter éclata de rire, puis hocha la tête en direction de Doyle.

« Je suis un peu jaloux, mais vous avez ma permission. Mr Blair et moi-même avons également du travail sur la planche.

— Je vous remercie tous les deux, répliqua l'inspecteur. Vous m'avez rendu cette soirée un peu plus agréable. Eh bien, allons-y, messieurs, mesdames. »

Il regarda vers le Pr Christison assis au premier rang, l'air perplexe, tentant d'écouter ce qui se disait sur l'estrade et de renseigner ses collègues et amis avec force chuchotements et gesticulations.

« Professeur Christison », lança-t-il d'une voix forte.

Ce dernier, qui s'était retourné pour parler à ses amis, ne l'entendit pas. L'inspecteur sauta de l'estrade avec l'agilité d'un homme deux fois plus jeune et lui toucha l'épaule. Après avoir interdit d'un regard aux autres de s'approcher, il dévisagea Christison.

« Professeur, vous êtes très certainement perplexe, vous aussi, et sans doute perturbé par ce qui vient de se passer. J'ai des questions à vous poser, et j'aimerais passer vous voir au plus tôt, à votre convenance. »

Christison, surpris et un peu intimidé, acquiesça d'un mouvement de tête, et le grand gaillard fit signe à l'un de ses hommes de prendre rendez-vous avec le professeur.

Les acolytes de Christison firent cercle autour du policier en uniforme et le bombardèrent de questions à voix forte en gesticulant. McCabe posa une large main sur l'épaule du plus bruyant d'entre eux, le Dr Bennet, qui referma d'un coup sec la mâchoire, comme si on l'y avait contraint.

« Gentlemen, je vous en prie, lança l'inspecteur. J'avoue que je comprends mal, moi aussi, ce qui s'est passé ici ce soir, mais j'ai dit au Dr Christison que j'apprécierais beaucoup qu'il m'accorde rapidement un peu de son temps pour me confier ses observations. Certains d'entre vous sont-ils prêts à faire de même ? Le Pr Christison m'a assuré de sa coopération. »

Tous cessèrent de crier comme par enchantement et se mirent à marmonner qu'ils n'étaient pas sûrs non plus de savoir ce qui s'était passé. McCabe remarqua alors Angus, qui peinait à enfiler son pardessus hirsute.

« Oh, Mr McKenzie, je crois que vous travaillez à l'hôpital demain, n'est-ce pas ?

— Oui, vous le savez bien.

— Non, monsieur, je formulais une simple hypothèse.

— Vous commencez à me plaire, jeune homme, répliqua Angus en gloussant. Vous, au moins, vous avez des manières, et je vais vous dire : heureusement que Mr Russel avait sous la main quelqu'un qui connaissait la nouvelle conduite de gaz.

— Je pourrai donc venir vous parler demain matin ?

— Pas possible. Il faut que je prépare la grande salle d'opération. Vous pouvez passer dans l'après-midi ? »

Voyant l'inspecteur hocher la tête dans un grand sourire, il enroula sa longue écharpe autour de son cou et dit : « Si vous voulez passer à mon bureau, comme qui dirait, c'est au sous-sol, au fond du grand réduit à fournitures, juste sous la réception du rez-de-chaussée.

— Disons treize heures trente ?

— Disons ça. Maintenant il faut que je ferme la salle et que je rentre chez moi. Bonsoir tout… »

Il s'arrêta net et regarda Sandy, qui avait perdu de sa belle vigueur depuis le fatal accident arrivé à son fils quelques années auparavant. Affalé au premier rang, ce dernier était plongé dans la perplexité, entouré par quatre des plus éminents médecins d'Édimbourg, qui tentaient de le réconforter.

« Bonne nuit, Mr Russel », lança Angus d'une voix forte.

Sandy lui adressa un vague sourire et fit un geste encore plus vague de la main dans sa direction.

Nous prîmes congé de Sandy et de ses assistants, et emboitâmes le pas à Angus, qui relevait un à un les sièges des rangées en remontant vers les grandes portes du fond. Nous étions à mi-chemin – j'avais pris les deux femmes par le coude pour les guider, à la manière d'un bédouin – lorsque la voix du jeune Doyle se fit entendre derrière nous.

« Eh bien, on dirait que votre souhait va se réaliser plus tôt que prévu, inspecteur ; je crois que c'est le Dr Bell qui est assis dans la pénombre, à la dernière rangée. »

Il ne se trompait pas. Joe Bell se leva, son pardessus sur le bras, et s'avança vers nous, ses yeux verts et perçants se posant tour à tour sur l'inspecteur, les femmes et les assistants qui nous suivaient. Il entrouvrit légèrement les lèvres – ce qui passait chez lui pour un sourire – et me serra la main d'une curieuse façon saccadée. Quelques années auparavant, au plus fort de la pire épidémie de diphtérie de notre histoire, il avait inventé une pipette spéciale afin d'aspirer les épaisses mucosités grises encombrant la gorge des victimes. Après une journée entière passée à cette tâche dans le pavillon des enfants, il avait lui-même été contaminé et avait dû rester alité pendant six mois à Glendoick, le fief ancestral de sa famille maternelle. Une fois rétabli, il avait écrit deux articles : l'un sur la manière appropriée d'utiliser la pipette, l'autre sur les terribles effets de la diphtérie sur la gorge et les articulations. Depuis lors, il marchait d'un curieux pas sautillant et rythmé, et sa voix avait pris une tonalité nettement plus aiguë.

« Pardonnez mon affreux retard, Watson, mais je promettais depuis des semaines d'aller voir les enfants à la clinique d'ophtalmologie. Je suis arrivé il y a une heure environ, et je me suis installé au fond, car je ne supporte pas l'odeur de cigare du Dr Christison et de ses amis. »

Il jeta un regard sévère à Doyle.

« Notez bien ce que je vous dis, mon garçon, même si je sais que vous ne m'écouterez pas ; évitez de toucher au tabac. »

Puis, apercevant Sandy qui s'en allait, entouré d'un groupe compact, il ajouta :

« J'irais bien présenter mes excuses à Sandy, mais je vois qu'il est très entouré et qu'il n'a pas besoin de visiteurs pour l'instant. »

Je marmonnai que ses excuses étaient inutiles.

« Je n'ai sans doute pas besoin de vous présenter tout le monde ? ajoutai-je gauchement.

— Vous me surestimez, Watson. C'est une mauvaise habitude, vous savez. Mais allons plutôt dans le vestibule ; l'éclairage y est bien meilleur. »

L'inspecteur, qui s'était faufilé derrière nous, avait déjà ouvert les portes à notre intention.

« Ah, oui, dit Bell. Je vois que ce grand gaillard en uniforme est un inspecteur, et si le jeune Doyle et son ami Caird me sont familiers, je ne connais pas ces deux dames, même si je devine sans peine laquelle est Miss Jex-Blake d'après le portrait détaillé que Mr Ogilvie a fait dans le *Scotsman* des – comment les appelle-t-il, déjà ? – aspirantes médecins. »

Il la regarda droit dans les yeux en esquissant la grimace qui lui servait de sourire. Je fis les présentations, après que les deux reporters eurent pris congé. Il y eut un court silence embarrassé, puis Miss Jex-Blake lança nerveusement : « Si j'en juge par certains propos du Dr Watson, je devrais avoir un peu peur de vous, docteur Bell, mais ce n'est pas le cas. »

Bell se redressa, joignit le bout des doigts devant sa poitrine et inclina la tête, les yeux fermés.

« Sauf erreur de ma part, ma jeune dame, ce n'est pas de moi que vous devriez avoir peur ; si j'étais vous, je craindrais plutôt celui ou celle qui a mis du vitriol sur l'un de vos gants, et m'inquiéterais également des curieuses taches brunes sur votre main droite – ou bien s'agit-il d'un accident ? rétorqua Bell, dont l'expression montrait qu'il ne croyait pas à l'accident. Puis-je proposer une hypothèse sur la manière dont cela s'est fait ? demanda-t-il.

— Comment ? répondit la jeune femme, choquée. Bien entendu, je vous écoute, mais je doute fort que vous puissiez... »

Bell posa un doigt sur ses lèvres et secoua la tête pour lui intimer le silence.

« Je dirais que quelqu'un a placé du vitriol dans votre boîte aux lettres », dit-il.

Elle resta à le regarder, comme figée, puis se força à demander d'une voix étrangement aiguë : « Comment diable avez-vous pu deviner... »

Bell leva les bras au ciel et secoua de nouveau vigoureusement la tête.

« Ah, les devinettes ne sont pas mon fort. Disons plutôt de l'observation et de nombreuses heures passées à étudier la chimie. »

L'inspecteur, à qui Miss Pechey avait eu le temps d'indiquer le chemin de leur résidence, à Buccleuch Place, était manifestement intrigué par les déductions de mon collègue.

« Mes hommes semblent avoir vu juste à propos du Dr Bell, dit-il dans un grand rire, en se retournant dans la rue obscure. Puis-je vous demander comment vous en êtes arrivé à cette conclusion, docteur Bell ? Je suis plutôt impressionné.

— Sans raison, je vous l'assure, inspecteur, et personne ne pourra m'accuser de fausse modestie, ni de pudeur excessive, d'ailleurs. Je trouve ces vertus plutôt surfaites. Je ne m'étais pas rendu compte que j'avais formulé des conclusions, tant le processus est devenu une habitude chez moi. »

Aucun d'entre nous, sans doute, ne saisit pleinement cette répartie, et l'inspecteur, l'air perplexe, se fit notre porte-parole.

« Pardonnez-moi, monsieur, mais je n'ai pas compris ce que...

— Touché, touché, inspecteur, répondit Bell en riant. Vous venez d'assister à une démonstration de la méthode à laquelle je faisais allusion. Je m'efforçais d'expliquer deux choses : l'une, que j'estime que le monde civilisé porte trop d'admiration à la modestie et à la pudeur ; l'autre, que je ne sais trop comment j'arrive à ce que vous appelez "conclusions", inspecteur.

« Le gant de Miss Jex-Blake présente des traces d'usure, il est abîmé d'une manière très particulière, dit-il en grimaçant un sourire à la jeune femme, qui lui tendit aussitôt l'un de ses gants. Ce qui correspond aux effets du vitriol, aussi appelé acide sulfurique, qui a parfaitement accompli sa tâche délétère.

— Aaah ! fit l'inspecteur.

— Le fait que les mains de Miss Jex-Blake présentent aussi ces taches brunes si particulières renforce mon hypothèse. Mr Ogilvie nous a exposé en détail le genre de méfaits commis dans notre belle ville par certains habitants en colère, et c'est de là que j'ai automatiquement conclu que quelqu'un avait mis du vitriol dans la boîte aux lettres de Miss Jex-Blake. De surcroît – pardonnez-moi, mesdames –, j'ai observé que cet acte était plus souvent le fait des femelles de l'espèce que des mâles. »

Bell rendit le gant taché à Miss Jex-Blake, et lui demanda de lui prêter sa main afin de démontrer sa théorie.

« Je ne sais trop où vous voulez en venir, docteur Bell.

— Moi non plus – pas exactement mais, voyez-vous, l'examen attentif des callosités, des crêtes et des sillons permet de distinguer la main d'un cordonnier de celle d'un ardoisier ou d'un tailleur. Je souhaite depuis longtemps écrire un article sur les mains d'un chimiste. Voulez-vous tendre la main une nouvelle fois, Miss Jex-Blake ? »

Elle lui obéit.

« Comme on peut le voir, le vitriol laisse une tache brune, tandis que l'acide prussique, bien que puissant, ne laisse aucune trace particulière ; l'acide hydrochlorique, qui possède une odeur caractéristique, ne laisse non plus aucune tache. L'acide benzoïque, ou phénol, en revanche, laisse non seulement une tache grise, mais est aussi très corrosif pour la peau. Le dichromate potassique se signale par une trace pourpre ; l'iode laisse une tache marron ; les nitrates noircissent la peau, tandis que l'acide nitrique produit une tache jaune vif. La liste ne s'arrête pas là. Il me semble donc qu'un bon article s'impose.

— De la façon dont vous l'expliquez, tout paraît simple, dit l'inspecteur.

— C'est drôle, inspecteur, répliqua Bell en pouffant de rire, car c'est exactement ce que disent les étudiants à chaque fois ou presque que je pose un diagnostic en salle de consultation. Mais, puisque je semble avoir raison, dois-je comprendre, mesdames, que vous êtes harcelées, voire menacées, par ceux qui ne soutiennent pas votre cause ?

— C'est plus que cela, lançai-je. Vous rappelez-vous les messages anonymes dont je vous ai parlé ?

— Bien entendu, mon cher Watson, mais, à en juger par le petit bruit fait par le bon inspecteur, il n'est peut-être pas au courant.

— Inspecteur, j'ai parlé au Dr Bell des deux messages anonymes, et pas seulement de celui que vous avez vus ; mais il n'a lu aucun des deux.

— Vous nous montrerez sans doute à tous les deux les notes que nous n'avons pas vues ? demanda l'inspecteur.

— Le jeune Doyle m'en voudrait de ne pas les montrer à la police, répondis-je, un peu amusé.

— Ne croyez-vous pas que l'on prête un peu trop d'attention à ces notes, docteur Watson ? lança rapidement Miss Jex-Blake.

— Ce n'est pas mon avis, mais nous laisserons l'inspecteur McCabe en décider.

— Puisque Mr Doyle se désolerait si elles restaient un mystère, je préférerais y jeter un œil. Je suis également d'un naturel curieux », rétorqua l'inspecteur en souriant.

Le policier, manifestement doté d'un solide sens de l'humour, se montra par ailleurs un excellent guide dans les rues sombres et glissantes, tout en discutant avec animation de football avec Doyle. Fort heureusement, les jeunes femmes habitaient non loin des bureaux du *Scotsman* et de l'université. Nous suivîmes McCabe dans Nicolson Street jusqu'à Buccleuch Place, dans la Vieille Ville. La Gaule était divisée en trois parties, Édimbourg en deux seulement. Les personnes fortunées, l'aristocratie et les professions libérales se nichaient dans les nouveaux quartiers, tandis que les autres étaient confinés dans les districts surpeuplés et malsains de la Vieille Ville. Le 15, Buccleuch Place était un agréable immeuble en pierre de plusieurs étages, assez typique d'Édimbourg (de nombreux bâtiments du quartier de Cowgate faisaient jusqu'à dix ou douze étages).

Une fenêtre de la façade s'ouvrit brusquement, et une voix interpella les deux femmes.

« C'est Mrs Davies, dit Sophia. Elle vit seule, et s'est montrée très obligeante envers nous.

— J'avoue que j'ai sursauté en entendant le bruit de la fenêtre, dis-je. Toute cette affaire m'a sans doute mis les nerfs à vif.

— J'ai également été un peu déconcertée, fit Miss Pechey. En fait, c'est Mrs Davies elle-même qui nous a raconté la charmante coutume – ou le rituel, je ne sais trop – de "Gardy loo". Elle est de tempérament posé, et je suis sûre qu'elle parlait avec le plus grand sérieux, même si je ne suis pas sûre d'avoir entièrement compris.

— Ah, voilà qui est facile à corriger, dit Bell. C'est plutôt le Dr Henry Duncan Littlejohn qui devrait vous raconter cette histoire, puisque c'est lui qui fut le premier chargé de l'hygiène publique à Édimbourg, en 1862, me semble-t-il. Le sujet n'est pas des plus plaisants ; la collecte des eaux sales était un casse-tête pour notre bonne ville, sans doute depuis des siècles, et le Dr Littlejohn a largement contribué à résoudre le problème. Jusqu'à la fin du siècle dernier, et même pendant les premières années de celui-ci, les eaux sales étaient tout bonnement jetées dans la rue, vers dix heures du soir le plus souvent. Certains foyers étaient équipés de toilettes rudimentaires, mais celles-ci se déversaient directement dans la rue. Le signal du "nettoyage" des maisons était donné à dix heures par le carillon de St Giles. Les habitants du quartier se mettaient alors à crier : "Gardy loo", déformation de "Gardez l'eau" – "Attention à l'eau". L'innocent passant, afin d'échapper au baptême, devait alors signaler sa présence. Si je ne m'abuse, les jeunes Américains inscrits dans notre école de médecine à la fin du siècle dernier y voyaient une sorte de rite de passage. »

Pendant que Bell racontait l'anecdote, Miss Jex-Blake avait sorti ses clés. Cinq des jeunes femmes vivaient dans deux grands appartements adjacents du rez-de-chaussée ; Miss Jex-Blake, apercevant de la lumière dans le second, nous dit que Miss Thorne avait sans doute allumé un feu et que nous serions plus à l'aise à l'intérieur. Elle frappa énergiquement, en nous murmurant qu'elles gardaient les portes cadenassées depuis qu'elles avaient reçu les messages anonymes.

« Isabel, Helen, c'est Sophia, et j'ai amené des invités », lança-t-elle à voix haute en entendant des pas approcher.

Une clé tourna dans la serrure.

« Je suis coiffée comme une sorcière de Macbeth et j'ai une ampoule au pied mais, à part cela, tout va bien », énonça fermement une voix à l'intérieur.

La porte s'ouvrit, découvrant l'imposante silhouette d'Isabel Thorne, vêtue d'un manteau gris lui tombant presque aux chevilles, orné d'épaulettes et serré à la taille par une énorme ceinture.

Le personnage était impressionnant, et les hommes du groupe restèrent un instant interloqués.

« Entrez donc, fit-elle en ouvrant la porte en grand. Edith ne cesse d'inviter tout le monde à nous rendre visite. On dirait qu'heureusement quelqu'un a fini par la prendre au mot. »

Nous étions captivés par son débit accéléré.

« Sans vouloir vous offenser, voici un manteau peu ordinaire, lança soudain Bell, qui la dévisageait. Si nous n'étions pas au beau milieu d'Édimbourg, je dirais qu'il appartient à un soldat chinois, Miss… »

Il se tut, tournant le regard vers Miss Jex-Blake. La pauvre femme se confondit aussitôt en excuses de ne pas avoir fait les présentations.

« Mais non, mais non, Sophia, la coupa sa compagne. Je ne t'ai pas laissée ouvrir la bouche. Terriblement impoli de ma part. Je me présente : Isabel Thorne. Vous devez être le Dr Bell, dit-elle en regardant mon collègue droit dans les yeux. Je vous ai souvent vu à l'hôpital.

— Et voici l'inspecteur McCabe, Isabel. Inspecteur, Mrs Isabel Thorne, au cas où vous auriez encore le moindre doute, l'interrompit posément Miss Pechey d'une voix forte.

— À propos de manteaux, inspecteur, le vôtre semble indiquer que vous faites partie des forces de police locale, ajouta Mrs Thorne. Et laissez-moi vous en débarrasser.

— Oui, vous ne vous trompez pas, répondit McCabe.

— Docteur Bell, comment diable savez-vous que je porte un manteau de l'armée chinoise ? reprit la jeune femme. Je suis perplexe, et impressionnée. »

Sans lui laisser le temps de répondre, elle ajouta aussitôt :

« Mon mari a ravitaillé à diverses reprises en provisions et médicaments plusieurs familles pauvres de la province de Gansu, au nord de la Chine. Au moment de notre retour en Angleterre, on nous a offert cet étrange cadeau d'adieu. Il a été donné à mon mari par une femme dont le fils avait été enrôlé de force dans l'armée chinoise, et qui était mort pendant des manœuvres, victime d'une des nombreuses épidémies de choléra. Je le porte parce qu'il est à ma taille et me tient très chaud. Je crois véritablement qu'Édimbourg est le seul endroit sur terre où il fait plus froid que dans la province de Gansu. »

Elle nous avait raconté cette tragique histoire d'une voix rauque, presque dans un murmure. Sans nous laisser le temps de réagir, elle leva une main au ciel puis annonça à voix forte :

« Mais je ne vous ai pas laissé le temps de répondre, docteur Bell.

— Isabel, vous ne nous avez pas laissé le temps de penser », rétorqua Miss Jex-Blake.

Bell pressa ses doigts sur ses tempes, comme il le faisait souvent devant ses étudiants. Puis, levant à demi le bras, comme s'il demandait la permission de parler :

« Puis-je toucher l'étoffe, Mrs Thorne ?

— Faites donc, monsieur », répondit-elle, l'air mi amusé, mi mystifié.

Il passa les doigts sur les larges manchettes, puis sous le grand col.

« Nos célèbres manufactures lainières pourraient en prendre de la graine, dit-il d'une voix décidée. Comme vous le voyez, ce tissu possède un lustre peu ordinaire, et il est aussi doux que du coton. Pour répondre à votre question, Mrs Thorne, mon esprit – comment dirais-je – ressemble à un grenier où s'accumulent bien trop d'informations que je recueille en observant ou en écoutant. Pour dissiper le mystère, j'ai un frère cadet dans la Royal Navy qui rapporte des livres, des souvenirs et des récits recueillis lors de ses escales. Il les montre à mes très jeunes enfants, qui l'adorent : des images de pièces d'artillerie russes, de navires allemands, et même d'uniformes chinois, j'en ai peur.

— Extraordinaire ! » s'écria Mrs Thorne.

Il n'y avait rien d'extraordinaire, protesta Bell.

« L'inspecteur McCabe et le Dr Bell sont ici pour examiner les lettres que vous avez reçues, le coupai-je.

— Dieu du ciel ! s'écria Miss Jex-Blake en s'avançant vers la porte. Les lettres se trouvent dans mon armoire, dans une vieille valise à dépêches. J'en ai pour un instant. »

Elle revint bientôt avec une boîte en métal cabossée qui aurait pu appartenir à l'un des pirates de Robert Louis Stevenson.

« Je ne sais trop ce que le Dr Watson vous a raconté sur cette étrange affaire, dit-elle, mais l'une de ces affreuses missives contenait un doigt fraîchement coupé ; l'autre, comme vous le savez, est arrivée ce soir, accompagnée des deux oreilles que vous avez vues. Le Dr Watson a bien voulu placer le doigt dans une solution de formol. Tout le reste se trouve dans cette boîte. Voulez-vous que je dépose les objets sur cette petite table près du mur ?

— Si vous n'y voyez pas d'inconvénient, Miss, fit l'inspecteur, laissez-moi faire. Je vous en serais reconnaissant.

— Mais, bien sûr, inspecteur. »

McCabe s'avança, et je revois encore ses deux énormes mains s'approchant du coffret cabossé, qu'il aurait sûrement sans peine écrasé d'un geste. C'est alors que Bell sortit un étrange paquet rebondi de la poche intérieure de sa redingote.

« Vous pourriez avoir besoin de ceci, inspecteur, dit-il. Ce sont des forceps, que j'ai pris la liberté d'apporter lorsque le bon docteur m'a décrit la nature de notre mission. Comme vous le voyez, j'ai pris la précaution de les envelopper de coton. Je m'attendais à trouver un doigt coupé, voyez-vous. »

L'inspecteur resta bouche bée et dévisagea Bell un instant en clignant rapidement des yeux.

« Que diriez-vous de former quelques-uns de mes hommes, docteur Bell ? Nous aurions bien besoin d'un homme aussi prévoyant que vous.

— Merci, mais je dois décliner votre aimable proposition, inspecteur. Vous savez, la chirurgie requiert d'anticiper en permanence l'instant qui suit.

— C'est ce que je constate, murmura l'inspecteur en se ressaisissant.

— Je me chargerais volontiers de déposer les – euh – objets sur la table, si vous le voulez bien, d'autant que mon pouce semble s'être coincé dans la poignée de ces forceps.

— Certainement, docteur Bell. »

Après avoir demandé une serviette, qu'il étala sur la petite table, mon collègue entreprit de déballer précautionneusement le paquet, examinant chacun des objets avec soin. Puis il écarquilla les yeux et plissa les paupières. Ses pupilles grises s'animèrent d'un reflet étrange, presque translucide lorsqu'il découvrit les deux lettres. Un regard d'aigle, disaient ses étudiants.

« Qu'en pensez-vous, inspecteur ?

— Hormis les lettres, je crois que c'est davantage de votre ressort, monsieur, répliqua McCabe.

— Ah-ha ! Ce sont les lettres qui m'intéressent tout particulièrement, dit Bell.

— Je m'imaginais qu'elles venaient du même individu ; mais les caractères, l'écriture, le crayon utilisé, l'encre même semblent indiquer deux personnes différentes, à moins que…

— Exactement, inspecteur. Vous avez mis dans le mille. À moins que… ! dit Bell en criant presque. À moins que nous n'ayons affaire à un esprit rusé.

— Oui, oui, souffla McCabe. C'est aussi mon sentiment, mais je ne saurais vous dire pourquoi.

— Je crois cependant que vous le savez.

— Je ne vous suis pas, monsieur, répondit l'inspecteur en approchant l'une des feuilles de papier de la lampe.

— Je crois que nous avons affaire à un homme ; j'en suis même convaincu. Un homme d'une grande force physique, doté d'un cerveau très singulier, et qui aime lancer des fausses pistes, murmura mon collègue.

— Mais regardez l'inclinaison des caractères, insista McCabe.

— Exactement, inspecteur, répliqua Bell. Voyez-vous, dans la première lettre, rédigée d'ailleurs avec une plume mal taillée, l'auteur, qui est sans aucun doute droitier, incline délibérément les caractères pour faire croire qu'il est gaucher. Les Romains associaient le côté gauche – *sinister* en latin – avec le mauvais augure, d'où le terme "sinistre". Quoi qu'il en soit, notre ami écrivain est peut-être un sinistre personnage, mais il est indubitablement droitier.

— Que dites-vous des similitudes entre les deux lettres, les A et les L, par exemple ? demanda l'inspecteur.

— Justement, mon ami ! s'écria Bell. Ne voyez-vous pas qu'il a rédigé ces lettres à plusieurs jours d'écart, et il n'en existe sûrement aucune copie ? Mais on constate qu'il prend soin de tracer ses L et ses A de la même manière, comme l'a noté l'inspecteur, même s'il penche curieusement ses lettres sur la gauche dans la première lettre ; il veut nous faire croire que la seconde lettre, beaucoup plus élégante – n'est-ce pas, inspecteur ? – aurait pu être écrite par une femme. Il a même utilisé du papier bon marché pour la première, et du vélin pour la seconde. Enfin, pour accumuler ces apparentes incohérences, il a même renoncé à la plume au profit d'une mine pour la deuxième lettre. Mais je vous affirme qu'il s'agit bien de la même personne. »

Il manifestait une animation insolite. J'en connaissais les signes et les symptômes. Lorsque cet homme, qui choisissait ordinairement ses mots avec soin, répétait de manière aussi saccadée « exactement » et « voyez-vous », je savais qu'il était plongé dans ses réflexions.

« Épatant, monsieur, dit l'inspecteur, manifestement impressionné. Si vous avez raison, bien entendu.

— Touché, inspecteur. Si j'ai raison.

— Mais faites-vous… comment appelle-t-on cela ? Êtes-vous graphologue, docteur Bell ? demanda McCabe.

— Certes, non, répondit Bell en riant. Je suis père de trois jeunes enfants, ce qui, combiné à mes cours de chirurgie à l'hôpital, ne me laisse guère de loisirs pour ce genre de hobby ; cependant, mon amie Mrs Jessie Saxby, l'une de nos romancières les plus populaires, a entamé une correspondance avec moi il y a quelques années. Elle s'intéressait de près à l'analyse graphologique. Elle m'adressait les lettres envoyées par ses lecteurs, tandis que je lui envoyais celles que j'avais reçues de certains patients, en prenant soin de dissimuler bien entendu l'identité des auteurs. Ce qui ne laissait pas d'être quelque peu embarrassant, inspecteur, car nombre de mes lettres émanaient de patients reconnaissants – l'une des plus grandes récompenses qui soit pour un médecin, à n'en pas douter. J'ai commencé à commenter abondamment les lettres des correspondants de mon amie, ce qui se révéla aussi un peu gênant, car elle ne cessait de me dire : "Mais on dirait que vous avez connu cette dame toute votre vie !" Ou encore : "C'est tout le portrait de Jason." Elle a fini par se convaincre que j'avais un sixième sens.

— Vous vous trompiez rarement, si je comprends bien ? demanda Miss Jex-Blake.

— C'est cela qui est curieux, dit Bell en se tournant vers elle. Il m'est certes arrivé de me tromper, mais quasiment jamais lorsque je retirais une forte impression de l'identité de l'auteur à la première lecture de la lettre.

— Et c'est ce qui s'est produit lorsque vous avez lu ces deux messages ? demanda Miss Pechey.

— C'est cela, répondit Bell. J'ai eu le sentiment que nous avions affaire à un esprit intelligent et imaginatif. Un homme, sans le moindre doute, énonça-t-il lentement d'une voix ferme.

— Merveilleux ! » s'écria Mrs Thorne en écartant les bras. La lumière filtrée par les cordons de soie pendant de ses larges manches projeta des ombres dansantes sur le mur situé derrière elle.

« S'il a raison, c'est au-delà du merveilleux, Mrs Thorne, lança l'inspecteur. Encore faut-il que vous ayez raison, docteur Bell.

— Très juste. Mais je me sens très sûr de moi dans le cas présent, répondit Bell, aussi sûr que je le suis de vous voir devant moi.

— Très bien, dit l'inspecteur en riant. Puisque vous semblez confiant quant à l'identité de l'auteur de ce message, et puisque j'ai entendu parler de vos talents de diagnosticien, voyons si vous pouvez nous dire quelque chose – quoi que ce soit – sur cette autre lettre, envoyée à un policier de cette ville. Ce sera un excellent test. »

Bell releva la tête et l'inclina sur le côté. Il plissa un œil, dévisageant l'inspecteur, puis se tourna brusquement vers le jeune Doyle.

« Ha ! murmura-t-il. Que dites-vous de cela, jeune homme ? L'examinateur mis à l'épreuve. »

Il regarda McCabe sortir avec précaution un feuillet plié de la poche de son manteau.

« Êtes-vous sûr que c'est ce que vous voulez, inspecteur ? »

McCabe lui jeta un étrange regard et lui tendit la lettre.

« Mmm, murmura Bell en parcourant la feuille de papier. C'est très bref, dit-il d'une voix hésitante, comme s'il était mal à l'aise, peu sûr de lui, et qu'il voulait repousser le moment de se prononcer. Si mes souvenirs sont exacts, inspecteur, vous m'avez demandé si je voulais bien commenter ces lignes. Mais vous songiez sans doute aussi à leur auteur ? demanda-t-il en tentant de gagner du temps.

— Oui, bien entendu, l'auteur également, répondit l'inspecteur.

— Ah, mais cette fois, il me vient une impression – non, un portrait – de l'auteur et du destinataire de cette lettre. Puis-je en faire état ?

— Euh, oui. Je ne vois pas quel tort cette lettre pourrait causer. Elle ne porte aucune signature. C'est pratiquement un message anonyme.

— Mais nous savons vous et moi qu'il ne s'agit pas d'une lettre anonyme, inspecteur, et je ne souhaite mettre personne dans l'embarras. Je vous redemande donc si je puis tracer le portrait des deux personnes concernées ?

— Docteur Bell, c'est proprement confondant. Vous n'avez pas dit un mot sur cette lettre, et j'appréhende déjà d'entendre votre jugement, sans trop savoir pourquoi. Mais faites, je vous prie. »

Nous étions tous sur le qui-vive, observant les deux hommes.

« Inspecteur, reprit Bell, afin que toutes ces bonnes gens puissent au plus tôt regagner leurs pénates et se mettre au lit, je vous dirai que cette lettre vous est sans doute adressée, et que mon jugement sur l'auteur, comme vous dites, touchera inévitablement le destinataire, c'est-à-dire vous. Et je voulais empêcher que vous soyez, contre votre gré, l'objet de mes diagnostics. »

Le robuste inspecteur, un peu soulagé, éclata de rire et balaya l'air de sa grande main.

« Ah, vous faites des diagnostics à mon sujet ! Je m'en doutais un peu. J'avais quelques réticences concernant l'auteur de la lettre mais je n'ai, quant à moi, pas grand-chose à cacher, et aucune maladie, que je sache.

— Oh, mais nous avons tous nos petites blessures, n'est-ce pas, inspecteur ? Puis-je lire ces quelques lignes à haute voix, avant de continuer ?

— Faites donc, répondit lentement l'inspecteur.

— Comme vous pouvez le voir, dit Bell en nous montrant la lettre couleur chamois, il s'agit d'un solide papier à lettre. L'auteur est à mon avis une femme, qui a rédigé cette note à la hâte, et qui fait partie de l'entourage proche de l'inspecteur. Car c'est bien à lui que cette missive s'adresse. »

Il rapprocha la feuille de la lampe posée sur une grande table dans un coin de la pièce et se mit à lire :

« Vous savez que je partage votre avis à ce sujet, mais ne soyez pas buté. Si elle en est incapable – je veux dire physiquement –, n'insistez pas. Faites ce qu'elle demande, je vous en prie. Ne considérez pas que l'alternative est contre nature, ou qu'il s'agit d'un de ces "nouveaux jouets", comme vous le dites si sèchement. Elle ne cherche pas à être moderne, mais simplement pragmatique. Dois-je vous rappeler que tout ceci est nouveau pour elle ?

Je serai de retour à Glasgow le… »

Le reste ne figure malheureusement pas sur cette feuille, dit-il en examinant attentivement le papier.

— Que je sois pendu si je comprends comment vous pouvez en tirer des conclusions sur l'auteur et sur l'inspecteur, dit Doyle.

— Ah, mais personne ne souhaite vous pendre, comme vous dites, rétorqua mon collègue. Ce que je vais dire concernant l'inspecteur se fonde sur des observations faites depuis une heure ou deux, ajoutées à quelques indices concordants fournis par cette lettre.

« Tout d'abord, inspecteur, vous avez vos blessures, comme vous le savez. À l'instar de l'héroïne de Dickens dans *Bleak House*, vous avez été vous aussi victime de la variole, n'est-ce pas ? Vous êtes originaire de la région de Glasgow, poursuivit-il sans laisser à McCabe le temps de répondre. Et je me félicite de vous entendre dire le plus souvent "football", au lieu de "fitba", comme le font vos amis de Glasgow. Vous êtes un excellent mari pour votre femme, épousée, je présume, en secondes noces. Vous avez un nourrisson, que votre femme veut alimenter au biberon, car elle ne peut lui donner le sein.

« J'espère que mon langage ne vous offense pas, ajouta-t-il à l'intention des dames, avant de revenir à McCabe. Vous êtes un policier consciencieux, mais vous ne correspondez pas à l'image que l'on se fait d'un policier, car vous lisez beaucoup, si je ne m'abuse. Vous avez du mal à joindre les deux bouts avec votre salaire, et vous avez donc trouvé une source supplémentaire de revenus. Une sorte de deuxième emploi, en quelque sorte. À en juger par votre carrure et vos chaussures, je dirais que vous travaillez à l'abattoir local, dirigé par l'un des patients du Dr Watson, Malcolm McLaren, un bon presbytérien aux idées si orthodoxes – si je peux me permettre cette liberté linguistique – qu'il s'est farouchement opposé à ce que l'un des plus importants bouchers d'Édimbourg vante ses beaux steaks en les comparant à un œil de pape. »

Un étrange silence s'ensuivit. Le grand gaillard s'avança lentement vers le fauteuil à accoudoirs qui se trouvait dans la pièce, demandant d'un mouvement de tête à Mrs Thorne la permission de s'asseoir. Toutes les femmes répondirent par un murmure affirmatif. Il s'installa lentement sur le siège, comme s'il craignait de le voir s'effondrer sous son poids. Puis, après s'être essuyé le front, il leva les yeux vers mon collègue et se mit à parler d'une voix hachée.

« Écoutez, monsieur ; je ne sais comment vous dire cela sans paraître insultant, mais puis-je demander – ou plutôt, dois-je présumer...

— Pardonnez-moi de vous interrompre, inspecteur, mais j'ai vu bien souvent le Dr Bell assailli de questions par des personnes ou des patients convaincus qu'il s'était renseigné sur les moindres détails de leur vie avant de les avoir vus.

— J'avoue que c'est le cas, dit Bell.

— Ne soyez pas offensé, monsieur, dit l'inspecteur en s'adossant au fauteuil, mais je crois que l'on vous aurait jeté en prison pour sorcellerie au Moyen Âge.

— Ah, mais leur police était alors bien différente, n'est-ce pas, inspecteur, répliqua Bell en riant.

— Comment diable avez-vous su ?

— Le Dr Watson se fâche lorsque je dis que c'est la simplicité même. Dans votre cas, inspecteur, il n'y avait rien de simple, et j'ai dû me fier aveuglément à mon intuition sur un ou deux points. Mes déductions étaient donc correctes pour la plupart ? »

L'inspecteur lui adressa un rapide hochement de tête.

« Tout à l'heure, après avoir quitté l'immeuble du *Scotsman*, vous bavardiez avec mon assistant, et vous avez à une ou deux reprises parlé de "match de fitba". C'est cela, ajouté à quelques autres traces d'accent, qui m'a fait supposer que vous étiez originaire de Glasgow.

« Je ne cessais de penser à l'auteur de la lettre. J'étais convaincu que nous avions affaire à une femme intelligente, à fort caractère, qui vous connaissait très bien. Certains détails me disent qu'il pourrait s'agir de votre sœur, et elle m'a aidé en partie à formuler mes conclusions.

« Chez Mr Russel, j'ai aperçu une boîte toute neuve dans la pochette que vous avez placée dans un grand sac en papier, et j'ai aussi entrevu la belle lettre "A" à une extrémité. La boîte et ce caractère d'imprimerie familier – du moins pour moi – m'ont appris qu'il s'agissait d'un biberon de la marque Allenbury. J'ajoute que ce biberon rapporte une fortune à la société Allen et Henbury qui le fabrique. Le biberon et la lettre de votre sœur – c'est bien votre sœur, n'est-ce pas ? (l'inspecteur hocha deux fois la tête) – m'ont permis de déduire que votre femme ne pouvait allaiter, et qu'elle vous avait demandé de passer outre vos objections concernant le nourrissage au biberon et d'aller en acheter un. Les jouets qui se trouvaient dans le grand sac en papier, notamment le jouet dominical, comme on l'appelle, c'est-à-dire le jeu du pèlerin, m'ont indiqué que vous aviez sans doute d'autres enfants plus âgés ; cependant, votre sœur semblait dire que c'était le premier enfant de votre femme. Donc, une autre épouse, et d'autres enfants.

— Incroyable, monsieur, souffla le grand gaillard.

— Pas du tout ! répliqua Bell. Ce ne sont pas les tâches routinières d'un policier qui vous valent votre belle carrure. J'ai songé un instant que vous étiez employé dans une ferme, mais le suif qui macule vos chaussures et les revers de votre pantalon m'a raconté une tout autre histoire. Je sais que l'abattoir de Fountainbridge a du mal à garder son personnel. Le travail est harassant ; il faut porter de lourdes charges. Dans cette ville, la plupart des hommes de votre carrure soulèvent régulièrement d'énormes quartiers de bœuf et autres carcasses. Dans votre cas, je dirais que vous ne travaillez que quelques jours – ou quelques soirées – par semaine. Ai-je raison ? »

Le grand gaillard opina une nouvelle fois, puis pouffa de rire en secouant la tête d'un air incrédule.

« Vous avez cent fois raison, répondit-il ; mais comment avez-vous su… ? »

Bell l'interrompit d'un geste de la main.

« Ceux qui manipulent les carcasses jour et nuit développent une imposante musculature, inspecteur. La manière dont vous avez poursuivi ces gamins ce soir nous dit que vous n'appartenez pas encore à cette catégorie.

— J'aurai tout vu et tout entendu, docteur Bell. Avez-vous d'autres détails à me signaler ?

— Seulement que votre sœur a sans doute les cheveux clairs, et que votre femme les a beaucoup plus foncés.

— Par tous les saints, comment avez-vous deviné ?

— Rien de plus facile, inspecteur. Regardez, dit-il en lui tendant une enveloppe. Vous voyez, il y a un long cheveu blond au fond de cette enveloppe ; quant à ceux très bruns accrochés à votre col, je préfère croire qu'ils appartiennent à votre femme », ajouta-t-il en tendant le doigt vers les larges épaules de l'inspecteur.

C'est Edith Pechey, l'esprit toujours alerte, qui nous ramena à la réalité de la situation.

« Vous prenez tous deux ces menaces au sérieux ? dit-elle en montrant les deux lettres anonymes.

— Oui, que vous conseillez-nous de faire ? demanda Mrs Thorne en regardant mon collègue.

— Ah, ici, je dois m'en remettre à l'inspecteur.

— À mon sens, nous devons en effet les prendre au sérieux ; certains de mes hommes vous serviront de gardes du corps, selon leur emploi du temps, et je vous conseille, mesdames, de ne pas vous déplacer seules, mais en groupes de trois au minimum, si possible.

— Vous pensez réellement que c'est nécessaire ? demanda Miss Jex-Blake, retrouvant enfin sa voix.

— J'admire votre cran, Miss Blake, dit-il. C'est bien Blake, n'est-ce pas, ajouta-t-il en rougissant.

— Jex-Blake, inspecteur, mais, chez moi, nombre de nos amis employaient l'abréviation.

— Ah. Bien. Mieux vaut prévenir que guérir, voilà ce que je crois. N'êtes-vous pas de mon avis, monsieur ? ajouta-t-il en se tournant vers Bell, qui s'était replongé dans les lettres.

— Oui, oui, McCabe, murmura ce dernier d'un air distrait. Je ne peux vous donner tort, car le cerveau à l'origine de ces lettres est bien étrange ; pas exactement tordu, mais tire-bouchonné. Puis-je jeter un œil sur les curieux souvenirs anatomiques posés sur cette table ? demanda-t-il à Miss Jex-Blake.

— Faites, je vous en prie, répondit-elle. Mais laissez-moi aller chercher des journaux à la cuisine pour les mettre sous ces sinistres objets, comme les appelle le Dr Watson. Votre petite serviette n'y suffira pas, je crois. Cette méthode m'a été enseignée par les infirmières du Massachusetts Hospital. »

Elle revint bientôt avec les deux paquets, un journal coincé sous le bras. Elle déplia le journal, où se lisait le nom *Scotsman* rédigé en gros caractères, et y déposa les objets.

« Sandy Russel et le jeune Ogilvie seraient interloqués de voir à quoi servent parfois leur journal, mais un poissonnier fait bien pire en y enveloppant sa marchandise, n'est-ce pas ? » dit Bell.

Nous formâmes un cercle autour de la petite table, captivés par le contenu des deux petits paquets. Bell prit les forceps posés au bord de la serviette, les posa sur le journal et en choisit un.

« Mmm, fit-il, on dirait que les oreilles viennent de deux femmes différentes – jeunes, à première vue. Vous êtes de mon avis, Watson ?

— Je ne peux me prononcer sur l'âge, répondis-je en hochant la tête, mais l'une provient d'une personne jeune, et elle a été découpée très proprement, de surcroît.

— Vous savez, Watson, un jour j'écrirai une petite monographie sur l'oreille humaine. Elle peut nous en apprendre beaucoup sur un individu, voire sur l'espèce tout entière. Je crois que c'est Linné qui a formulé le premier l'hypothèse selon laquelle il serait possible de reconstituer un animal entier à partir d'une simple mâchoire.

« Mais on dirait qu'une idée vous est venue, ajouta-t-il en se tournant vers l'inspecteur.

— Il est peut-être déjà trop tard, répondit ce dernier, mais j'aimerais passer à l'hôpital demain matin pour… pour inventorier les cadavres et demander si quelqu'un a remarqué quelque chose sortant de l'ordinaire. Je vous serais reconnaissant de m'indiquer les responsables.

— Ce pourrait être délicat, répondis-je. Il y a une morgue au sous-sol de la vieille école de dentisterie à Surgeons' Square, et ce sont généralement les assistants des instructeurs en anatomie qui en assurent la surveillance, avec le plus grand soin. Tout le monde se souvient des voleurs de cadavres, ceux que l'on appelait les Hommes de la résurrection, et je peux vous dire, inspecteur, que les professeurs concernés gardent farouchement leurs cadavres comme s'il s'agissait de leurs biens les plus précieux. Vous avez sans aucun doute compris que, si c'est l'œuvre de quelqu'un qui a ses entrées à l'école de médecine ou à l'hôpital, il aurait pu – j'élimine l'hypothèse d'une femme – se procurer les oreilles et le doigt *après* – je dis bien *après* – la collecte des cadavres.

— Oui, cette idée m'a traversé l'esprit, répondit l'inspecteur. Mais j'irai tout de même y jeter un œil. Nous devons faire preuve de circonspection.

— Oui, je crois qu'il faut en effet procéder avec la plus grande discrétion, dis-je. Je vais vous écrire une innocente lettre d'introduction pour le Dr Handyside, à qui vous devez parler. Envoyez quelqu'un passer la prendre chez moi, au 3, Charlotte Square.

— Merci, docteur Watson, je n'y manquerai pas.

— Ne tardez pas, inspecteur, car le Dr Henry Duncan Littlejohn qui, avec le Dr Bell, a offert de nombreux cours et conférences à nos infirmières, a convié quelques-unes d'entre elles, ainsi que les étudiantes et certains assistants, à se rendre à l'une des conférences qu'il donne chaque année. Dans l'après-midi, le Dr Littlejohn fait sa tournée annuelle de Cowgate et d'autres quartiers qu'il est parvenu à assainir au cours de la dernière décennie.

— Ah ! Je dois aussi le voir à propos d'autre chose. Nous nous croisons de temps à autre, depuis qu'il occupe le poste de médecin légiste. »

Bell, étonné, haussa les sourcils.

« Henry a également invité les dames ? demanda-t-il. Voilà un homme qui ne se soucie guère de la colère des amis conservateurs du Dr Christison.

— Oh, quant à cela, dis-je, il a aussi invité le Dr Christison, sachant qu'il pourrait fort bien refuser ; mais il lui a dit que, puisque les infirmières étaient régulièrement invitées, il ne voyait aucune raison de tenir les étudiantes à l'écart.

— Bravo ! » s'écria Miss Jex-Blake.

Mon collègue lui lança un regard.

« Vous estimez sans nul doute que le bon docteur fait partie de vos ennemis, et vous avez raison. Mais souvenez-vous qu'il est là depuis des lustres, et qu'il aura plus de mal à accepter le changement, lui dit-il.

— La conférence pourrait plaire à certains de vos hommes, inspecteur, lançai-je sans laisser à la jeune femme le temps de répondre. J'ai oublié son titre exact, mais…

— "La manière de conduire une autopsie : expérience et enseignement pratique", coupa Miss Pechey. Il a, je crois, écrit un article du même titre pour le *Lancet*.

— Il me semble que plusieurs de mes hommes l'ont accompagné dans sa tournée l'année dernière, dit l'inspecteur.

— C'est exact. Le Dr Littlejohn est un homme talentueux et très énergique, qui occupe de multiples fonctions. Puisqu'il est médecin légiste, il emmène toujours plusieurs policiers lors de ses tournées. Le jeune Ogilvie ne les manquerait pour rien au monde, car il peut ainsi non seulement constater les miracles accomplis par le Dr Littlejohn à la tête des services de l'hygiène publique, mais aussi signaler les conditions déplorables auxquelles il reste à remédier. Nombre de ses collègues – je parle de Littlejohn – l'accompagnent par simple curiosité.

— J'ai toujours vécu ici, lança Doyle, mais le Dr Littlejohn parvient à – comment dirais-je – révéler d'autres couches, à dévoiler des conditions dont j'ignorais l'existence. Il m'a montré le cœur de la ville. Voilà ce qu'il a fait.

— Excellent, Doyle ; vous savez parfois vous montrer éloquent. C'est peut-être vous qui devriez écrire l'"innocente" lettre d'introduction au Dr Handyside à la place du Dr Watson. »

Tout le monde éclata de rire en voyant le rouge monter au visage du jeune homme.

« Il est quelque peu inhabituel de donner une leçon d'autopsie à des infirmières, n'est-ce pas ? demanda rapidement Miss Jex-Blake pour sortir Doyle de l'embarras.

— Elle ne leur est pas exclusivement réservée, lui rappelai-je. Les Dr Littlejohn et Bell ont pris un groupe disparate de femmes qui se disaient infirmières, et les ont formées pour en faire des professionnelles compétentes. Florence Nightingale elle-même a salué leur travail de pionniers.

— Voilà qui est certes admirable, et je suis heureuse qu'elle ait rendu hommage à leur remarquable travail, répliqua-t-elle. Mais Miss Nightingale estime bien davantage les femmes qui se destinent au métier d'infirmière que celles qui se hasardent à vouloir devenir médecins.

— Lorsque vous épousez une cause, ma jeune dame, vous vous accrochez solidement », rétorqua Bell.

Quelqu'un frappa soudain à la porte. Mrs Thorne alla ouvrir, et nous aperçûmes un jeune garçon qui tenait une note à la main, l'air perplexe devant cette imposante dame et son manteau encore plus imposant.

« Y a-t-il ici un Dr Watson ? balbutia-t-il. J'ai un message du Dr Littlejohn pour lui.

— C'est moi, répondis-je en m'avançant pour prendre le papier qu'il me tendait. Merci, jeune homme. »

Il porta le doigt à sa casquette et tourna les talons. Je dépliai la feuille. Littlejohn me disait qu'une affaire pressante l'obligeait à reporter l'autopsie et sa tournée d'au moins une semaine.

« Il doit en effet s'agir d'une urgence, si Henry reporte sa tournée, fit Bell. Ce projet lui tient à cœur, et il y prend toujours beaucoup de plaisir.

— Il se fait tard, dit soudain l'inspecteur en regardant sa grande montre en argent. Je dois rentrer. Mais, avant cela, j'aimerais vous demander de satisfaire ma curiosité sur deux points, docteur Bell.

— Je vous écoute, inspecteur », dit mon ami en riant.

McCabe sortit alors une pipe incurvée de la poche de son pardessus et, la montrant à Bell, lui dit : « J'allais allumer cette vieille chose en sortant, mais vous avez évoqué plus tôt les effets délétères de la fumée de cigare. La pipe est-elle aussi nocive ? » demanda-t-il en montrant sa blague à tabac.

Bell se pencha pour renifler le contenu de la pipe et se mit à rire.

« Je parlais du tabac en général, inspecteur. Je suis convaincu qu'il obstrue les vaisseaux sanguins des jambes, et votre gros tabac produira sans doute les mêmes résultats que le cigare, à vous parler franchement. Vous aviez une autre question ?

— Euh, oui, monsieur. Puisque la plupart des maisons sont encore éclairées à la bougie, et non au gaz, les hommes finissent souvent par récolter du suif sur les revers de leur pantalon. Qu'est-ce qui vous fait dire que les taches sur les miens venaient d'un abattoir ?

— En réalité, je me suis interrogé là-dessus l'espace d'un instant, répondit mon collègue. Mais, voyez-vous, d'autres taches rivalisent avec le suif. Des années d'expérience me disent que c'est du sang, bien que je n'en sois pas absolument certain. Je veux dire que j'ignore s'il s'agit de sang animal, mais c'est très probable, dit-il avec un petit rire.

— Aaah ! fit l'inspecteur en souriant

— L'une d'entre vous veut-elle bien ouvrir la porte pour nos invités ? lança Mrs Thorne. Mais laissez-moi d'abord allumer ce beau flambeau accroché au mur, gentlemen. »

Elle passa devant Miss Pechey et nous l'entendîmes craquer une allumette sur le perron. Quelques secondes plus tard, elle apparut dans l'embrasure de la porte, tenant une large applique de bronze contenant une bougie.

« Suivez-moi, je vous prie, dit-elle. Ce perron est traître dans l'obscurité. »

Nous lui emboitâmes le pas, l'inspecteur et le jeune Doyle en tête. Soudain, Mrs Thorne étouffa un cri.

« Dieu du ciel, qu'est-ce que c'est ? s'écria-t-elle en montrant un papier cloué avec une aiguille à chapeau sur la porte de l'appartement voisin, celui des Misses Pechey et Jex-Blake.

— Laissez-moi faire », dit l'inspecteur.

Nous formâmes une sorte de demi-cercle autour du papier, l'inspecteur semblant nous laisser juste le temps de graver la scène dans notre esprit avant d'ôter précautionneusement l'aiguille ornée d'une tête rouge qui ressemblait à une goutte de sang.

« Pouvons-nous rentrer lire ce message tous ensemble ? demanda l'inspecteur.

— Faites, je vous en prie », dit Miss Jex-Blake d'une voix étouffée.

Elle nous ouvrit le chemin, et l'inspecteur se dirigea vers la petite table, sur laquelle il déposa la longue feuille grisâtre, où l'on pouvait lire en haut, au centre, « NB », suivi d'un astérisque grossièrement tracé à l'encre rouge, ou peut-être avec du sang. Une grosse mine avait été utilisée. Juste au-dessous des lettres écarlates figurait une chansonnette, tapée à la machine (une toute nouvelle invention), composée probablement dans les années 1820 à l'occasion de la sensationnelle affaire Burke-Hare, qui s'était soldée par une pendaison :

> À travers l'allée, par l'escalier,
> Par-devant ou par-derrière avec Burke et Hare
> Burke est le boucher, Hare le voleur
> Et Knox achète le macchabée.

Sous ces quelques lignes se trouvait un message, tapé lui aussi à la machine : « Mesdames, vous et votre grand benêt mécréant du *Scotsman* ne récolterez que des ennuis. Renoncez à vos études, ou un sort pire que celui de Mr Burke vous attend. »

Au bas de la page se trouvait un autre astérisque rouge, suivi de : « NB, mesdames, signifie : "Faites attention". Ceci au cas où votre éclectique éducation ne vous l'aurait pas appris. »

« Ce bougre mérite des félicitations, dit Bell. Il nous a probablement suivis jusqu'ici, et a réussi à apposer son message sans se faire remarquer.

— Il passe sans cesse du monde devant l'immeuble. Cela ne présentait aucune difficulté.

— Toujours le sens du théâtral, je vois, fit Bell.

— En effet ! ne pus-je m'empêcher de m'écrier. Que dites-vous de ces lettres anonymes à présent, mesdames ?

— Je ne sais ce qu'en pensent les autres, mais je suis, quant à moi, toujours furieuse, répondit Miss Jex-Blake. Maintenant que Mr Ogilvie est inclus dans notre petit cercle, il aura sans doute à cœur de donner le maximum de publicité à cet incident.

— J'en doute, dit l'inspecteur. Ces menaces le visent aussi, et je suis sûr que nous pouvons le convaincre que… que…

— Que le silence est la meilleure part du courage ? demanda Bell.

— Exactement. Merci !

— J'ai entendu parler des sinistres Burke et Hare, dit Miss Pechey, mais à quoi fait référence le reste du message ?

— Oh, ça ? Je me charge des explications, ou souhaitez-vous le faire, Bell ? demandai-je.

— Doyle s'est penché sur cette affaire en raison de l'intérêt qu'il porte à Sir Walter Scott et au triste passé de notre bonne ville. Voulez-vous éclairer notre lanterne, Doyle ? »

— Bien entendu, répondit le jeune homme en rougissant légèrement. Comme vous le savez sans doute, au début du siècle, l'Église écossaise interdisait d'utiliser des cadavres – humains, je précise ; mais ceux que l'on appelait les "Hommes de la résurrection" approvisionnaient certains professeurs d'anatomie en allant déterrer les corps dans les cimetières. Burke et Hare, qui étaient d'origine irlandaise, comme mes ancêtres, étaient devenus des experts de cette pratique.

— Vraiment ? murmura Mrs Thorne.

— Mais oui ! répondit Doyle. Ils avaient inventé une pelle spéciale en bois fin et…

— Pourquoi en bois ? demanda Mrs Thorne.

— Sans doute pour faire moins de bruit, Isabel, répondit Miss Jex-Blake.

— Exactement, dit Doyle. Ils recueillaient la terre retournée dans des sacs de jute, et se servaient des meilleurs outils utilisés par les cambrioleurs d'Édimbourg pour fracturer les cercueils.

— J'en ai la chair de poule, fit Mrs Thorne.

— Le Dr Robert Knox, semble-t-il, sans doute l'un des plus grands chirurgiens de son temps, et qui enseignait l'anatomie à ses heures perdues, se procurait la plupart de ses cadavres auprès des deux hommes. Il se montrait même plutôt généreux. Si je ne m'abuse, sur la petite centaine de corps mis à sa disposition durant sa dernière année ici – 1828, je crois – seize lui avaient été fournis par Burke et Hare. À l'évidence, le professeur payait bien, et les deux hommes s'enrichissaient, mais trop lentement à leur goût.

— Je ne saisis pas », lança Miss Pechey.

Tout le monde se mit à rire nerveusement, ce qui la rendit encore plus perplexe.

« Aujourd'hui, il est facile d'en rire, reprit Doyle, mais ce fut sans doute l'affaire du siècle dans la région. Voyez-vous, Burke et Hare avaient inventé une méthode plus rapide que celle des Hommes de la résurrection. Ils invitaient des vagabonds chez eux, les faisaient boire, puis les étouffaient. Mr Burke est à l'origine d'un nouveau terme. À Édimbourg, "burquer" signifie étouffer ou suffoquer.

— Quelqu'un a parlé d'un procès, dit Miss Pechey.

— C'était cela l'événement du siècle, reprit Doyle. Burke fut reconnu coupable, et les curieux versèrent de grosses sommes pour assister à sa pendaison. Dans une lettre à un ami, Sir Walter Scott disait qu'il avait eu de la chance de pouvoir obtenir un bout de siège à une fenêtre.

— Et l'autre canaille ? demanda Mrs Thorne.

— Ah ! Hare a collaboré avec la police, puis a réussi à quitter le pays.

— J'ai cru comprendre qu'à l'époque les étudiants de l'école de médecine d'Édimbourg étaient dispensés de leurs frais de cours s'ils parvenaient à trouver un cadavre pour leur professeur d'anatomie, dit l'inspecteur en nous lançant un regard en biais, à moi et à Bell.

— Je crois en effet en avoir entendu parler », balbutiai-je.

Bell se contenta d'esquisser un sourire énigmatique.

« Pourtant, l'université ne cesse de dresser des obstacles devant nous, dit Miss Jex-Blake. C'est particulièrement agaçant.

— Sophia est de plus en plus en colère contre l'auteur de ces lettres démentes, dit Mrs Thorne. Moi, je suis de plus en plus effrayée.

— On ne peut guère vous le reprocher, répliqua l'inspecteur. Mais soyez sûre que nous prendrons toutes les précautions. »

Puis il se tourna vers Bell.

« Que dites-vous de l'utilisation d'une machine à écrire ? lui demanda-t-il. Elles sont encore relativement rares par ici.

— Je me faisais la même réflexion, et si j'en juge par le curieux fleuron au sommet du petit "t", je dirais qu'il a utilisé l'une de ces nouvelles machines Scholes. Il n'y a pas deux machines à écrire identiques, paraît-il. »

Mrs Thorne prit la grande chandelle qui se trouvait sur la table et nous ouvrit le chemin. En passant devant moi, elle me souffla, son œil espiègle illuminé par la bougie : « Je ne m'étonnerais guère qu'il rédige un jour une monographie sur le sujet. »

VI

Ce n'est pas un endroit pour une femme

J'avais la migraine. Non seulement la réunion organisée par Sandy Russel n'avait apporté aucune réponse, mais je ne savais pas le moins du monde quelles questions il aurait fallu poser. « Je me demande s'il pourrait s'agir du même homme », m'avait dit Bell d'un air songeur lorsque nous nous étions quitté la veille au soir. Je pensais qu'il parlait des lettres anonymes, mais il ajouta, comme pour lui-même : « Il a mis fin très efficacement à la petite réunion de Sandy. »

J'avais oublié que le message accompagnant les oreilles coupées était arrivé à peu près au moment où la lumière s'était éteinte. L'auteur des lettres avait certes le sens du théâtral, mais il avait préparé aussi son coup avec soin. Je n'avais pas besoin de Bell pour me rendre compte que l'homme connaissait manifestement l'adresse et l'emploi du temps des étudiantes, mais aussi les activités d'une bonne partie des professeurs de l'école de médecine. À l'évidence, il cherchait à effrayer les jeunes femmes pour les faire renoncer à leur projet de devenir médecins. Il n'était pas le seul à vouloir les contraindre à partir. Elles faisaient face à un groupe d'adversaires, peut-être plus redoutable encore, composé de nombreux professeurs de médecine et de la quasi-totalité des comités de gouvernance de l'université, bien résolus à leur interdire l'accès à la profession et à les chasser au plus tôt des amphithéâtres. Mais personne n'aurait pu imaginer les terribles événements qui allaient suivre.

Le football n'était plus à l'ordre du jour des discussions lorsque nous quittâmes le 15, Buccleuch Place. Sur le perron, l'inspecteur nous rappela que l'auteur des lettres était au minimum coupable d'intimidation (il évoqua aussi un autre délit au nom compliqué). Il pressa une nouvelle fois les femmes de ne pas se déplacer seules. Bell, notant leur appréhension, les invita à assister au cours qu'il donnait aux infirmières le vendredi matin, ce qui ne contrevenait nullement au règlement de l'université. Par ailleurs, tout le monde se réjouissait à la perspective d'accompagner prochainement Littlejohn dans sa tournée mensuelle de Cowgate et d'autres quartiers pauvres de la Vieille Ville.

« Vous savez, j'ai beaucoup apprécié l'invitation du Dr Littlejohn à l'autopsie qu'il doit pratiquer de bonne heure demain matin, dit Mrs Thorne sur le pas de la porte, en s'efforçant d'imiter le fort accent de mon collègue.

— Notre jeune redresseur de torts sera de la partie, mesdames, dit Bell. Ogilvie est animé d'un zèle missionnaire (ce qui n'est guère aisé pour un athée avoué) pour ses causes favorites : la pauvreté, la corruption et l'Église, la corruption des édiles, sans oublier sa dernière croisade en date : la corruption au sein de la faculté de médecine.

— En raison de notre présence ici ? demanda Miss Pechey sur un ton un peu irrité, et peut-être aussi légèrement coupable.

— Pas le moins du monde ! rétorqua mon collègue. Il menace de "dénoncer toute la bande" – ce sont ses propres paroles – depuis un bon bout de temps, comme dirait mon bon ami Angus.

— Il accompagne le Dr Littlejohn pour juger de son efficacité à nettoyer, à récurer Édimbourg, comme vous dites ?

— Exactement, ma jeune dame. Mais il ne se contente pas de suivre en prenant des notes ; il a fait découvrir à Littlejohn des cloaques et des masures crasseuses dont tout le monde ignorait l'existence.

****

La journée du lendemain, un jeudi, débuta de manière très agitée, et s'acheva pareillement. Je me souviens de m'être dit – si le lecteur veut bien me pardonner ce grossier langage – que l'on nous avait servi, à moi, à quelques collègues – ainsi, bien entendu, qu'aux sept femmes – une bonne dose d'excitant en guise de laxatif .

Susan, notre bonne, m'apporta un message alors que je terminais mon petit déjeuner. J'étais en train de complimenter notre cuisinière, Mary Cameron (originaire de Galashiels), pour la délicieuse omelette de poulet au curry qu'elle avait servie. Mon épouse pouvait rivaliser avec n'importe quelle autre femme d'Édimbourg dans la préparation d'une omelette écossaise, mais celle de Mary était incomparable. C'est ce qui me traversa l'esprit avant que je découvre au bas de la lettre la signature de Miss Pechey.

> Docteur Watson, pardonnez-moi de vous déranger de si bonne heure, mais pourrais-je passer vous voir après votre cours de chirurgie de onze heures, à votre bureau ou dans un endroit discret ? Je crains que Sophia ne commette un geste désespéré. Nous avons subi deux énormes revers aujourd'hui, et nous souhaitons vivement avoir vos conseils. Certaines de mes camarades aimeraient m'accompagner. Cela vous convient-il ?

Je rédigeai à la hâte une réponse, en lui disant que mon bureau était un endroit à peu près aussi discret que Princes Street – la grand-rue d'Édimbourg – et qu'il valait mieux qu'elles me rejoignent à l'amphithéâtre. Je me rendis alors compte que j'étais totalement absorbé par cette guerre menée contre les sept femmes. Mais de quels revers Miss Pechey parlait-elle ? Et que comptait faire son impétueuse collègue ?

Aucun des enseignants ne s'estimait obligé d'accepter les étudiantes, mais Miss Jex-Blake avait cependant réussi à assister aux cours de botanique et d'histoire naturelle du Dr Allman et du Dr Balfour, ancien doyen de la faculté de médecine. Elle était parvenue, quasi seule, à faire admettre les autres femmes dans des cours de physiologie, et le célèbre Pr Crum Brown s'était démené pour qu'elles puissent suivre son cours de chimie. En puisant dans sa propre bourse pour payer les honoraires (je n'avais pas réussi à connaître le montant des sommes dépensées), elle avait convaincu le Dr Handyside de laisser les femmes suivre son cours d'anatomie – cinq séances par semaine, réparties entre leçons magistrales et dissection. Elles assistaient en outre au cours de chirurgie que je donnais chez moi le dimanche après-midi. Le *Senatus* (« Quel nom horrible ! » s'écriait Miss Jex-Blake chaque fois qu'il était mentionné) m'avait contraint à renoncer à enseigner le dimanche matin, sous prétexte que cela pourrait être considéré comme un blasphème par ceux qui estimaient que ce moment était réservé à la messe. J'aurais très certainement connu d'autres ennuis si je n'avais pas été le fils d'un ministre du culte. Joe Bell n'avait pas paru s'offusquer lorsque je lui avais dit que le dimanche était notre seul jour commun de libre, à moi et aux étudiantes. Je surveillais sa réaction, car il assistait ordinairement à deux services dominicaux à la St George Free Church. « C'est un peu excessif, si vous voulez mon avis, Watson ; mais nous vivons une époque peu ordinaire, n'est-ce pas ? » m'avait-il dit.

****

À la fin de mon cours, alors que je me félicitais d'avoir pu garder un air serein devant mes étudiants, je vis entrer quelques-unes des étudiantes dans l'immense amphithéâtre en fer à cheval, à présent déserté. Le dernier rang me semblait situé à une distance incommensurable de la table de démonstration et du pupitre. La salle était divisée en trois par des rangées de sièges installés de part et d'autre de deux grandes travées, séparées par deux grandes marches en ciment. Chaque étudiant disposait d'une chaise en bois patiné, et devant chaque rangée était installée une épaisse planche en hêtre usée, légèrement incurvée, qui servait de table collective pour accueillir les livres et les têtes fatiguées. Edith Pechey était accompagnée d'Emily Bovell, dont l'essai en français avait remporté la meilleure note à l'examen d'entrée au mois d'octobre. Tout chez elle la différenciait de sa compagne. Miss Bovell était une femme menue aux longs cheveux lisses et brillants, avec de grands yeux s'agitant sans cesse. Edith Pechey, elle, avait une épaisse chevelure blonde qui luisait comme un halo lorsqu'elle se tenait dos à la lumière. Elle avait de grands yeux bleus et clairs, et un beau nez fin à l'antique.

Je les priai de s'asseoir sur les chaises de l'estrade, habituellement réservées aux assistants des chirurgiens et aux sommités médicales qui assistaient parfois à une opération ou à une démonstration particulière.

Puis, à ma grande surprise, je vis apparaître, derrière Miss Jex-Blake, Mrs Henry Kingsley, rédactrice en chef de la *Daily Review*, et farouche défenseur de la « Cause », comme elle disait, au même titre que Sandy Russel. Elle s'était faite la porte-parole des aspirantes sur la place publique et dans de nombreux salons d'Édimbourg. Nous nous saluâmes chaleureusement, mais mon étonnement n'avait pas échappé à Mrs Kingsley. Elle me dit en souriant qu'elle était venue leur apporter son soutien, et découvrir si tout ce qu'on lui avait raconté de ce qui s'était passé la veille au soir et dans la matinée était vrai.

« Il s'est donc passé d'autres choses pendant que nous assistions à la réunion de Mr Russel ? lui demandai-je.

— Bien davantage que vous ne sauriez le croire », répondit Mrs Kingsley d'une belle voix de stentor.

Avec son élégante chevelure blanche, son pince-nez et son visage lunaire aux traits un peu masculins, elle aurait fait un excellent président de banque.

« Juste ciel ! balbutiai-je. Quoi donc ? Que s'est-il passé ?

— Le comité directeur de l'hôpital a, semble-t-il, été dissous, répondit-elle en me dévisageant comme une maîtresse d'école s'apprêtant à punir son élève. L'élection des six nouveaux membres a été fixée à mardi prochain. Vous étiez au courant ? Non, bien sûr que non. Pardonnez-moi.

— En outre, intervint Miss Jex-Blake sans me laisser le temps de digérer la nouvelle, notre requête demandant l'accès aux salles de soins a été rejetée, et si l'on nous empêche d'acquérir de l'expérience, nous ne pourrons jamais devenir médecins.

— Vous êtes-vous renseignées sur la possibilité de travailler à l'hôpital des enfants malades ou au Chalmer's, comme je vous l'ai suggéré ?

— Aucun espoir de ce côté-là, docteur Watson, répondit Miss Bovell. Sophia et Isabel sont déjà allées voir le Pr Masson, qui a passé une bonne partie de la journée d'hier à étudier cette possibilité.

— Et que lui a-t-on dit ? demandai-je, connaissant déjà la réponse.

— Chalmer's et l'hôpital pour enfants ne veulent même pas accepter les hommes. Je me refuse à appeler cet endroit l'Hôpital royal des enfants malades, poursuivit Miss Jex-Blake, tant que cette image éveille dans mon esprit capricieux celle d'un hôpital pour enfants bien-portants de l'autre côté de la rue. En tout cas, les salles de soins sont trop petites, ou bien ils ont déjà trop de personnel pour le nombre de patients. Si vous voulez mon avis, c'est un autre prétexte. »

Un lourd silence s'installa.

« Je vais vous mettre dans l'embarras, docteur Watson, lança soudain Miss Jex-Blake ; mais quelle que soit l'issue de cette bataille – car c'en est une, soyez-en persuadé –, nous ne pourrons, moi la première, jamais vous témoigner assez notre gratitude, à vous et au Pr Masson, ainsi qu'au Dr Simpson, pour tout ce que vous avez fait pour nous. Et je regrette que nous n'ayons pu mieux connaître le Dr Simpson. »

Lorsqu'elle se laissait aller à la colère ou à l'effusion, ses propos pouvaient parfois devenir énigmatiques. Puisque je m'efforce de relater les événements avec la plus grande exactitude, je dois préciser à mes lecteurs que le Pr Masson enseignait la rhétorique et la littérature anglaise. Sir James Young Simpson, auquel j'ai plusieurs fois fait allusion, était décédé peu après l'arrivée des jeunes femmes. Miss Jex-Blake avait fait la connaissance des deux hommes à son arrivée à Édimbourg, et le Pr Masson et son épouse l'avaient immédiatement présentée à nombre de membres du corps enseignant et d'habitants.

« Que devons-nous faire à présent ? demandai-je.

— Ce "nous" est très réconfortant, docteur Watson ; mais vous vous êtes déjà exposé pour nous bien trop souvent.

— J'avais pourtant cru comprendre que vous souhaitiez vivement me voir ce matin, répliquai-je.

— Non, c'était Edith, car je lui ai dit que je comptais rendre visite au Pr Crum Brown pour lui dire quel pleutre pusillanime il était, et que s'il ne revenait pas sur sa décision, je prendrais moi-même la tête d'une expédition destinée à l'enduire comme il faut de goudron et de plumes.

— Bonté divine, Sophia ! hoqueta Mrs Kingsley, qu'a-t-il…

— Ne vous faites pas de mouron, comme dit sans cesse notre logeuse. Certaines d'entre nous ont gardé la tête froide et ont réussi à me calmer entre-temps, dit-elle en rejetant la tête en arrière dans un grand rire.

— Vous changez bien vite d'humeur, lui dis-je sur un ton un peu sévère. Qu'a donc fait le Pr Crum Brown pour encourir cette colère ? »

C'est Edith Pechey qui m'avait fait remarquer que son intrépide camarade avait un tempérament volatil, et que ses sautes d'humeur la rendaient parfois difficile à vivre. « En revanche, avait-elle ajouté, lorsqu'elle se laisse aller, elle a un humour particulièrement communicatif. Vous pensez sans doute tous qu'elle s'intéresse toujours à ce qui va mal, mais elle est la première à voir le côté amusant des choses, et elle a le rire aussi facile qu'une enfant.

— Vous voyez, j'avais tort, docteur Watson, dit Edith Pechey. Il y a du changement.

— Nous ressemblons à Hercule dans les écuries d'Augias, dit son amie en se remettant à rire à gorge déployée. C'est sans doute ce que l'on appelle un rire nerveux, reprit-elle. J'ai soudain pris conscience des obstacles qui se dressaient devant nous, puis songé au dernier événement en date ; et la chère Edith qui n'arrêtait pas de dire que nous avions bien d'autres soucis. Dieu merci, il y a encore des têtes froides.

« Voyez-vous, Mrs Kingsley, docteur Watson, ce que j'appelle la perfidie et la témérité du Pr Crum Brown concernent le prix Hope, créé et richement doté par un ancien professeur de chimie de l'université. Il est remis à l'étudiant de première année qui obtient la meilleure note à l'examen de fin d'année – ou de fin de semestre, cela dépend – du cours de chimie du Pr Crum Brown. Nous avons appris que deux jeunes gens ont effectivement obtenu une note légèrement meilleure qu'Edith, mais c'est la deuxième fois qu'ils suivent ce cours. D'après ce que l'on sait, le Pr Brown a été contraint de donner le prix à l'un ou même aux deux. Le Pr Masson dit qu'il se sent coupable et qu'il se cache.

« J'ai simplement suggéré à Edith d'aller le voir pour exiger ce qui lui revenait de droit. Elle se sent comme un poisson dans l'eau en chimie. Elle absorbe les connaissances comme une éponge. Savez-vous ce qu'elle m'a répondu ? "Sophia, n'insistez pas. Il est déjà assez malheureux comme cela. Laissez-le tranquille."

« Le meilleur étudiant de première année reçoit non seulement deux cent cinquante livres, mais il a libre accès au laboratoire de chimie. Edith et moi avons installé un petit laboratoire, minuscule, dans un coin de notre salon, mais la priver d'un laboratoire digne de ce nom est pire que tout.

« D'un autre côté, enchaîna-t-elle sans nous laisser le temps de réagir, Crumb s'est montré très aimable lorsque je suis arrivée, et il a tout de suite accepté de nous laisser assister à son cours de chimie, jusque-là réservé aux hommes.

— Comme vous l'avez souvent fait remarquer, Sophia, les voies de Dieu sont impénétrables, dit Mrs Kingsley. L'injustice de cette récompense contribuera peut-être à ouvrir les yeux du public sur notre juste cause.

« Voyez un peu ce que dit le *British Medical Journal* : "Quoi que l'on pense de l'opportunité d'une éventuelle décision de donner aux femmes accès aux études de médecine, l'université d'Édimbourg affirme qu'elles ont été admises aux mêmes conditions que les autres étudiants. Si le Sénat ne justifie pas mieux sa décision, on ne peut s'empêcher de penser que l'université se montre injuste envers l'une de ses plus brillantes élèves, mais aussi envers elle-même." Qu'est-ce que vous en dites ?

— Diantre ! s'écria Miss Jex-Blake. Edith, ma chère, vous voilà célèbre.

— Vous exagérez, murmura son amie en piquant un fard.

— Ce n'est pas tout, reprit Mrs Kingsley. Un lecteur a envoyé au *Period* un long poème de huit strophes que le rédacteur en chef a eu la bonne idée de publier. Laissez-moi vous en lire un extrait :

Là où Lyon Playfair enseignait autrefois
Miss Pechey a remporté son prix,
Obtenu à force d'intelligence sans faille,
Et non sur sa belle mine.
Là, Crum Brown l'a déclarée digne,
Tout en lui refusant la bourse, le prix de ses efforts,
Et le Sénat a approuvé sa décision.

Je rougis aujourd'hui en apprenant
La façon dont on vous traite, Miss P.,
Comment ce vieux Sénat infâme
A soutenu le professeur B.
Ah ! la « moderne Athènes »
Est devenue un bien rebutant endroit
Ah ! Ils sont tombés bien bas
Pour encourir pareille disgrâce.

L'une des petites portes du côté s'ouvrit soudain pour laisser passer un autre membre de la bande des sept, Mary Anderson.

« Edith, Sophia, Emily, Dieu merci vous êtes là, lança-t-elle. L'assistant de Mr Russel – Mr… comment s'appelle-t-il déjà ? Mr Ogilvie – vient de m'apprendre une très mauvaise nouvelle. Il est passé chez nous en sortant de l'hôpital, où…

— Ne me dites pas qu'il s'agit du Pr Christison cette fois-ci, l'interrompit Mrs Kingsley d'une voix glaciale.

— Eh bien, si, répliqua Mary Anderson. Le Pr Christison a menacé de démissionner si les femmes étaient admises dans les salles de soins. »

J'eus l'impression d'avoir reçu un coup à l'estomac. L'homme jouissait d'une réputation internationale. Il comptait parmi les plus grands toxicologues du monde, et était depuis de longues années l'un des fleurons de notre faculté de médecine.

Mrs Kingsley se tordait les mains, l'air hébété.

« Par tous les saints ! s'écria-t-elle. Ogilvie est venu me voir ce matin pour m'apprendre "une petite nouvelle", qui n'était peut-être qu'une rumeur, a-t-il précisé. Jamais il ne partage ses informations avec d'autres journalistes, mais il avait, cette fois-ci, sans doute du mal à en croire ses oreilles. Le Dr Bancroft – qui l'avait appris du Dr Laycock – lui avait dit que le Pr Christison menaçait de démissionner. Apparemment, la reine en personne avait fait savoir à Laycok et Christison qu'elle partageait leurs vues. Ogilvie n'y accordait guère de crédit, estimant que Bancroft était enclin à l'exagération.

— Le Seigneur nous envoie d'autres épreuves, dit Miss Jex-Blake. Ou plutôt, ce sont les hommes. Il ne suffisait pas de devoir lutter contre les adversaires de notre cause. Il nous faut maintenant affronter les conseils, certes bien intentionnés, mais inopportuns, de notre souveraine et de Miss Florence Nightingale. Il me semble que la reine s'intéresse bien moins au salut et au bien-être des sujets de ses colonies qu'aux luttes de certains de ses sujets proches, notamment si elles sont femmes.

— Sophia ! Cela suffit. Vous êtes injuste, dit Miss Pechey.

— Un peu excessive, peut-être, ma chère, mais aucunement injuste, répliqua Mrs Kingsley. Notre reine et Miss Nightingale méritent pleinement les éloges qu'on leur décerne, mais pas dans ce domaine. Elles ne peuvent prétendre à aucune expertise sur la question des femmes médecins, ni servir de modèle puisque, comme chacun sait, elles sont très attachées à la tradition.

— Quel bonheur de vous avoir à nos côtés, Mrs Kingsley. Je n'aurais pu mieux dire, fit Sophia en riant de bon cœur. Mais vous tremblez comme une feuille, Mary, ajouta-t-elle en se précipitant vers sa compagne. Tenez, prenez mon châle, dit-elle en posant sur ses épaules le châle crocheté noir et blanc qui ne la quittait jamais.

— Merci, Sophia, c'est très aimable à vous. Je suis passée voir Angus pour lui donner un poisson, et j'ai laissé mon manteau dans la pièce qu'il appelle son bureau, et qui ressemble davantage à un placard à balai sens dessus dessous, si vous voulez mon avis.

— Comme je vous le répète souvent, docteur Watson, le vent marin qui souffle par ici se soucie peu du sexe, dit Miss Jex-Blake. Mais j'ai quelques idées sur les moyens de faire face à cette nouvelle situation. Auriez-vous quelques conseils à nous donner, ou préférez-vous rester à l'écart ? Personne ne vous en tiendrait rigueur.

— Non, j'ai été troublé par la nouvelle d'Ogilvie, si elle se confirme, répondis-je, en protestant faiblement d'un signe de la main. Si le Pr Christison a bien menacé de démissionner, c'est pour faire peur à ceux qui ont un lien avec l'université ou l'hôpital, et à la moitié des habitants d'Édimbourg. Je n'aime pas l'intimidation, et je suis consterné qu'il ait impliqué la reine dans cette affaire. Et moi qui pensais que c'était le Dr Bancroft qui avait tendance à en faire trop. Cette nouvelle est proprement confondante.

— Pendant que vous reprenez vos esprits, pourriez-vous, ainsi que Mrs Kingsley, nous expliquer la procédure d'une nouvelle élection ? demanda Miss Jex-Blake. Qui y assiste, qui vote, qui préside, etc. ? »

J'échangeai un regard avec Mrs Kingsley.

« Je n'en suis pas absolument sûre, dit-elle en secouant la tête. Je me rappelle vaguement avoir assisté à une élection du comité directeur de l'hôpital, ou de l'université, je ne sais plus. Si mes souvenirs sont bons, des observateurs extérieurs étaient présents, et j'oublie quelle fonction ou quel poste occupaient ceux qui ont pris la parole. Vous en souvenez-vous, docteur Watson ? »

Son bref exposé m'avait rafraîchi la mémoire.

« Voyons. Nous avons affaire à l'élection précipitée de six nouveaux membres du comité directeur. Cependant, si mes souvenirs sont bons, elle coïncide avec la réunion annuelle des bienfaiteurs de l'hôpital, que Sandy Russel a comparée à une réunion d'actionnaires. Elle se tient généralement à l'hôtel de ville, sous la présidence du chef de notre bonne ville, à savoir le Lord Provost en personne, qui, m'a-t-on dit de source sûre, assistait également à la réunion organisée par Sandy Russel, et a été fortement impressionné par les arguments de Miss Jex-Blake. Comme je l'ai dit, on doit choisir six directeurs, et les deux factions souhaitent naturellement que les six élus – à n'en pas douter des hommes – soient choisis dans leur camp. Je précise que les bienfaiteurs de l'hôpital sont seuls autorisés à prendre la parole.

— Cela ne présente aucune difficulté, docteur Watson, dit Miss Pechey. Le Pr Masson, qui semble tout connaître du protocole, des réunions, comités et règlements de l'université, a conseillé à Sophia, au cours d'une de nos premières conversations, de devenir une bienfaitrice.

— Miss Jex-Blake, je vous tire mon chapeau, dis-je à sa collègue. Une femme avertie en vaut deux, sans nul doute.

— Je vous remercie. J'ai bien entendu suivi son conseil, même si, en réalité, c'est votre éminent professeur de grec et latin, le Dr Blackie, qui assistait à notre conversation, qui a soufflé cette idée au Pr Masson. Je l'entends encore nous dire : "Étant donné la direction prise par les vents politiques, je vous suggère d'imiter le célèbre stoïque, Sénèque, qui disait que le sage n'obtenait peut-être pas toujours ce qu'il voulait, mais qu'il n'était jamais surpris par ce qu'il recevait. L'expérience me dit que cela vaut également pour les femmes." Ses paroles sont restées gravées dans mon esprit.

— Dois-je comprendre que ces directeurs décideront du sort des étudiantes ? demanda Mrs Kingsley.

— Tous les membres du comité votent, Mrs Kingsley, répondis-je, mais ce sont les directeurs qui ont le plus d'influence.

— Pour l'instant, tout du moins, lança Miss Jex-Blake.

— Pourquoi dites-vous cela, ma chère ? demanda Mrs Kingsley.

— Je m'étonne que vous posiez la question, répondit son amie en riant. S'ils nous empêchent d'entrer par la porte, nous prendrons d'assaut la fenêtre. Ce qui signifie que nous avons du travail devant nous. N'est-ce pas ? »

Elle se dirigea vers Edith Pechey, la prit dans ses bras, puis la força à se lever.

« J'obéirai à vos ordres, Sophia, dit son amie. Qui dois-je aller voir pour obtenir du secours – et des votes, dit-elle en éclatant elle aussi d'un rire communicatif.

— Et moi, que dois-je faire, Sophia ? demanda Mary Anderson.

— Je dois dire que je me sens soudain beaucoup mieux, dit Sophia, car tout le monde n'attend plus que le signal du départ. Très bien : voilà ce que nous devons…

— Un instant, Miss Jex-Blake, la coupa Mrs Kingsley. Voulez-vous dire que vous comptez tenter seules de rassembler des voix ?

— Au contraire, ma chère amie. Après avoir encouragé mes camarades à se lancer à l'eau, pour ainsi dire, je me suis demandé à quels alliés à Édimbourg nous pourrions faire appel. J'ai naturellement pensé à vous et au Dr Watson. Nous avons besoin de tous les soutiens que nous pourrons récolter, et il serait non seulement malavisé, mais désastreux, de nous embarrasser de formalités.

— Tout ce que je peux vous dire, c'est que les votants ne manquent pas, répliqua Mrs Kingsley en tournant la tête vers moi.

— En effet, fis-je. Environ cent soixante ou cent soixante-dix bienfaiteurs de l'hôpital.

— Dieu du ciel ! Tant que cela ! Eh bien, nous avons du pain sur la planche, n'est-ce pas, dit Mary Anderson en ôtant le châle et en le repliant.

— Je n'ai pas encore réfléchi à ce que vous pourriez faire, Mary, dit son amie, un peu interloquée. Si vous vouliez…

— Sophia, certaines d'entre nous savent penser seules, vous savez. Mes deux sœurs sont, après tout, deux des meilleures et plus bruyantes crieuses de poisson d'Édimbourg, celles qu'on appelle trop souvent des harengères. »

Nous restâmes à la dévisager.

« Je le sais bien, et je connais aussi vos facultés intellectuelles, mais quel rapport…

— Pour l'amour du ciel ! Dites-lui donc, ma fille », lança Mrs Kingsley en conduisant Sophia à Mary.

Nous étions tous perplexes, à l'exception de Mrs Kingsley et de Mary Anderson.

« Vous savez voir, Sophia, mais vous oubliez parfois d'observer, comme dit le Dr Bell à ses infirmières, lança cette dernière. Agnes et Marie sont deux des meilleures poissonnières d'Édimbourg et, lorsqu'elles font leur tournée, savez-vous à qui elles rendent visite de temps à autre ?

— À d'innombrables épouses de bienfaiteurs, et elles croisent même parfois les bienfaiteurs eux-mêmes. Vous avez de la cervelle, lança Miss Pechey en arborant son radieux sourire.

— Leur pratique se trouve essentiellement dans le quartier de Cowgate, mais on les laisse aussi deux fois par mois se rendre dans les nouveaux quartiers, à Charlotte Square et dans les environs, à

George Street, Princes Street, et à St Andrews Square. Et je n'ai pas autant de cervelle que vous pensez, dit Mary Anderson avec une petite moue. Vous êtes toutes meilleures que moi en chimie, anatomie, chirurgie, etc.

— Nous parlions d'intelligence, lança Miss Jex-Blake. Dans les matières que vous mentionnez, vous avez largement devancé la plupart de nos plus éminents collègues masculins, et vous pourriez nous en remontrer lorsqu'il s'agit de traiter avec les habitants de cette bonne ville.

— Ah, Sophia, si vous parlez des résidents de la ville neuve, ce n'est sûrement pas le cas. J'ai grandi à Cowgate avec mes cinq frères et sœurs, et je connais bien entendu les gens de ce quartier. Mais que voulez-vous dire au juste ?

— Où et quand avez-vous assisté au cours que donne le Dr Bell aux infirmières ? répliqua son amie au lieu de répondre à sa question.

— Sophia, je vous en prie ! lança sèchement Edith Pechey. Pendant que vous vous affairiez à nouer des contacts à l'université ou à la municipalité, Mary et Emily assistaient discrètement à de nombreux séminaires dispensés aux infirmières par le bon docteur.

— Oui, puisqu'il fait toujours son cours dans sa salle de chirurgie, à côté de la salle du Pr Christison. La petite porte reliant les deux est souvent laissée ouverte.

— Belle initiative, dit Miss Jex-Blake. Mais que comptez-vous faire lorsque vous irez voir les clients des poissonnières ?

— Faire ? Mes sœurs et moi-même allons simplement suggérer quelques idées aux femmes que nous croiserons. Un bon poissonnier ne vend pas que du poisson. Il – ou elle – demande des nouvelles des enfants, de la toux du mari, et ce que la famille a pensé du dernier poisson acheté, d'autres petites choses.

— Fascinant ! s'écria Miss Jex-Blake. Mais ce ne sont pas les femmes que nous devons tenter de convaincre, n'est-ce pas ? Il faudrait plutôt…

— Ce ne sont pas des marionnettes, Sophia, dit Mary Anderson. Certaines, paraît-il, ont beaucoup d'influence sur leurs maris.

— Très bien. Le projet est entre des mains expertes. Maintenant, Edith, si vous n'y voyez pas d'inconvénient, je vais me procurer la liste des directeurs et des bienfaiteurs auprès du Pr Masson, et je distribuerai les noms. Qu'en pensez-vous ?

— Cela vaut certes bien mieux que rester inactives et laisser faire le sort, Sophia. Mais êtes-vous sûre que c'est la meilleure voie à suivre ? Ne risquons-nous pas d'être en butte à…

— Bonté divine, ma fille ! Vous venez vous-même de dire que l'inaction… »

Elle n'eut pas le temps de terminer sa phrase. Mrs Kingsley, jaillissant comme un boulet de canon, s'était précipitée vers elle.

« Savez-vous ce que vos nobles adversaires feront pendant ce temps, ma chère ? demanda-t-elle en agitant un doigt devant son visage. En outre, les journaux connaissent déjà l'histoire du prix Hope. Les seules personnes, ou presque, qui n'étaient pas au courant se trouvent dans cette salle, car on vous a caché la nouvelle. Maintenant que certains de nos éminents médecins ont décidé de dissoudre à la hâte le comité de direction, je crois, mesdames, que vous allez vous faire quelques amis, et certainement des sympathisants. »

J'étais figé sur mon siège, en songeant à la formidable paire que formaient Mrs Kingsley et Miss Jex-Blake. On aurait dit les extrémités jumelles d'une même idée. J'allais faire une suggestion, lorsqu'une autre équipière de la bande surgit en trombe. Matilda Chaplin ressemblait à une princesse castillane avec son épaisse chevelure noire comme la suie, et on la disait fiancée à un cousin éloigné, le Pr Ayrton, qui enseignait à l'université.

« Dieu merci, Mary m'a laissé une note me disant où vous étiez, hoqueta-t-elle. J'ai du mal à reprendre mon souffle. Je viens d'apprendre la terrible nouvelle et me suis précipitée à Infirmary Street pour en avoir la confirmation. Les étudiants en médecine font circuler une pétition pour nous interdire l'admission ! J'ai vu l'un d'eux au coin d'Infirmary Street et de South Bridge, et un autre en face du bâtiment de chirurgie. Leurs collègues faisaient la queue pour apposer leur signature, sans lire cet abominable texte, qui pis est. »

Je m'apprêtais à leur dire un mot de réconfort, mais Miss Jex-Blake se précipitait déjà vers Miss Chaplin.

« Et voilà. Je vous avais bien dit que tout allait un peu trop bien. Le Pr Crum Brown, le Dr Handyside, le Dr Allman, tout comme vous, docteur Watson, nous ont affirmé que leurs étudiants n'avaient jamais été aussi calmes et aussi studieux que depuis que nous assistions à leurs cours. À leurs cours mixtes – quel affreux terme ! Il me paraît évident qu'on a poussé les étudiants à manifester leur opposition, et à causer de l'agitation. Je suis folle de rage.

— Sophia, parlez plus bas, s'il vous plaît, dit Miss Pechey. Vous leur reprochez de signer la pétition les yeux fermés, ajouta-t-elle en se tournant vers Matilda. Vous l'avez donc lue ? »

Matilda lui jeta un regard en biais, puis se mit à rire.

« Excellent, Edith. Vous avez la tête plus froide que certaines d'entre nous. Vous cherchez à savoir si j'ai aussi peu de sensibilité et d'objectivité que les signataires. J'ai en effet lu le document. Ils en ont affiché un exemplaire sur le mur de la librairie d'Infirmary Street, du côté de South Bridge. J'ai pris mon temps pour le lire, car j'étais sûre que le pétitionnaire me demanderait ce que j'en pensais.

— C'est ce qu'il a fait ? demandai-je.

— Bien entendu, docteur Watson ; je lui ai dit que je m'étonnais que la librairie ne se soit pas effondrée lorsqu'ils l'y avaient accrochée.

— Je suis à bout, souffla Miss Jex-Blake.

— Sophia, vous êtes à bout depuis déjà un moment. Calmez-vous, je vous en prie, répliqua Edith Pechey. Je suis sûre que si l'on voit ces jeunes gens signer la pétition les yeux fermés, ce ne sera pas à leur avantage.

— Je m'étonne qu'ils recueillent ouvertement des signatures, dis-je.

— Si j'en crois ce qu'on m'a dit, il leur faudra le faire aussi en cachette, car mon ami le pétitionnaire m'a avoué qu'ils voulaient obtenir cinq cents signatures. Cela, bien sûr, avant que je lui dise ce que je pensais de leur pétition.

— Bonté divine ! m'écriai-je ! Cinq cents signatures, hein ?

— Je suis sûre qu'on fera en sorte de faire croire que cent pour cent des étudiants ont signé cette pétition, dit Miss Jex-Blake.

— C'est aussi ce que je crois, renchérit Matilda Chaplin.

— Dieu du ciel ! Que peut-il arriver de plus ? » demanda Mary Anderson.

La réponse ne se fit pas attendre. Un jeune garçon arriva, apportant un message du Dr Bell à mon intention : « Watson, soyez assez aimable pour dire aux jeunes femmes que Littlejohn et moi-même avons été appelés pour une affaire urgente, et que je regrette de devoir annuler mon séminaire avec les infirmières, auquel je les avais conviées. J'offrirai très bientôt un cours de remplacement. Vous avez sans doute entendu parler de la pétition des étudiants. »

Bell et Littlejohn, experts en médecine légale, étaient depuis de longues années des consultants auprès de la Couronne. Je fis part du message aux jeunes femmes.

« Vous trouverez sans doute la question superflue, docteur Watson, mais comment le Dr Bell savait-il que nous étions ici ? » demanda Miss Pechey.

Je restai silencieux quelques instants.

« Pour Joe Bell, deux et deux font invariablement quatre. À moins que ce jeune homme n'ait deviné où nous nous trouvions, ajoutai-je en regardant le messager.

— Non, monsieur, répondit celui-ci d'un air amusé. Il m'a dit que je vous trouverais ici.

— Docteur Watson, avez-vous songé à une carrière d'humoriste ? » demanda Mrs Kingsley.

Tout le monde éclata de rire, ce qui soulagea un peu la tension.

« Je crois que je vais aller à Cowgate voir mes sœurs avant de rentrer préparer l'examen du cours d'anatomie du Dr Handyside prévu pour demain, dit Mary Anderson. Sophia, voulez-vous y faire un saut avec moi pour voir comment on vend le poisson ? Vous m'avez toujours dit que vous vouliez voir les poissonnières en action.

— Ce serait une excellente façon de se changer les idées, répondit Sophia. Mais je ne resterai pas longtemps, car j'ai moi aussi du travail. Voulez-vous nous accompagner, docteur Watson ?

— Vous oubliez que je suis né et que j'ai grandi ici. J'ai passé de longues heures avec le Dr Bell et le Dr Annandale au dispensaire de Cowgate. J'ai vu comment on vendait le poisson chaque jour de ma vie, je pense.

— Oui, vous avez vu le tout-venant ; venez rendre visite aux experts, répondit-elle avec un large sourire.

— C'est toujours un plaisir d'observer ceux – ou celles – qui sont passés maîtres dans leur métier, répondis-je en mordant à l'hameçon.

— Je vais chercher mon manteau dans le bureau d'Angus. J'en ai pour un instant », dit Mary Anderson.

Mrs Kingsley, qui s'apprêtait à partir, souhaita bonne chance à Mary, et disparut en compagnie de Miss Bovell, qui devait, elle aussi, préparer son examen d'anatomie.

Je cadenassai toutes les portes avec les énormes clés que nous utilisions alors, et nous sortîmes dans l'air piquant de la fin d'automne. Miss Pechey avait décidé de se joindre à nous. Nous nous rendîmes à pied jusqu'à Infirmary Street, avant de tourner à droite, dans South Bridge Street, pour rejoindre le pont. Observant les colporteurs de Cowgate vantant leur marchandise en contrebas, j'essayais de me rappeler ce qu'avait dit Robert Louis Stevenson sur cette scène dans l'un de ses textes. L'élégante artère de High Street, qui s'étendait de l'imposante forteresse à l'ouest jusqu'au palais d'Holyrood à l'est, donnait de la majesté à la ville.

« Je crois que c'est ici même que Stevenson a dit qu'en regardant les colporteurs et la foule de Cowgate depuis le pont, on distingue toutes les couches sociales d'un simple coup d'œil, disait-il.

— Rien de plus vrai, docteur Watson. Je me suis souvent fait la même remarque », rétorqua Mary Anderson, qui avait grandi dans ce quartier grouillant et misérable à nos pieds. Un oncle irlandais – originaire de Galway, me semble-t-il – l'avait ensuite emmenée avec un de ses frères avec lui lorsqu'il avait émigré aux États Unis.

Nous descendîmes le raide escalier situé à l'extrémité du pont pour accéder à Cowgate, et nous dirigeâmes vers Fishmonger Close, où nous fûmes accueillis par les cris des marchands des quatre saisons vantant leurs produits. Ils semblaient avoir tous une prédilection pour les manteaux bruns hirsutes et les grosses écharpes de laine enroulées serré autour du cou et dont les extrémités balayaient leurs chaussures. Traversant Cowgate d'ouest en est, nous prîmes Stevenlaw's Close, puis Blair Street, où des rétameurs réparaient de vieilles casseroles, tandis que les femmes et les enfants vendaient d'autres ustensiles guère plus reluisants.

Dans Niddry Street, nous croisâmes des douzaines de gamins morveux en haillons frissonnant dans le froid, vendant des allumettes, des lacets, et même des œufs.

Une petite fille, vêtue seulement d'une robe de coton élimé s'approcha de nous, un filet de morve brune au nez, en criant : « Lacets, lacets, mes bonnes dames, mon bon monsieur ; un sou la paire. J'ai de gros lacets en caoutchouc pour les bottes, et… »

Mary Anderson se baissa pour lui essuyer le nez avec un grand mouchoir de toile bleue. « Clara, Clara, il faut mettre un manteau par ce temps, n'est-ce pas ? Tu ne devrais pas sortir habillée ainsi. Tu vas mourir de froid. Combien de fois t'ai-je dit…

— Clara ? fit Miss Jex-Blake en se penchant. Tiens, prends mon vieux châle. Il aura servi trois fois aujourd'hui. Non, non, garde-le jusqu'à ce que tu retrouves le tien. Je porte un gros pull en laine. »

La petite fille lança un regard interrogateur à Mary Anderson, qui hocha la tête en lui disant d'accepter.

« Merci, madame, mais je ne sais pas ce que ma mère va dire. C'est Jamie qui a mis mon manteau, Mary. Hum, vous sentez bon, comme le savon, ajouta-t-elle tandis que Mary la prenait dans ses bras et la serrait contre elle.

— Pourquoi Jamie a-t-il pris ton manteau ? On vous en a pourtant acheté un à chacun au bazar de l'église, l'hiver dernier. Les McLaren, les parents de Clara, habitaient à St Mary' Street, en face de chez nous, ajouta-telle en se tournant vers nous et en reposant la petite fille.

— On lui a volé le sien. Il pense que c'est Rory Daniels, reprit la petite fille. Il l'avait enlevé pour grimper dans une cheminée à Drummond Street. Il est apprenti chez Mr Robertson, le vieux ramoneur, et il s'est fait mal au coude, il s'est rudement égratigné le bras en grimpant dans la cheminée. C'est pour ça qu'il a besoin d'un manteau. Agnes l'a emmené chez le médecin. Ils pensent que son bras est inspecté. Je crois que c'est ce qu'ils ont dit.

— Son manteau a disparu ?

— Oui, Rory – ou quelqu'un d'autre ; ils ont vu quelqu'un sauter la palissade en face du pub Robertson's en l'emportant. De dos, il ressemblait à Rory Daniels, a dit Jamie.

— Son bras était infecté, pas inspecté, dit Mary Anderson. Maintenant, je veux que tu me promettes de rentrer tout de suite chez toi et de boire du thé très chaud. Sais-tu s'il y a du thé chez toi ?

— Oui, Mary, on en a, et je crois que Maman a allumé un bon feu.

— Bien. Prends ces pièces et va acheter des gâteaux à Mrs Clintock. Elle est là aujourd'hui, n'est-ce pas ?

— La vieille Molly ? Oui, elle est là. Elle était installée devant chez nous.

— Mrs Clintock, Clara ; pas la vieille Molly. »

Je m'approchai avant de laisser le temps à la petite fille de répondre.

« Donne-moi donc deux paires de tes meilleurs lacets pour mes bottes, Clara. Ils me seront bien utiles en cas de pluie, et de la façon dont les choses se présentent… »

Je lui tendis quelques pièces en lui disant de garder la monnaie. Elle jeta de nouveau un regard interrogateur à Mary.

« Prends-les, Clara. Le Dr Watson a bien l'intention d'acheter des lacets, et il veut que tu gardes la monnaie. Allez, file, maintenant.

— Bien, Mary, dit la petite fille en me faisant une petite révérence.

— As-tu vu mes sœurs aujourd'hui ? reprit Mary.

— J'ai vu Agnes et Maggie. Elles étaient un peu plus loin, du côté de St Mary's Street. Je peux faire un bout de chemin avec vous ?

— D'accord, tu nous accompagnes un peu, et puis tu rentreras chez toi. Promis ?

— Promis, Mary. »

Nous reprîmes notre marche, la petite fille donnant la main à Mary Anderson et à Miss Jex-Blake.

Nous entendîmes d'abord leurs voix, tranchant l'air comme un couteau d'écailleur.

« Achetez mes harengs tout friots ; du beau poisson, bon pour la santé ! Du haddock tout frais, qui frétille encore dans le panier ! »

À un coin de rue, au bout de Cowgate, se tenaient nos célèbres vendeuses de poisson. Mary salua de la main ses deux sœurs, qui la serrèrent dans leurs bras dans un large sourire. L'une d'elles, immense, souleva la petite Clara comme si elle n'était guère plus grosse qu'un des harengs de son panier. Elles ne ressemblaient en rien à Mary, qu'elles dépassaient presque d'une tête. Deux femmes robustes, aux bras rougis et musculeux, dont la tenue, surtout, attirait l'œil.

Elles étaient vêtues de courtes robes d'épaisse flanelle bleu marine, et elles transportaient leur poisson dans des paniers de colporteurs accrochés dans leur dos et maintenus par des lanières en cuir sur leur front. Elles se tenaient droites, balançant les bras d'avant en arrière, sans doute pour se tenir chaud, et lorsque l'une d'elles cessait sa curieuse litanie suraiguë, l'autre prenait la relève. Leurs affaires étaient apparemment florissantes.

J'aperçus de l'autre côté de la rue une femme plus âgée, seule, portant la même tenue, qui avançait presque pliée en deux sous son fardeau. À côté d'elle se tenait un petit garçon aux traits tirés, le nez rouge, affublé d'un vieux manteau d'homme qu'on avait ajusté à sa taille. Il se tenait derrière un petit tréteau sur lequel étaient posées des mottes de beurre enveloppées dans la traditionnelle feuille de chou. « Mottes de beurre, beurre frais de la ferme. Mottes de beurre en feuille de chou à emporter », lança-t-il soudain à tue-tête.

« Contente de te voir, Mary, dit la plus grande des deux sœurs, aux cheveux cuivrés. Laisse-nous juste le temps de terminer avec Mr Collier. Sa femme est souffrante, et il veut lui faire plaisir en lui préparant son plat favori : des "rizzard haddies". »

Il était émouvant et instructif de regarder les deux femmes s'occuper de leur client. Mr Collier était un homme imposant, mais qui paraissait n'être plus que l'ombre de lui-même. Il avait un curieux air de savant, avec son dos voûté, sans doute dû à un pénible travail plutôt qu'à aucune maladie de ma connaissance. Il avait un regard doux, un peu effrayé, et l'achat de poisson n'était manifestement pas dans ses habitudes. Il faisait visiblement une totale confiance aux deux femmes.

« Je crois que Mrs Collier nous a pris deux haddocks il y a un ou peut-être deux mois, aux alentours de la Saint Michel, dit la sœur aux cheveux bruns avec son beau sourire. Et leurs frères et sœurs sont dans notre panier, dit-elle en montrant deux poissons luisants. Regardez-donc le gros, Mr Collier. Regardez-moi cette grosse tête ; vous pouvez parier qu'il aura les joues les plus goûteuses qu'on puisse trouver de ce côté-ci de la mer ; et votre chère femme nous a souvent dit combien vous aimiez les joues de haddock. »

Sachant qu'on le regardait, l'homme piqua un léger fard. Miss Jex-Blake vint à son secours.

« Hum. J'ignore ce que sont les joues de haddock, mais vous les aimez ? lui demanda-t-elle en le regardant droit dans les yeux en souriant.

— Vous pouvez le dire. Mrs Collier m'en achète et je les avale comme des petits pains, répondit-il.

— Qu'est-ce que c'est ? demanda la jeune femme, curieuse.

— De la cervelle de haddock, fit le vieil homme d'un ton hésitant. Attendez un peu. C'est pas exactement ça, hein, Maggie ?

— C'est la chair qui se trouve derrière les ouïes, répondit-elle, et c'est un morceau de choix.

— Emballez-moi les deux, dit-il à Agnes, l'autre sœur. Mais j'ai déjà à moitié oublié comment les préparer.

— Ah, ne vous en faites pas. On va vous expliquer à nouveau, et quand vous les servirez à votre dame, elle vous prendra pour un grand chef français.

— Bonté divine, que sont donc les "rizzard haddies" ? » demanda Sophia.

Agnes, qui emballait les deux poissons dans du papier journal, se tourna vers elle.

« Ça n'a rien à voir avec la cuisine française, ça je peux vous le dire. Après le haggis, c'est sans doute le plat le plus écossais qu'on puisse imaginer, et sa préparation fait tourner de l'œil à certains ; mais si vous vous y prenez correctement et que vous utilisez notre poisson, vous aurez un plat de roi.

— Je suis tout ouïe, lui dis-je. Ma grand-mère le faisait souvent, mais j'ignore tout de sa préparation.

— Accrochez-vous alors, monsieur …

— Docteur. Docteur Watson », lança Mary, avant de présenter ses deux collègues à ses sœurs et à Mr Collier, interloqué.

Maggie, visiblement prise de court en entendant mon titre, se ressaisit rapidement. Après tout, elle était experte sur le sujet.

« Tendez l'oreille, Mr Collier. Et vous tous, ajouta-t-elle en nous lançant un regard amusé. Prenez deux gros haddocks. Videz-les, essuyez-les, et laissez-les reposer une nuit dans de la saumure. Et voilà ce qui dérange souvent les gens : ensuite, vous leur passez un fil de fer dans les yeux et vous les mettez à sécher.

Miss Pechey fut la première à pâlir.

« Êtes-vous sûre que…

— Oh, absolument, la coupa Maggie. Les poissons sont bien morts, vous savez. Vous les accrochez en plein air, en faisant attention de ne pas exposer ces beaux morceaux au soleil, Mr Collier. Laissez-les deux ou trois jours. Non, non, je vous assure que ça améliore le goût, dit-elle à l'intention de Miss Pechey, qui protestait. Ensuite, vous enlevez la peau, vous ôtez l'arête, et vous les grillez à la poêle en les badigeonnant de beurre bien frais, comme celui que vend le jeune Wallace là-bas. Les Collier adorent ça, et ça n'a rien d'étonnant. »

Agnes se faufila derrière sa sœur afin d'aller aider Mr Collier, qui semblait avoir du mal à boutonner son manteau. « Et où accrochez-vous vos haddocks, Mr Collier ? »

L'homme se redressa, son visage s'éclairant.

« Dans la cour, entre la cabane à bois et la maison, puisque le soleil a honte de se montrer là-bas. »

Sa réponse déclencha l'hilarité générale. Nous le regardâmes s'éloigner lentement, son trésor serré contre sa poitrine, se frayant un chemin jusqu'au jeune Wallace dans la foule de badauds qui avaient envahi Cowgate. Le silence s'installa soudain entre nous au milieu de la cacophonie ambiante. Les sœurs de Mary semblaient gênées. Miss Jex-Blake décida d'intervenir et de réchauffer l'atmosphère en les complimentant sur leurs ventes.

« Ah, oui. Mais attendez demain, dit Maggie, dont les épaules semblaient avoir été taillées dans le même morceau de granit que celles de l'inspecteur McCabe. À voir comment les gens achètent du poisson le vendredi, on se croirait en pays catholique, avec le païpe qui se promène dans la rue avec son martinet pour vérifier que tout le monde achète bien son poisson.

— Et votre petit étal est si propre, ajouta Edith Pechey.

— Ah, on peut pas être à la six-quatre-deux, sinon la police et les autorités nous cherchent des noises, dit Agnes.

— Imaginez-vous qu'un policier nous a demandé de crier moins fort quand on vante notre poisson ; il dit que ce n'est pas très distingué. Mais c'est du côté de la ville neuve, bien sûr. »

Les deux femmes étaient visiblement aussi fascinées par les amis de leur sœur que nous l'étions par elles. L'orgueil brillait dans leurs yeux. Elles étaient fières que leur sœur ait quitté Cowgate pour faire son éducation et tenter de devenir médecin.

« J'ai quelques questions à vous poser, Mary », lança soudain Sophia.

Les deux femmes partirent toutes deux d'un grand éclat de rire. Voyant leur expression interloquée, Mary Anderson montra son amie d'un geste de la main par-dessus son épaule : « On a affaire à une espèce toute nouvelle, dit-elle en s'efforçant de garder son sérieux. Toujours à poser des questions, au point que j'arrive maintenant à les deviner avant qu'elle ouvre la bouche. Dis-lui donc ce que signifie païpe, Maggie.

— Quoi ? Eh bien, c'est le pape.

— Et à la six-quatre-deux ? demanda Miss Pechey, s'enhardissant.

— Ah, répondit Agnes en souriant, c'est le contraire de propre et bien rangé.

— Merci à vous deux. Vous avez une belle et riche langue par ici, bien supérieure à notre terne parler de Brighton.

— Vous aimez rire, c'est bien, Miss, fit Maggie.

— Ces derniers temps, pour faire écho au bon Dr Watson, si je ne riais pas, je me mettrais à pleurer, Maggie. Et appelez-moi Sophia, s'il vous plaît.

— Oui, Miss, répondit Maggie dans un large sourire, provoquant un éclat de rire général.

— Mais nous ne sommes pas venus ici nous amuser, dit Mary Anderson. J'ai des nouvelles importantes à vous apprendre, et puis nous pourrons laisser partir ces bonnes gens. Je voulais juste qu'ils voient deux des plus belles personnes de la terre vendre du poisson comme personne.

— Vous avez raison, Mary. Nous devons partir, dit Miss Jex-Blake. Mais j'ai une dernière question. Harengs friots veut bien dire harengs frais ?

— Il n'y a pas plus frais, répondit Maggie. Il y a bien longtemps, une princesse de la famille royale a repris les cris des poissonnières dans une sorte de chant, ou de poème, je ne sais plus. Elle nous a rendues célèbres. C'est Mary qui nous a appris ça.

— De qui s'agissait-il ? demanda Miss Pechey à son amie.

— Je ne l'ai jamais su. Blind Davie Magnusson, qui était lui aussi poissonnier autrefois, m'a raconté ce qu'il connaissait de cette histoire. »

Plaidant un emploi du temps chargé, nous prîmes congé des sœurs Anderson, qui tentèrent de nous persuader d'emporter un merlu tout frais. Les jeunes femmes étaient préoccupées par l'examen d'anatomie d'Handyside prévu le lendemain, et je voulais regagner mon bureau.

« Je me demandais quelque chose, dis-je en évitant de peu une voiture des quatre saisons qui fonçait vers nous.

— Il ne s'agirait pas, par hasard, de l'homme au teint gris qui nous suit depuis que nous avons quitté l'hôpital ? demanda Miss Jex-Blake en me jetant un regard en coin.

Sa question me prit de court. Je l'avais bien entendu remarqué. Il se voyait comme le nez au milieu de la figure, selon l'expression consacrée.

« Oh, lui ? dis-je d'un air faussement détaché. Non, il ne s'agit pas de lui. J'ai remarqué sa présence depuis un moment, mais je ne souhaitais pas vous alarmer.

— Vous ne souhaitiez pas nous alarmer, s'exclama Miss Pechey en riant. Si je ne pensais pas qu'il a été envoyé par l'inspecteur McCabe, je serais en effet très alarmée.

— Je crois que vous pouvez être tranquille, répondis-je. McCabe m'a assuré que les dames étaient "sous surveillance", pour reprendre son expression.

— Je me dis depuis le début que c'est l'inspecteur McCabe qui l'a envoyé, mais quelque chose vous tracasse, n'est-ce pas ? Vous ne cessez de tortiller votre moustache.

— Ah ! Vous avez remarqué ? Eh bien, oui. À vous parler franchement, quelque chose m'intrigue, et si vous ne voulez pas aborder ce sujet, n'hésitez pas à me le dire. Je songeais à une chose à laquelle les Anglais bien élevés ne doivent pas penser, et qui, dit-on, préoccupe en permanence les Écossais : l'argent. Puisque c'est avec vous que je souhaite soulever cette question, Miss Jex-Blake, le moment est peut-être mal choisi.

— Fichtre non ! répliqua-t-elle aussitôt. Pardonnez-moi, docteur Watson, cela m'a échappé. Si vous hésitez à évoquer le sujet en présence d'Edith, n'ayez aucune crainte. Nous parlons sans cesse d'argent, par nécessité. Pour ne rien vous cacher, je crois que le Pr Masson et vous-même êtes les deux seules personnes de l'université à qui nous pouvons en parler librement. Je dirais volontiers que vous avez été un père pour nous, si tant est que mon propre père ait pu se montrer aussi compréhensif. »

Je dus sans aucun doute piquer un fard.

« Très bien, allons-y, alors, répondis-je en m'éclaircissant la voix pour masquer ma fébrilité. Je m'interrogeais sur votre situation financière et me demandais si tout allait bien de ce côté-là.

Depuis environ une heure, je songe plus particulièrement à Mary Anderson, et je me demande comment...

— Oh, je pensais que vous vous demandiez si nous arrivions à tenir tête... , lança Miss Jex-Blake.

— Sophia, je vous en prie, interrompit Miss Pechey. Il y a un instant, vous étiez parfaitement disposée à parler argent, mais maintenant que vous êtes contrainte de dévoiler votre rôle, votre générosité, vous renâclez. Pourquoi cette gêne ? Je crois que c'est l'une des plus belles anecdotes de l'histoire récente de notre bonne ville, ajouta-t-elle en riant. Je vous laisse continuer, ou voulez-vous que je le fasse ?

— Excusez-moi, intervins-je. Si le sujet doit être source d'embarras...

— Non, non, cher docteur, fit Miss Jex-Blake en posant doucement sa main sur mon bras. Je vais tout vous dire.

« Comme vous le savez sans doute, docteur Watson, nous devons payer aux instructeurs le double de ce que versent les hommes pour chaque cours. La décision a été prise à la suite d'une pétition, signée en octobre 1869 par cent quatre-vingts étudiants, réclamant l'interdiction des études de médecine aux femmes. C'était peu après le semestre d'été, alors que j'étais la seule femme de l'école.

Début novembre... attendez, j'ai tout noté dans mon journal, qui se trouve sûrement au fond de ce sac trop plein. Ah ! Voilà. "Mardi 2 novembre. La grande action est accomplie. Ce matin, à onze heures trente, moi, S.L. J.-B. – je n'ai noté que les initiales – ai été la première femme à remporter le titre de *Civis Academiae Edinensis* ! Ce soir, pour la première fois, des femmes sont inscrites à l'université. Hourrah !" Et puis j'ai ajouté : "Dieu fait tourner la roue au moment opportun." Je fais toujours intervenir Dieu d'une manière ou d'une autre. Mon éducation, sans doute.

« Je reprends. Lorsque l'on nous a autorisées à nous inscrire, je me suis engagée, en notre nom collectif, à régler les frais de cours dès que le doyen de la faculté de médecine en aurait fixé le montant. Naturellement, à l'époque, je me souciais avant tout de trouver des professeurs disposés à nous accepter. Vous jugerez de la somme par cette lettre que m'a alors envoyée Edith. Je vais vous la lire, si elle n'y voit pas d'inconvénient. Je l'ai collée dans mon journal. »

Sa compagne aquiesça d'un geste de la main.

« Très bien. En voici un extrait : "Je vous suis très reconnaissante de votre généreuse proposition concernant l'aspect financier de l'affaire. Je regrette infiniment de ne pouvoir contribuer équitablement aux frais de scolarité, mais je crains que mes moyens ne me permettent pas de verser plus du double de la somme réclamée aux hommes." Laissez-moi ajouter, docteur Watson…

— Non, la coupa son amie. Je précise que je suis le plus léger fardeau financier de Sophia. Elle est quasi seule à faire face à la dépense. Chacune d'entre nous verse ce qu'elle peut, et si je vous disais tout ce que Sophia a fait pour Mary et sa famille, vous…

— Ce n'est pas le moment, Edith, dit doucement son amie.

— Bonté divine ! Je ne me doutais pas le moins du monde…, m'écriai-je.

— Comme vous le savez, nous avons dû procéder de manière différente pour le cours d'anatomie, interrompit Miss Pechey. Nous savions que ce serait coûteux, mais nous ne nous attendions pas à payer un peu plus de cent livres. Sophia a versé environ un tiers de cette somme. Lorsqu'elle évoque le sujet, elle dit toujours la même chose.

— Quoi donc ? demandai-je consterné.

— L'argent importe peu si nous parvenons à mener notre tâche à bien, à atteindre notre objectif, répondit Miss Jex-Blake. Et je me félicite d'en avoir assez pour le dépenser.

— Oui, l'argent, fis-je. D'où…

— L'argent, je l'ai emprunté à ma mère, Dieu la bénisse, me coupa Miss Jex-Blake. Mes frais pour le semestre se monteront sans doute à soixante ou soixante-dix livres. Lorsque j'ai dit au Dr Lucy Sewall, mon amie américaine, que la somme dépassait les quatre cents dollars, elle a été sidérée. La livre vaut un peu plus de six dollars, voyez-vous. Mais je suis prête à consacrer mille livres au besoin à cette affaire. Vous ne savez pas, docteur Watson, combien il est exaltant d'être inscrite dans la première université britannique ouverte aux femmes. Mais si l'orgueil était mon seul sentiment, mes motivations seraient viles et ignobles. Je veux devenir médecin, un bon médecin. J'en souhaite autant à mes compagnes. Je veux venir en aide à d'autres femmes, à des enfants, et aussi à des hommes, si seulement ils voulaient bien nous laisser faire. »

J'avais déjà vu cette surprenante et remarquable jeune femme réconforter ses collègues et secourir plusieurs enfants de la ville, et j'eus un sentiment de gêne en songeant qu'en la voyant avec la petite Clara, je m'étais dit qu'elle ferait une excellente infirmière.

« Et puis il y a les frais de loyer, dis-je à brûle-pourpoint. Cela doit vous coûter, même si…

— Ne vous inquiétez pas, docteur Watson. La maison, même si elle se trouve dans un quartier peu salubre, est vaste et confortable et, surtout, proche de l'université. Le loyer, les taxes et autres nous coûtent environ quarante-cinq livres, et nous avons consacré moins de trente-cinq livres à la meubler. Et enfin, je compte bien rembourser ma mère jusqu'au moindre sou. Voilà. »

Voilà, en effet, me dis-je.

« Maintenant, si nous parvenons à oublier ces rumeurs disant que nos collègues masculins sont décidés à accroître leur harcèlement, nous pourrions peut-être rentrer, afin de préparer l'examen du Dr Handyside prévu demain après-midi, dit Miss Pechey, l'air pensif.

— Edith, cessez de vous faire du souci, répliqua sa collègue. Nous lancerons l'assaut sur Surgeons' Hall demain après-midi, comme Hannibal traversant les Alpes.

— La comparaison est peut-être mal choisie, Sophia, fit son amie. Hannibal, si je me souviens bien, traversait les Alpes pour livrer bataille. »

Aucun d'entre nous ne savait combien cette image allait se révéler juste.

« Laissez-moi vous poser une dernière question, leur dis-je.

— Oui ? répondirent-elles en chœur.

— Pourquoi Mary Anderson avait-elle laissé son manteau chez Angus ? Elle le porte lorsqu'elle vient au cours du dimanche, et ne semble pas avoir honte que je le voie.

— Ah, vous avez remarqué ? À plusieurs reprises, Mrs Kingsley lui a demandé si elle n'avait pas besoin d'un nouveau manteau, puisque celui qu'elle porte ne semble pas très adapté à nos hivers ; Mary a toujours répondu la même chose : elle a grandi ici, ses os se sont faits au climat, et tant qu'elle enfile en dessous un bon pull écossais, elle se soucie peu du temps qu'il fait. »

Nous remontâmes les escaliers de South Bridge. Les deux femmes prirent congé à Infirmary Street et s'éloignèrent en direction de Nicholson Street, déjà fébriles, comme tant d'étudiants s'apprêtant à passer un examen. Nous ne nous doutions pas de la magnétude de l'épreuve qui les attendait le lendemain.

VII

Une nouvelle bataille de Jéricho

Je fus réveillé de bonne heure le lendemain par quelqu'un qui s'acharnait à cogner à ma porte. Je jetai un œil par la fenêtre, et vis le jeune messager de la veille qui échangeait quelques mots avec la bonne. Entendant des pas dans l'escalier, je compris qu'on attendait une réponse. Je criai à travers la porte que je descendais sur-le-champ, puis enfilai à la hâte un pantalon et ma vieille robe de chambre grise. Encore à moitié endormi, je laissai mes pieds retrouver automatiquement mes chaussons.

Il y avait deux messages : le premier était une note griffonnée du doyen de la faculté de médecine, le Dr John Hutton Balfour, me convoquant dans la salle de musique de la George Heriot School à Lauriston Place à quatre heures. Je faisais partie de la douzaine d'enseignants et d'administrateurs composant le comité de surveillance des travaux du nouvel hôpital, dont la construction s'achevait à Lauriston Place, en face de la Heriot School. On pouvait observer les ouvriers depuis la salle de musique, où se tenaient nos trop nombreuses réunions. Nous étions confrontés à un grave problème d'emprunt bancaire, et le comité devait se réunir pour l'étudier, disait le Dr Balfour.

L'autre message venait de l'inspecteur McCabe, qui m'informait qu'il prendrait le train de midi à la gare Waverley pour aller rendre visite à sa mère malade. Il avait, dit-il, découvert quelques « incohérences » en faisant l'inventaire des cadavres, et il souhaitait m'en parler à son retour.

Ma matinée était consacrée à mes patients, et j'avais réservé l'après-midi pour me rendre à la clinique d'ophtalmologie. Je pourrais y faire quelques consultations après le déjeuner, avant de rejoindre à quatre heures Lauriston Place. Mary Anderson, bénévole à la clinique, où elle faisait la lecture aux patients et leur apportait réconfort, me demanda si elle pouvait m'accompagner. Le père de Bell, chirurgien lui aussi, comme son père et son grand-père, nous avait donné un excellent exemple en passant d'innombrables heures en bénévole à la clinique d'ophtalmologie lorsqu'il était en activité ; à présent en semi-retraite, il y consacrait encore davantage de son temps.

Je me sentis mal à l'aise toute la matinée. La construction du nouvel hôpital se déroulait à merveille, et voilà qu'un problème surgissait. La visite à la clinique me remonta un peu le moral.

En arrivant, j'avais eu la présence d'esprit de commander une voiture pour l'après-midi, et elle m'attendait à trois heures et demie dans l'allée circulaire du bâtiment. Mary Anderson était partie un peu plus tôt en compagnie de deux patients, amis de ses parents. Le cocher prit ma trousse avant de grimper sur son siège. Il fit claquer son fouet, et nous partîmes en direction de Lauriston Place. Il était quatre heures moins dix lorsque la voiture s'arrêta devant la Heriot School. Je hélai le Pr Masson et le Dr Allerman, qui s'apprêtaient à rentrer dans le bâtiment. Lorsque je fis part à Allerman de mon étonnement de le voir là, puisqu'il n'était pas membre du comité, il m'expliqua qu'il avait lui aussi reçu un message lui demandant de venir.

J'adorais traverser le grand couloir de l'école. On sentait partout le riche arôme du bois neuf, et l'encaustique utilisée pour lui donner son bel éclat doré dégageait une bonne odeur un peu âcre.

La salle de musique, située tout au fond du bâtiment, à l'extrémité sud, possédait une vaste baie vitrée à travers laquelle on pouvait voir l'immense squelette de bois et de métal du nouvel hôpital, récemment recouvert sur son aile gauche d'énormes pierres réticulées typiques des bâtiments d'Édimbourg. Comme d'habitude, une douzaine de chaises avaient été installées en demi-cercle près de la fenêtre, nous offrant une splendide vue du chantier de l'autre côté de la place. Une petite table se trouvait devant la chaise réservée au doyen Balfour au milieu du demi-cercle.

Je vis immédiatement que la question à l'ordre du jour – l'insuffisance du budget – agitait les esprits. Balfour jeta le trouble dans l'assemblée en déclarant tout ignorer du problème, avant de nous informer qu'il n'était nullement à l'origine de la réunion. Il avait été lui-même convoqué par le Lord Provost d'Édimbourg en personne, William Law, qui lui avait dit qu'il présiderait la session. Tandis que Balfour mettait en ordre les papiers posés sur la petite table, je vis avec satisfaction entrer Crum Brown, en compagnie du Dr Rutherford, professeur de physiologie, de Wyville Thomson, qui enseignait l'histoire naturelle, et du Dr Annandale, professeur de chirurgie clinique.

« Le bon Lord Provost est introuvable, lança Rutherford de sa voix tonnante, mais je vois plusieurs policiers remonter l'allée. Je me demande s'ils nous apportent quelque nouvelle importante. »

Il avait une façon de s'exprimer qui me rappelait la phrase de Goldsmith à propos du style du célèbre Dr Johnson : s'il pouvait faire parler les vairons, ils auraient une voix de baleine.

« Bonté divine, s'exclama Crum Brown, le nez écrasé contre la fenêtre. Voilà d'autres policiers à l'arrière du bâtiment.

— On dirait qu'il y en a aussi plusieurs postés le long de la palissade, ajouta Wyville Thomson, qui s'était approché de la baie vitrée et pointait le doigt vers Lauriston Place.

— J'avoue que je m'explique mal cette pléthore de policiers et la singulière absence du Lord Provost, lança Rutherford.

— Il s'est sûrement passé quelque chose, dis-je en me tournant vers Balfour. Allons leur demander…

— Je suis sûr que la police, en nous voyant à la fenêtre, viendra nous chercher s'il en est besoin, coupa Balfour. Entre-temps, patientons encore quelques minutes pour voir si le Lord Provost arrive. »

Un garçon de courses, qui remontait l'allée en hâte, s'était arrêté pour parler à l'un des policiers : celui-ci l'amena à l'intérieur du bâtiment. Le doyen Balfour partit à leur rencontre. Au même moment, je vis Sandy Russel arriver à son tour à grands pas, saluant la plupart des agents présents. Il connaissait tous les habitants de la ville, j'en étais sûr.

Balfour revint en compagnie de l'autoritaire sergent que nous avions croisé lors de la réunion organisée par Sandy Russel. Son visage portait une curieuse expression.

« Le sergent me dit qu'ils ont reçu vers trois heures un message du Lord Provost indiquant qu'il se préparait ici des troubles, puisque nous devions discuter de la demande faite par les étudiantes en médecine d'être admises en salles de soins, outre d'importantes questions financières. C'est bien cela, sergent ?

— Oui, monsieur, répondit le policier. Et nous avons également reçu un télégramme de l'inspecteur McCabe disant que les étudiants avaient entendu parler de la réunion et s'apprêtaient à venir manifester.

— L'inspecteur a envoyé son télégramme de Glasgow, sergent Dundas ? demandai-je en me rappelant soudain le message que j'avais reçu de lui.

— Ah, vous vous rappelez mon nom ! répondit le sergent, surpris. Vous êtes le Dr Watson, n'est-ce pas ? Vous étiez à la réunion de Mr Russel. Le message a été envoyé de Whitburn, sur la route de Glasgow, pas très loin de chez sa mère. Pour tout vous dire, j'étais un peu étonné, parce qu'il devait prendre le train de midi. Je ne pensais pas qu'il aurait le temps d'arriver à Whitburn et d'expédier aussi vite un télégramme. J'ai vérifié l'horaire des trains et découvert qu'il y en avait un plus tôt à…

— À dix heures, n'est-ce pas, sergent Dundas ? » fit calmement une voix à la porte.

Joe Bell avait passé son bras autour des épaules d'un Sandy Russel visiblement perplexe ; à côté d'eux se trouvait Littlejohn, l'air épuisé.

« Ah ! docteur Bell. Oui, dix heures, monsieur. Vous avez aussi vérifié les horaires ?

— Non, sergent, répliqua Bell avec son rire froid. Mais ils n'ont guère changé depuis le jour de mon mariage à Glasgow. Littlejohn et moi avions pris une voiture pour aller à Granton, et nous étions déjà rendus à mi-chemin avant que mon collègue ne songe à me montrer le message qu'il avait reçu. J'ai vu tout de suite que le papier était différent de celui utilisé habituellement. Nous avons demandé au cocher de rebrousser chemin et de nous amener directement ici. Comme je viens de l'expliquer à Sandy, nous avons croisé dans Princes Street Ogilvie, à qui j'ai suggéré qu'il y avait peut-être un meilleur sujet d'article à Surgeons' Hall et qu'il ferait bien de s'y rendre au plus tôt. Si je comprends bien, le Lord Provost n'est pas là, Watson ? » fit-il, l'œil brillant, en me jetant son fameux regard d'aigle.

La tête me tournait, et j'acquiesçai faiblement, avant de me dire que j'aurais dû au contraire secouer la tête.

Le sergent, qui le regardait par la fenêtre, comprit soudain le sens des paroles de Bell. Il se retourna comme si une lance venait de lui percer l'échine.

« Oh, bon sang ! Le Lord Provost n'est pas encore arrivé ?

— Le Dr Bell est sans doute en train de nous dire qu'il ne viendra pas, dis-je.

— Bonté divine, mon vieux, lança soudain Sandy en regardant Bell droit dans les yeux. Les idées qui circulent dans votre étrange cervelle vous conduisent à de sacrées déductions. Avez-vous oublié que les jeunes dames sont venues me demander conseil, entre autres ? dit-il en s'échauffant visiblement. Je connais mon métier. J'ai recruté un nouveau reporter aujourd'hui : Mrs Helen Evans, qui sait non seulement écrire, mais qui sera au cœur de l'événement s'il y a des problèmes. Moi aussi, comme vous, j'ai été invité ici, mais je me disais qu'il y aurait peut-être du grabuge là-bas. »

Bell s'approcha de lui et posa les deux mains sur ses épaules.

« Sandy, mon vieil ami, pardonnez-moi. Si nous connaissions tous notre métier aussi bien que vous connaissez le vôtre, les choses iraient beaucoup mieux. Je craignais simplement qu'il ne se passe quelque chose à Surgeons' Hall… »

Il se tut et regarda la grosse horloge accrochée au mur au-dessus d'un beau piano-forte noir comme la nuit.

« Dieu du ciel ! Il est presque cinq heures ! Sergent, je crois en effet qu'il se passe – ou plutôt qu'il s'est passé – quelque chose à Surgeons' Hall. Pourriez-vous aller vous assurer que…

— Et la moitié des fichus effectifs se trouve ici, coupa le sergent d'une voix tonnante. Roberts ! lança-t-il à un grand gaillard debout près de la porte. Rassemblez les hommes qui sont encore dehors et filez à Surgeons' Hall. La moitié des forces de police sont ici, et pendant ce temps... Dépêchez-vous, Roberts, je vous rejoins.

— Oui, sergent, répondit Roberts en enfilant à la hâte son manteau et en tournant les talons.

— Merci, sergent Dundas, murmura Bell.

— Comment diable avez-vous déduit ce qui se tramait, monsieur ? demanda le sergent à mon collègue.

— Il n'y avait pas grand-chose à déduire, comme vous dites, sergent. Je me suis rendu compte que quelqu'un tenait absolument à nous envoyer au diable vauvert. Je m'étonnais en outre qu'une crise financière surgisse subitement concernant la construction du nouvel hôpital. Mais le lieu lui-même, le site des nouveaux troubles et des véritables ennuis, m'est venu à l'idée tandis que nous étions, Littlejohn et moi, coincés au milieu des voitures dans Princes Street. J'ai aperçu au carrefour plusieurs jeunes gens impatients de traverser la rue, les bras chargés de quelque chose qui m'a intrigué. Nous avons reconnu parmi eux des étudiants en médecine.

— Et portaient-ils ce que je crois ? demandai-je.

— Oui, c'étaient bien des rutabagas, pourris jusqu'au trognon, apparemment, répondit mon ami gentleman-farmer. Et ces jeunes gens étaient prêts à en découdre, n'est-ce pas, Littlejohn ?

— Leurs rutabagas n'étaient sûrement pas destinés au marché, ni à leur mère, répondit Littlejohn.

— Lorsque j'ai entendu l'un d'eux dire qu'ils allaient sans doute arriver trop tard pour "livrer bataille", je me suis souvenu que les étudiantes passaient un examen à Surgeons' Hall à trois heures, reprit Bell. Je ne savais pas si je devais venir ici ou me rendre directement à l'université, mais mon sixième sens m'a dit que le gros des forces de police se trouverait ici. Vous m'avez suivi, sergent Dundas ?

— Parfaitement, et je vais me rendre immédiatement à Surgeons' Hall, si c'est bien là que se trouvent les jeunes femmes. L'inspecteur McCabe sera furieux à son retour. Ward ! ajouta-t-il en se tournant vers un policier qui se tenait à côté de lui. Restez ici avec Locke. Tous les autres viendront avec moi. Dieu sait ce qui nous attend là-bas.

— Croyez-vous que notre présence serait bénéfique ? demanda Bell en se tournant vers nous.

— Allons-y ! répliqua Littlejohn, toujours partisan de l'action. Nous perdons un temps précieux. Prendrons-nous une voiture, ou bien…

— Allons-y plutôt à pied, dis-je en enfilant mon manteau. Après votre description des encombrements de Princes Street, et compte tenu qu'il pourrait y avoir foule devant Surgeons' Hall, la marche est de loin la meilleure solution. Vous êtes d'accord ? »

Bell et Littlejohn acquiescèrent, puis ce dernier demanda à la ronde si certains voulaient se joindre à nous.

« Plus on est nombreux, plus on est en sécurité », dit-il avec un rire nerveux.

Certains étaient prêts à risquer l'aventure ; d'autres s'opposaient à notre départ, estimant que nous nous inquiétions pour rien. Plusieurs paraissaient contrariés par la requête de Littlejohn. En définitive, seul David Masson décida de se joindre à nous.

« En avant, toute ! » dit Littlejohn en esquissant un faible sourire.

****

Je demande ici l'indulgence du lecteur, car les déplorables et vulgaires agissements dont Surgeons' Hall fut témoin en ce gris après-midi de novembre sont restés plus profondément gravés dans mon esprit que la moitié des événements qui ont marqué mon existence. Puisque j'avais été entraîné ailleurs sous un faux prétexte – comme beaucoup –, le récit que je vais en faire s'appuie sur une compilation ou, si vous préférez, un résumé, rédigé par l'une des sept étudiantes, Mrs Helen Evans, une jeune femme de trente-trois ou trente-quatre ans, aux cheveux prématurément blanchis. Nous nous interrogions souvent à son sujet : était-elle veuve, comme l'indomptable Mrs Thorne, ou bien divorcée, ou encore célibataire ? Elle gagnait sa vie comme bonne d'enfants, et était très liée à Sandy Russel. Parmi toutes les jeunes femmes, c'est aussi elle qui était le témoin le plus objectif, à mon sens.

Je quittai le bureau de Mr Russsel un peu après deux heures pour aller retrouver Sophia et Isabel, que j'avais promis d'accompagner à Surgeons' Hall. Je décidai de passer par South Bridge, afin de voir au passage s'il ne se tramait pas quelque chose à Surgeons' Hall. Je constatai qu'il y avait un peu plus de monde que d'habitude devant le bâtiment, mais chacun semblait vaquer à ses affaires. Je me souviens avoir vu une carriole à cheval chargée de légumes laissée sans surveillance, mais je n'y ai guère prêté attention.

Le ciel gris et lourd pulsait de froid. Un vent féroce venu du nord semblait jouer aux dominos avec quelques gros nuages, découvrant un ciel menaçant et bosselé qui ressemblait à une vieille planche à laver.

Je ne cessais de rajuster mon écharpe autour de mon cou en me dirigeant d'un pas pressé dans les rues glaciales en direction de Buccleuch Place. L'odeur oppressante du charbon était omniprésente et s'incrustait dans les poumons.

Sophia était sur le perron, criant aux autres de se dépêcher et de ne pas oublier leur parapluie. « Au cas où nous en aurions besoin pour nous protéger des œuvres de la Providence ou de celles de nos semblables », disait-elle. Elle m'aperçut et me fit un large sourire : « Vous avez pris votre parapluie ; c'est très bien, ma chère.

— Comment aurais-je pu l'oublier ? Vous m'avez pratiquement vaccinée avec vos sévères mises en garde.

— C'est parfait, Helen ; j'en suis très contente. Vous avez entendu cela, Edith ? Helen dit que je l'ai vaccinée avec mes mises en garde.

— Vous nous mettez en garde contre tout, Sophia, mais vous ne nous avez pas dit de prendre des aiguilles à chapeau, savez-vous ?

— J'y ai pensé, croyez-moi, mais je ne voulais pas disposer d'un avantage indu sur nos confrères masculins s'ils venaient à agir de manière inconsidérée.

— Inconsidérée ! lança sèchement Isabel, enveloppée dans son grand manteau militaire. Je ne sais si vous êtes naïve ou si vous cherchez à nous réconforter.

— Un peu des deux, sans doute, répliquai-je. Matilda et Emily nous rejoindront en route ?

— Oui, répondit Sophia. Mrs Kingsley, la chère âme, les attendra devant le poste de police de Fishmarket Close.

— Ah ! Mrs Kingsley sera donc fidèle à sa promesse de nous accompagner, dis-je. C'est très aimable de sa part. J'espère que l'endroit a été choisi parce qu'il était commode, et qu'il ne faut y voir aucune signification particulière ?

— Continuez à espérer, Helen. Le poste de police est en réalité un phare dans les ténèbres, un point de rencontre évident par les temps qui courent, répondit Sophia.

— On ne s'étonne guère que les Écossais aient été d'aussi formidables adversaires pour les Anglais au fil des siècles ; à vrai dire, se jeter à corps perdu dans la bataille serait une excellente façon d'oublier cet affreux climat hivernal, dit Isabel pour alléger un peu l'atmosphère.

— Mais nous sommes encore en automne ! rétorqua Edith en prenant un fort accent écossais.

— Dieu merci ! Qui sait ce que l'hiver nous réserve cette année ? » dit Sophia.

En arrivant dans Nicholson Street, nous aperçûmes Mary Anderson et la hélâmes.

« Ah ! Je suis contente que vous soyez là, dit-elle. Je viens de voir un jeune homme qui filait dans la rue, et je crois qu'il avait les bras chargés de fruits pourris. Il allait rejoindre ses amis là-bas. Vous les voyez à côté de la carriole ? Ils mijotent quelque chose, j'en suis sûre. Pas besoin de calendrier pour savoir que ce n'est pas jour de marché, aujourd'hui. »

Avant de pouvoir lui répondre, nous entendîmes derrière nous Mrs Kingsley qui nous appelait.

« Oh, comme je suis ravie que nous soyons toutes rassemblées, dit-elle en accentuant le dernier mot.

— Et je vous serai éternellement reconnaissante de ce "nous", dit Sophia.

— Votre groupe est la cible des ennuis qui nous attendent peut-être, mais c'est tout autant ma cause que la vôtre, répondit-elle. Ce devrait d'ailleurs être la cause de cette ville magnifique, la cause des gens sensés, mais lorsque… »

Elle laissa sa phrase en suspens. Nous approchions du Hall, et c'est alors que la foule nous aperçut. Car il y avait bien foule devant les immenses grilles du bâtiment, une marée humaine hurlant et grondant, qui commençait à se déverser dans Nicholson Street.

Les étudiants semblaient se tenir prêts à l'émeute, mêlés aux curieux et aux badauds, manifestement animés de mauvaises intentions. Des bouteilles de whisky passaient de main en main comme la manne au désert. Puis les étudiants qui se trouvaient près des grilles entonnèrent « John Brown's Body », tandis que d'autres, plus proches du bâtiment, se mettaient à chanter bruyamment « The Whale », une de leurs chansons favorites.

Soudain, deux ou trois d'entre eux se ruèrent sur la carriole et commencèrent à distribuer ce qui ressemblait à des fruits et légumes pourris.

Je sursautai en apercevant le propriétaire de la carriole. Il portait une longue gabardine noire usée, des bottes crevées et maculées de boue et une calotte qui ne cessait de glisser sur son crâne. Chose étonnante, on apercevait sous son manteau une sorte de gilet au bas duquel pendaient des cordons furieusement agités par le vent. Il s'agissait à l'évidence d'un des émigrés juifs qui avaient récemment fui les violences de leur Russie ou Pologne natale. Comprenant ce que les jeunes gens comptaient faire, il les implora de renoncer.

Un étudiant portant des gants d'ouvrier agricole le repoussa pour prendre des légumes dans la carriole. Un autre lui tendit une bouteille de whisky en lui disant de ne pas s'en mêler. Le vieil homme se cacha le visage dans les mains et se mit à se balancer d'avant en arrière, comme s'il priait avec ferveur. Le premier étudiant plongea la main dans un sac qu'il avait tiré de la carriole. « Mesdames, nous vous accueillons…

— Des dames, mon œil ! Des traînées, oui ! »

Une clameur s'éleva de la foule, mais le jeune homme ne se laissa pas intimider : « Mesdames, nous vous accueillons avec les célèbres fleurs d'Édimbourg, à l'arôme incomparable, hurla-t-il avant de nous lancer du crottin de cheval ramassé dans la rue.

— En avant, mesdames, ordonna Sophia. Ne flanchez pas. Les plus grands pleutres… » Elle se tut. « Mesdames, vos parapluies ; ouvrez vos parapluies immédiatement. »

Nous obéîmes, galvanisées, brandissant nos parapluies comme autant de bâtons de chef d'orchestre ; c'est alors que la foule menaçante commença à lancer des fruits et légumes pourris, de la boue, des immondices, pire encore.

Mrs Kingsley, agitant son parapluie sous le nez des meneurs, les menaça de les faire arrêter par des agents de police invisibles. C'est alors que j'aperçus le visage d'un petit garçon à côté du colporteur juif. Agrippé aux rênes du cheval, il sanglotait, les joues ruisselantes. Je vois encore ce visage tiré, perdu et horrifié. Ses yeux ressemblaient à deux grosses olives noires noyées de larmes.

Nous continuâmes à avancer sous la protection de nos parapluies. Nous approchions des immenses grilles lorsque plusieurs étudiants, jetant de côté leurs bouteilles, accoururent pour les fermer.

Ils nous adressèrent de bruyants ricanements, ravis de leur coup et, lorsque les grilles se refermèrent dans un grand bruit métallique, une clameur plus forte s'éleva de la foule qui, prenant notre parti, se mit à lancer des bouteilles en direction des voyous.

« Honte à vous ! Honte à vous ! » crièrent plusieurs voix.

Des étudiants irlandais qui assistaient au cours du Dr Handyside surgirent du bâtiment. Ils avaient une redoutable réputation lorsqu'ils avaient « un coup dans le nez ». Le jeune Sanderson avait pris leur tête. « Voilà une belle bande d'abrutis », beugla-t-il avec son fort accent, agitant au-dessus de sa tête la baguette à pointe de caoutchouc du Dr Handyside. Vous avez besoin d'être autant, des centaines, pour vous battre avec une demi-douzaine de femmes ? Fichez le camp ! »

Sur ce, il se dirigea avec ses compatriotes vers les massives grilles pour les ouvrir, à notre grand soulagement.

Angus se trouvait parmi eux. Il se précipita vers Mrs Kingsley et, tirant un immense mouchoir de sa poche, se mit à essuyer la boue qui maculait ses manches.

« Rentrez chez vous, rentrez chez vous, lança-t-il à la foule. Rentrez chez vous, bande de misérables lâches !

— Voilà qui est réconfortant, dit Sophia en nous poussant vers la porte ouverte du bâtiment, à présent gardée par quelques amis de Sanderson. L'homme se fiche de notre cause, mais il sait reconnaître la malfaisance.

— Ou du moins la renifler, lança Isabel. Cet œuf pourri sur ma manche dégage une odeur pestilentielle. »

Une bouteille de whisky vint se fracasser sur le sommet des grilles.

« On aurait dit l'assistant du Pr Christison – comment s'appelle-t-il ? Craig ? dit Mary. On sent son haleine jusqu'à Killiecrankie, comme dirait ma mère. Oh, comme j'aimerais leur dire ce que je pense d'eux, ajouta-t-elle en lançant un regard noir à ceux qui lançaient des huées derrière la grille.

— Non, Mary, non, dit Sophia d'une voix calme et posée. On ne ferait qu'apporter de l'eau au moulin de nos adversaires. Ne les imitons pas. Lequel ressemblait à l'assistant du Pr Christison ?

— Celui qui a jeté la bouteille. Il avait cette curieuse mèche…

— Mesdames, mesdames, rentrez vite, lança Handyside en faisant irruption sur le pas de la porte. Quelques-uns ont réussi à rentrer par l'arrière, et je crains… »

Au fond du couloir, nous aperçûmes trois jeunes gens qui accouraient vers nous. Ils s'arrêtèrent en voyant Sanderson et son équipe avancer vers eux.

« Laissez-les, laissez-les, fit le Dr Handyside d'une voix pressante. Plus de violence. »

Le groupe de Sanderson s'immobilisa.

« Quel besoin d'aller à l'école pour étudier les génitoires ? lança l'un des étudiants appuyé contre le mur du fond. On peut vous en montrer autant que vous voulez.

— Même une traînée ne s'abaisserait pas à faire les choses que vous faites, ricana un jeune étudiant, un mégot au coin des lèvres, découvrant ses crocs jaunis.

— Fichez le camp, fichez le camp, vous dis-je, bande de fieffés imbéciles, siffla le vieil Angus. Voilà ce qui arrive quand on habite les nouveaux quartiers et qu'on va dans ces belles écoles. Le mendiant le plus pauvre de cette ville a de meilleures manières que vous.

— Mais où est donc la police ? demanda Mrs Kingsley, tandis que le Dr Handyside nous pressait de rentrer dans l'immeuble.

— Jamais là quand on en a besoin, répondit l'un des acolytes de Sanderson. Il va falloir que vous vous débarrassiez de ces petits souvenirs quand vous serez à l'intérieur. »

Pertinente remarque, me dis-je. Si nous en réchappons, il nous en restera en effet bien des souvenirs de cette journée.

Nous nous hâtâmes de suivre le Dr Handyside dans la salle.

J'entendis quelqu'un prononcer le mot « garces ». L'un des intrus accourut vers nous, brandissant une bouteille, et bouscula Isabel, qui fermait la marche.

Elle n'eut pas le temps de se retourner pour lui faire face. Le jeune reporter, qui avait traversé la cour comme une flèche, surgit, hors d'haleine, et aggripa la manche du jeune homme. « Tu lances cette bouteille, mon gars, et je t'arrache le bras plus vite que le Dr Watson pourrait te l'amputer. Lâche-la. Excellent. Je suis fier de toi. Tu sembles avoir bien profité de ta belle éducation et de tes études. File par l'arrière. C'est là que tu trouveras tes amis. »

Puis il se dirigea vers Sophia et secoua tristement la tête en voyant ses vêtements maculés.

« Vous n'avez rien, Miss Jex-Blake ?

— Je ne sais trop comment nous en avons réchappé, mais je crois en effet que nous allons bien, Mr Ogilvie.

— Vous m'en voyez ravi, mais aussi furieux. J'ai honte du comportement de ce, de ces… »

Angus s'approcha par derrière et lui prit le bras.

« Je n'ai jamais beaucoup aimé ce que vous écrivez, dit-il en baissant les yeux ; je ne supporte pas vos élucubrations athées, mais je suis sacrément fier de vous – de ce que vous avez dit et de ce que vous avez fait.

— Je vous remercie, Mr McKenzie. J'apprécie votre compliment. Comme vous le voyez, les athées ne sont pas tous mauvais. Bon sang ! ajouta-t-il en portant la main à son oreille. Je ne m'étais pas rendu compte que je saignais. L'un de ces jeunes gens débordants d'énergie m'a sans doute égratigné l'oreille avec un navet qui ressemblait davantage à un pavé. C'est en me baissant pour le ramasser que je me suis rendu compte de sa grosseur.

— Si ça ne vous ennuie pas, docteur, j'ai l'habitude de soigner ce genre d'égratignures, dit Angus en adressant un sourire timide à Handyside. Je m'occupais des petits à la Royal Academy, autrefois, et comme vous faites cours à cette heure-ci…

— Oui, oui, bien entendu. Merci, Angus. C'est très aimable à vous.

— Pas du tout, docteur, pas du tout.

— Nous avons déjà interrompu votre cours bien trop longtemps, dit le jeune Ogilvie à Handyside. Mais avant d'aller interroger les badauds et les participants, j'aimerais savoir si je pourrais revenir parler à quelques étudiants dans un jour ou deux – quand la fumée se sera dissipée, en quelque sorte. Je me présente : je m'appelle Ogilvie, et je suis reporter au Scotsman. *»*

Tout le monde marmonna ce qui ressemblait à un acquiescement, puis Sophia décida de présenter Ogilvie et Mrs Kingsley dans les règles au Dr Handyside et aux élèves.

Le Dr Handyside nous demanda alors si nous souhaitions malgré tout passer l'examen. Son visage s'éclaira en entendant un retentissant « oui » collectif.

« C'est bien ce que je pensais, dit-il.

— Voyez-vous un inconvénient à ce que je reste ? demanda Mrs Kingsley. J'aimerais raccompagner ces dames lorsqu'elles en auront terminé.

— Aucun, Mrs Kingsley, répondit Handyside, à condition que...

— À condition que ?

— Que vous ne fournissiez à personne les réponses », dit-il en réprimant un sourire.

La petite porte dérobée, rarement utilisée, s'ouvrit soudain dans un courant d'air, et nous vîmes des mains pousser dans la pièce Mailie, la brebis apprivoisée qu'on laissait paître sur les maigres pelouses de l'école.

« Allez donc disséquer ça ! » hurlèrent plusieurs voix.

Le dernier intrus, celui qui avait fait entrer Mailie, trébucha lorsque l'animal fit un écart, et sa chaussure boueuse heurta la porte, qui se referma, les empêchant de ressortir. Trois d'entre eux se précipitèrent vers la porte du fond, qui était grande ouverte.

Angus, qui se trouvait tout près, un flacon de lotion à la main, vit arriver vers lui les trois hommes. D'un geste fluide, il posa le flacon sur un rebord de fenêtre, attrapa un balai et, alors que le dernier lascar passait à sa hauteur, lui lança le manche dans les jambes. L'homme tomba lourdement à terre en poussant un cri et termina par un soleil presque parfait sur le perron.

Brandissant le balai au-dessus de sa tête, Angus se lança à sa poursuite, mais le médecin et Ogilvie l'arrêtèrent.

« Non, Angus, je vous en prie, calmez-vous. Ce n'est pas bon pour votre santé, dit Handyside. Cette pauvre bête a bien plus de cervelle que ceux qui l'ont amenée ici. Vous nous avez démontré que vous saviez vous occuper des intrus ; allez donc soigner notre journaliste blessé.

— Je me charge du mouton, docteur Handyside, dit Ogilvie en saisissant une baguette caoutchoutée sur le tableau. Je connais bien ces animaux, et dès que Mr McKenzie aura fini de s'occuper de moi, cette baguette, aussi droite soit-elle, me servira de bâton de berger.

— Eh bien, je peux dire que vous avez tous deux brillamment réussi cette épreuve, dit Handyside. Quelle merveilleuse petite société nous formons, mesdames et messieurs, ajouta-t-il en regardant ses élèves. Nous avons notre Mr Jenny, notre noble concierge, qui soigne les blessés, et notre jeune journaliste et compagnon d'armes, qui se charge des moutons. Les voies de Dieu sont véritablement impénétrables.

— J'éviterais de le dire trop haut devant notre mécréant berger, docteur ; il pourrait lui venir l'idée de vous flanquer une taloche, dit Angus dans un clin d'œil.

— Dieu m'en préserve », répliqua Ogilvie.

Sans doute encore sous le coup de nos craintes après toutes ces émotions, nous éclatâmes tous de rire.

VIII

Une ville en ébullition

L'examen du Dr Handyside, mélange de théorie et de pratique, se déroula comme dans un brouillard, pour moi comme pour de nombreux élèves, hommes ou femmes, j'en suis sûre. Les étudiants semblaient divisés en trois camps. Certains étaient scandalisés par le tapage causé par leurs collègues ; d'autres, clairement en minorité, fort heureusement, s'étaient laissé convaincre par nos ennemis, mais se contentaient de manifester leur déplaisir en nous jetant des regards hostiles ou en nous évitant. Dans la première catégorie, quelques-uns avaient ressenti le besoin de prendre activement fait et cause pour nous.

J'estimais pour ma part que le Pr Handyside avait fait preuve de perspicacité et d'esprit tactique, si l'on peut dire, en demandant à quelques indécis de nous aider à nettoyer nos vêtements. Ils prenaient ainsi soudain conscience de ce qui s'était déroulé sous leurs yeux, et cela les rendait plus humains. Le Dr Handyside distribua les petites brosses utilisées pour se nettoyer les mains et les ongles avant les opérations, et ils les utilisèrent avec diligence sur notre première ligne de défense : nos parapluies.

*Naturellement, nous quittâmes le cours plus tard que d'habitude ce jour-là. On entendait toujours des voix et des cris au-delà des grilles, parfois même une clameur. Le D*r *Handyside signala la fin de l'examen et nous demanda de lui remettre nos feuillets, avant de nous dire qu'il serait peut-être plus prudent que les dames sortent par l'arrière du bâtiment.*

Sophia, qui enfilait son manteau, se retourna vivement vers lui.

« Oh, non, je vous en prie, docteur Handyside. Je suis sûre qu'il y a ici suffisamment de gentlemen pour nous protéger.

— Vous avez déjà tout prévu, je vois, dit le médecin.

— Non, monsieur, pas du tout. C'est mon instinct qui me le dit, et je suis convaincue que nous devrions partir comme nous sommes venues – à moins que mes camarades soient d'un autre avis. »

*À cet instant, je l'aurais sans doute volontiers suivie jusqu'à Balaklava, mais nous nous sentîmes malgré tout rassurées lorsque Mickey O'Holloran, chef provisoire de la « brigade irlandaise », se leva et nous dit, en remettant son examen au D*r *Handyside : « Bien sûr. Et ne vous inquiétez pas, mesdames. Mr Wilson rassemble déjà les troupes devant le bâtiment. Dès que vous serez prêtes. Si certains d'entre vous veulent nous accompagner, ajouta-t-il en regardant les élèves encore assis, retrouvez-nous dehors. »*

Le jeune homme ne quittait pas du regard Edith Pechey, et c'est elle qui le remercia de son geste.

Il ouvrit la porte d'accès au bâtiment. C'était apparemment le signal que la foule attendait. Elle semblait s'être considérablement éclaircie ; les curieux s'étaient désintéressés de l'affaire et s'étaient mis à l'abri du froid.

Hoggan et Sanderson, deux des chefs irlandais, avaient pris la tête d'un formidable groupe d'étudiants appartenant pour la plupart à la brigade. La foule avait agrippé les grilles et les secouait, tentant de les arracher.

« Je vais ouvrir les grilles, annonça Angus. Je prends mon bâton, on ne sait jamais, mais ils cherchent juste à nous intimider. »

Il ouvrit la marche, agitant son bâton et une énorme clé en direction de la foule. Quelqu'un nous fit tous sursauter en jaillissant de l'obscurité pour prendre le bras de Mrs Kingsley. C'était Wilson, l'ami d'O'Holloran.

« Suivez-moi, mesdames. Vous n'avez rien à craindre, hormis les immondices qui jonchent le sol. Faites attention où vous mettez les pieds. »

La plupart de ceux qui se trouvaient derrière les grilles avaient lâché leurs bouteilles, qui gisaient par dizaines sur la pelouse et dans la rue. L'air était rempli de fumée, donnant l'impression que nos opposants avaient opté pour une nouvelle tactique.

Ils étaient environ trente ou quarante à nous ouvrir le chemin. Plusieurs femmes nous huèrent lorsque nous atteignîmes la rue, et Wilson nous cria qu'il était navré de constater qu'elle n'avait pas été balayée.

« Jeune homme, j'ai longtemps craint pour ma tête cet après-midi, et je suis ravie de n'avoir à présent à me préoccuper que de la saleté sous nos pieds, dit Mrs Kingsley.

— Je suis désolé, madame, répondit Wilson d'une voix défaillante. Je me présente : Wilson, Robert Wilson.

— Mr Wilson, vous n'avez en rien à vous excuser. Si l'on décernait aujourd'hui des médailles, vous mériteriez, vous et votre valeureux petit groupe, d'en recevoir la plus grande part. Je suis Mrs Kingsley.

— La journaliste ? J'ai lu vos articles sur ce qui se passait ici. Ils sont excellents.

— Vous êtes vraiment la journaliste ? demanda Mickey O'Holloran. Vous écrivez très bien, même si j'ai souvent dit que votre plume ressemblait plutôt à une massue.

— Je vous remercie. C'est l'un des plus beaux compliments… Il s'agit bien d'un compliment, n'est-ce pas ?

— Bien entendu. Oui, madame. »

Nous avançions d'un pas pressé dans la rue lorsqu'une harpie coiffée d'un chapeau informe et délavé nous barra la route, et tapota la poitrine d'O'Holloran d'un doigt noueux.

« Regardez-vous. Regardez-vous donc un peu », lança-t-elle.

Au même moment, nous vîmes deux des assistants de troisième année se précipiter vers nous : le jeune Caird et son ami Doyle, qui avaient accouru dès qu'ils avaient entendu parler de l'émeute. O'Holloran leur jeta un regard soupçonneux, puis Edith, consciente de l'ascendant qu'elle avait sur lui, l'assura que les deux jeunes gens étaient de leur côté.

Doyle s'interposa alors entre O'Holloran et la femme, à la plus grande irritation de cette dernière, puis s'enquit avec son ami Caird de notre santé, avant de nous bombarder de questions sur l'incident.

La femme fit un pas de côté pour taper sur l'épaule de notre vaillant protecteur irlandais.

« Recommencez ça, ma bonne dame, et je vous arrache votre misérable doigt d'un coup de dents. Essayez un peu pour voir.

— Hé ! C'est un de ces cinglés ! » hurla-t-elle.

Elle se tourna vers l'homme qui l'accompagnait, et qui avait l'air d'avoir un peu trop profité des bouteilles distribuées parmi les étudiants.

« Tu sais, elles ne feraient jamais ce qu'elles font si elles avaient réussi à trouver un mari », ricana-t-elle en indiquant les femmes du groupe.

— Ah, là, je suis pas d'accord, répondit son ami. Il y a de belles filles dans le lot. »

Mary Anderson s'approcha rapidement de la femme, la prit par les épaules et la secoua puis, approchant son visage tout près du sien, lança sèchement :

« Aggie Rogers, rentre chez toi. Tu as fait de ton mieux pour mettre la pagaille et boire tout ce qu'on te donnait, et tu vas attraper la mort avec ce chandail, qui aurait bien besoin d'un peu plus de laine. D'ailleurs, la police arrive de Cowgate. »

Nous lui jetâmes un regard interrogateur en entendant cette nouvelle. Mary leva les yeux au ciel avec un sourire en coin.

La harpie avait les yeux rougis par l'alcool. Elle dévisagea cette femme qui semblait la connaître.

« Ah, mais c'est Mary. Mary, j'avais complètement oublié… »

Entre-temps, les deux jeunes assistants de médecine avaient réussi à convaincre des amis de la vieille femme de la raccompagner chez elle.

« On s'en va, Aggie, fit une femme vêtue d'un pauvre manteau élimé. Tu as les dents qui claquent. D'ailleurs, tu as fait tout ce que tu pouvais, parole d'honneur.

— D'accord, d'accord, marmonna notre amie Agnes. Je m'en vais, je m'en vais. Je veux pas que la police… »

Elle s'interrompit et jeta un regard aigu à Mary Anderson.

« Si tes sœurs étaient ici, elles me donneraient un pichet de vin, tu sais.

— Elles te donneraient plutôt une bonne gifle, après le rôle que tu as joué dans toute cette agitation, répliqua Mary ; mais

prends ça, au nom du bon vieux temps, ajouta-t-elle en lui mettant quelques pièces dans la main.

— Merci bien ; t'es pas une mauvaise fille, malgré tes études. Rappelle-toi que je t'ai connue petite morveuse, quand ta mère faisait des lessives pour gagner sa vie.

— Tu sais toujours trouver les mots qu'il faut, Aggie. Rentre chez toi, maintenant.

— Hé ! Tu ne pensais pas tomber sur moi aujourd'hui, hein ? Et comment va la petite famille ? » cria la vieille avant de s'effondrer dans les bras de ses amis.

Au même moment, deux ou trois jeunes gens sortirent en courant du pub Buchanan et se mirent à nous jeter des fruits pourris. Deux des camarades d'O'Holloran, sortant de leurs poches des navets qu'ils avaient confisqués, se lancèrent à leur poursuite.

« Pour l'amour du ciel, Hoggan, rattrape-les. C'est leur première soirée de sortie, et ils vont vouloir se distinguer. La prochaine fois, ils atteindront un agent, si jamais la police arrive ici.

— Tu t'es déjà trouvé dans ce genre de situation ? demanda Doyle.

— Mon garçon, quand on est irlandais et qu'on est loin de sa terre et de son whiskey, on doit faire attention à soi.

— Je me targue d'être irlandais, et je n'ai jamais eu ce genre d'ennuis, répondit doucement Doyle.

— Tu es un drôle d'Irlandais, alors », répliqua O'Holloran.

Les deux hommes se dévisagèrent froidement.

« En ce qui me concerne, j'ai l'avantage d'être né ici, dit Doyle ; ce qui ne m'a pas empêché d'entendre toutes sortes de choses sur le pape et les papistes dans mon enfance.

— Tu me plais, mon gars, répondit O'Holloran dans un large sourire. Tu n'as pas eu peur de me tenir tête. La plupart des gens sont intimidés par ma taille et ma voix. Pas toi.

— On peut les comprendre, répondit Doyle en riant. Tu es en première année, alors ?

— Oui.

— Tu fais partie de l'équipe ?

— Si tu me demandes si j'aime enfiler les gants, la réponse est oui, mais je n'ai pas eu beaucoup de temps pour ce genre de chose jusqu'ici.

— Il faudra que je te présente Wolff, l'Américain. Tu le connais ?

— Il se défend sur le ring, hein ?

— Il est souple comme une danseuse et cogne avec la force d'un cheval ; mais nous sommes presque arrivés à Buccleuch Place, et nous ferions mieux de songer à trouver un moyen de protéger… »

Tout le monde étouffa un cri en voyant déboucher derrière l'épicerie au coin de Bucchleuch Street un sergent accompagné d'une phalange de policiers.

« Je crois que vous pouvez nous laisser veiller à la sécurité de ces dames, maintenant, dit le sergent Dundas en se présentant. Est-ce que tout va bien ?

— Maintenant, tout va bien, comme vous dites, sergent Dundas. Mais où diable étiez-vous à trois heures, quand nous avions besoin de vous ? lança Mrs Kingsley, les lèvres serrées.

— C'est une longue histoire, Mrs…

— Mrs Kingsley, rédactrice en chef de la Daily Review, *lança-t-elle sèchement.*

— C'est une très longue histoire, Mrs Kingsley, dit le sergent en levant les yeux au ciel. Et je suis sûr que vous avez beaucoup

de choses à me raconter. Aujourd'hui, quelqu'un nous a joué une jolie farce, quelqu'un qui doit maintenant se croire très malin.

— Où est l'inspecteur McCabe, Sergent ?

— Malheureusement, c'est aussi une longue histoire, madame. L'inspecteur est probablement sur le chemin de retour de Glasgow.

— Glasgow ! s'écria Mrs Kingsley. Mais que diable va-t-il, allait-il…

— Si vous voulez bien m'excuser un instant, Mrs Kingsley. Laquelle d'entre vous est Helen Evans ?

— C'est moi, sergent, répondis-je.

— Mr Russel – du Scotsman – m'a chargé de vous dire qu'il n'allait pas tarder, et qu'il ferait de son mieux pour tout vous expliquer, mesdames. Entre-temps, je vais laisser quelques hommes ici, et j'irai avec les autres patrouiller du côté de Surgeons' Hall. On nous a dit qu'une bande d'ivrognes faisait encore du grabuge là-bas. Je dirai à l'inspecteur McCabe de venir vous voir dès que possible, Mrs Kingsley, mesdames… messieurs. »

Il tournait les talons lorsque quelqu'un se mit à crier dans notre direction en agitant un parapluie. C'était le Pr Masson, accompagné du Dr Littlejohn et du Dr Bell.

« Je suis sûr que ces trois messieurs pourront vous renseigner avant l'arrivée de Mr Russel, dit le sergent avant de s'éloigner avec le gros de ses troupes.

« Ah, je suis ravi de constater que ces jeunes dames n'ont pas été molestées, dit notre plus ancien partisan, le doux Pr Masson.

— Mon cher Masson, je vous suggère d'examiner les taches qui maculent les vêtements de ces dames, dit Bell. Je dirais que ce sont les restes d'une tomate trop mûre que l'on aperçoit sur le parapluie de Miss Jex-Blake. J'imagine que vous vous êtes lancée

dans la bataille sous le couvert de vos parapluies, comme Achille et son bouclier devant Troie ? »

Sophia hocha la tête.

« C'était votre idée ? » demanda le Dʳ Bell

Elle acquiesça une nouvelle fois.

« Vous avez été menées par un excellent général, mesdames.

— Bon sang ! s'écria le Pʳ Masson à bout de souffle. Nous avons fait de notre mieux pour suivre les policiers jusqu'ici, mais ils ont été trop rapides pour nous. »

Il s'empressa ensuite autour de nous comme une mère poule, et nous le rassurâmes. L'expérience avait été effrayante, et nos nerfs avaient été mis à rude épreuve, mais le calvaire s'était résumé à une courte série d'incidents, quoique violents.

« Je crois que nous devrions laisser ces dames se retirer, dit le Dʳ Littlejohn. Vous n'avez sans doute pas encore pleinement pris conscience de ce qui vous est arrivé cet après-midi. Mon collègue et moi-même avons très envie de savoir ce qui s'est passé. C'est une belle tache sur le blason de cette ville, si vous voulez mon avis.

— Et rien n'aurait pu retourner aussi vite l'opinion populaire à l'égard de femmes qui cherchent simplement à suivre les mêmes cours que les hommes pour devenir médecins, dit Mrs Kingsley.

— Vous allez trop vite en besogne, dit le Dʳ Watson. Ne sous-estimez pas le pouvoir et l'influence des ennemis de votre cause. Et si cela ne suffisait pas, ils ont de leur côté le grand talisman de la tradition.

— Vous avez raison, Littlejohn, dit le Dʳ Bell. Ce jour est à marquer d'une pierre noire dans les annales de notre ville ; mais il y a eu tant de violence, de manigances et de chicanes au cours des dernières vingt-quatre heures que j'aimerais beaucoup vous

voir demain, mesdames, si cela vous convient. Comme l'a dit le Dr Littlejohn, nous souhaitons vivement avoir le récit détaillé de ce qui s'est passé aujourd'hui. »

Nous remerciâmes les membres de la brigade irlandaise. En partant, O'Holloran lança une phrase qui restera éternellement gravée dans ma mémoire : « Une vie ne vaut pas grand-chose, mais tous les Irlandais présents donneraient volontiers la leur afin de vous protéger. »

Ils nous saluèrent d'un hourrah lorsque nous atteignîmes la porte de l'appartement de Sophia.

****

Ainsi s'achevait le récit d'Helen Evans, qui dressait un tableau bien plus personnel que je n'aurais pu le faire.

Le lendemain matin, un samedi, je trouvai en descendant déjeuner une note de Joe Bell qui agrémenta mon café matinal : « Watson, le jeune Doyle n'est pas resté inactif. Hier soir et ce matin, il a délivré des messages à l'inspecteur McCabe, à Handyside, Littlejohn, au Pr Masson, à Angus, ainsi qu'au 15, Buccleuch Place et au siège de la *Review* ; c'est-à-dire, comme vous l'aurez compris, aux victimes ou témoins de la mauvaise plaisanterie qu'on nous a jouée et de l'émeute – c'est ainsi qu'on l'appelle – qui visait les étudiantes. J'ai déjà informé l'inspecteur de mes intentions, et il m'a donné son accord. Il compte mener une enquête détaillée de son côté.

Je souhaite que cette réunion se déroule au grand jour, et j'aimerais donc que vous me rejoigniez tous cet après-midi, à treize heures, dans mon bureau, près du bâtiment des consultations à l'hôpital. Aucune réponse requise si vous comptez être là. »

J'étais heureux de voir que mon collègue avait décidé de se mêler à la « lutte », comme disaient les étudiantes. Je savais qu'il n'était pas facile pour lui, ni pour Littlejohn, de se faire à l'idée d'admettre des femmes à l'école de médecine d'Édimbourg. Bell était issu de trois générations de médecins de la ville, ce qui l'inscrivait pleinement dans les vieilles traditions éculées. Quant à Littlejohn, il faisait partie de ces praticiens préoccupés par la future carrière médicale de leurs fils. Fort heureusement, me disais-je, Joe Bell était un véritable bouledogue lorsqu'il s'agissait de découvrir la vérité, et qu'il se sentait provoqué.

Fait inhabituel pour un samedi, je devais pratiquer une intervention à dix heures trente, ce qui me laissait tout juste le temps de me rendre à la réunion de Bell. Ma femme interrompit mes réflexions.

« Mmm, regarde un peu ça, mon chéri. Non, non, finis ton café. Je vais te le lire, si tu veux bien. »

Elle avait la curieuse habitude de vouloir tout me lire à haute voix, comme si je n'en avais pas encore maîtrisé l'art.

« C'est une lettre adressée au *Scotsman* par l'un des étudiants, et très bien écrite, je trouve :

> Monsieur,
>
> Un certain nombre d'étudiants en médecine font tout ce qui est en leur pouvoir pour rendre le terme « étudiant en médecine » synonyme de lâche et d'indigne. Il est impératif que ceux qui souhaitent se comporter en hommes, à titre collectif ou individuel, expriment ouvertement et le plus fermement possible leur révolte devant les agissements honteux des opposants à l'entrée de femmes à l'école de médecine d'Édimbourg. En tant qu'étudiant en médecine, et au nom de tout ce qui est noble et courtois, je m'insurge avec la plus grande indignation contre la scène qui s'est déroulée vendredi soir à Surgeons' Hall.
>
> Les exaltés qui bousculent et huent les femmes dans les rues et usent de la force physique pour leur fermer les grilles de l'université sont-ils les seuls à blâmer ? Ou bien doit-on voir dans leur conduite l'influence de la salle de cours, où leurs respectés profes-

seurs tirent parti de leur position d'enseignant pour déclencher leurs rires et leurs applaudissements, éveiller leur jalousie et leur hostilité en lançant de viles insinuations aux étudiantes ? Si l'on autorise ce type de comportement chez les professeurs, je plains l'école dont les enseignants se prétendent philanthropes, ou font preuve d'agressivité pour dissimuler leur lâcheté, et dont les étudiants envahissent l'enceinte de l'université pour huer, harceler et couvrir de boue, voire frapper des femmes qui se sont toujours conduites posément et avec noblesse.

Le bruit court que les étudiants en chirurgie ont été les instigateurs et les principaux acteurs de ce scandaleux épisode. Les faits démontrent le contraire. Certes, la majorité d'entre eux se sont conduits de manière méprisable, non pas parce que les jeunes femmes les avaient provoqués par une parole ou un regard, mais parce qu'ils craignaient d'être devancés par elles dans la course aux honneurs. Ils ont ainsi décidé de mettre un terme à leur rivalité en recourant à la force brute.

Comment doit-on aborder la question délicate de l'éducation des femmes ? Sera-t-elle réglée en poursuivant ces violentes manifestations, ou en demandant aux femmes de se retirer ? Ces deux options sont, l'une comme l'autre, presque assurément vouées à l'échec.

« Qu'est-ce que tu en dis ? »

J'étais partagé entre l'admiration et la révulsion. Admiration pour l'auteur de la lettre, et révulsion pour ce que cet étudiant avait dévoilé sur les membres de notre faculté – ou du moins l'un d'entre eux.

« Je suis consterné, balbutiai-je, m'étouffant à demi en avalant une tranche de bacon.

— La lettre te déplaît ? J'ai trouvé qu'elle montrait…

— Non, non ! Elle m'a beaucoup touché. C'est tout à fait le genre de chose que le jeune Doyle pourrait écrire. Bell dit qu'il est le dernier preux chevalier. Mais je suis écœuré par ce qu'elle révèle sur la conduite de…

— De certains de tes collègues ? C'est ce que tu allais dire ? Tu as de la nourriture sur le menton, mon chéri.

— Oui, c'est exactement ce que j'allais dire. Merci, ma chérie », ajoutai-je en prenant la serviette qu'elle me tendait, et que j'avais laissée tomber dans mon agitation.

Je me levai et me mis à arpenter la pièce.

« Cesse de tourner en rond, me dit ma femme. Cela ne sert à rien. J'ai demandé à Mary de dire à Benjamin d'avancer la voiture. Tu n'iras pas à pied à l'hôpital aujourd'hui. C'est peut-être excellent pour la forme, mais tu es sûr d'attraper une fluxion de poitrine avec ce temps.

— Combien de fois t'ai-je dit…

— Que le terme a disparu avec le dodo ? Je sais, mon chéri, tu me l'as sans doute dit…

— Mille fois au moins, la coupai-je en riant. Tu voulais juste savoir si j'écoutais. Bravo. Je commençais à m'inquiéter.

— Tu commençais seulement ?

— Bon sang, Margaret, pourquoi des médecins, des enseignants, des chirurgiens compétents, talentueux même, poussent-ils à ce genre d'agissements ? Wood et Littlejohn se préoccupent de la future carrière médicale de leurs fils, de leurs revenus, que sais-je. Je peux le comprendre, jusqu'à un certain point. Mais ceux qui nourrissent le mécontentement, qui encouragent ces comportements incendiaires, que penser d'eux ? Les coupables ne semblent pas se soucier des innocentes victimes et des dégâts qu'ils créent. Car il y a bien eu du dégât à Surgeons' Hall hier, si j'en crois les bruits qui courent.

— Les femmes ont été blessées ?

— Non, fort heureusement. Mais je n'ai pu échanger que quelques mots avec elles après l'incident. Leurs parapluies ont en revanche beaucoup souffert. Des étudiants et des habitants de cette ville leur ont lancé des crachats, des immondices et des insultes. On les a aspergées de boue, de fruits et de légumes pourris, ainsi que de navets durs comme la pierre, paraît-il. Je rougis à l'idée de te parler du reste, ma chérie.

— Patrick, tu es fils de pasteur. Tu as grandi dans la maison d'un homme du clergé. Mon père a côtoyé toute sa vie des garçons d'écurie et des valets. Je doute que quoi que ce soit qui sort de la rue ou de l'étable puisse encore me choquer. Après tout, n'est-ce pas ce que tu reproches à certains de tes collègues ? Qu'ils veuillent s'instaurer juge et juré lorsqu'il s'agit de déterminer ce qui pourrait choquer les dames ? Et que viennent faire ici ces parapluies ? »

Je secouai la tête en agitant la main devant son joli visage perplexe.

« Je me rends, je me rends. Bravo ! Tu m'as remis les pieds sur terre. Tu as raison. J'utilisais la même logique qu'eux. *Mea culpa*. Bell, qui tire sans doute cette conclusion de l'observation de ses propres filles, affirme que les femmes ont autant de cervelle que les hommes. Mais il craint qu'elles ne soient trop fragiles, trop sensibles. Après une journée passée avec elles à Cowgate, j'ai cessé de m'inquiéter de leur fragilité. Quant à leur intelligence, je dirais qu'Edith Pechey vaut mieux que quatre-vingt-dix pour cent des étudiants de ma connaissance. Réflexion faite, peut-être même quatre-vingt-quinze pour cent. Laisse-moi te dire…

— Non, c'est à moi de parler. Ce n'est pas grâce à elle que tu seras à l'heure à l'hôpital. Benjamin est là avec la voiture. Sais-tu à quelle heure tu seras de retour ?

— Dieu seul le sait, ma chérie. Et, de la manière dont s'annonce cette journée, Il doit lui-même s'interroger, dis-je en riant et en la prenant dans mes bras. À propos, Charles voulait avoir une discussion sérieuse avec moi ; ce sont ses propres paroles. Dis-lui qu'on se verra ce soir. »

Notre fils Charles, âgé de treize ans, avait déjà décidé de devenir médecin. Les paroles d'Ogilvie sur le népotisme lors de la réunion de Sandy me revinrent en mémoire. Jusqu'ici, je n'avais rien à me reprocher.

Benjamin, notre cocher, avait la carrure d'un cheval de trait, mais le tempérament d'un chaton, et voulait sans cesse m'aider à monter dans la voiture. Je m'installai avant qu'il ait le temps de venir vers moi.

« L'hôpital, monsieur ?

— Oui, Benjamin. »

Étant donné sa taille, on ne pouvait guère l'appeler « Ben ». Je me retournai vers ma femme tandis que Benjamin s'installait sur son siège.

« Elles les ont utilisés en guise de boucliers, comme les Grecs de l'Antiquité, lui criai-je alors que la voiture démarrait.

— Qui a utilisé quoi ? demanda-t-elle, l'air perplexe.

— Les jeunes femmes – leurs parapluies. »

Son front se dérida et elle me fit un large sourire.

Certains services s'étaient déjà installés dans quelques somptueux pavillons dont la construction venait de s'achever à Lauriston Place, et le vieux site d'Infirmary Street avait subi bien des changements. Personne n'utilisait plus la belle porte cochère donnant sur la rue. Tout le monde – médecins, étudiants, patients, et même les livreurs de charbon – empruntait la petite porte de côté.

Le vieil hôpital n'avait rien d'impressionnant. Il s'était installé dans les locaux du vénérable lycée d'Édimbourg, transféré dans le magnifique temple grec de Calton Hill. Pour s'y rendre, on descendait la pente d'Infirmary Street, avant de traverser un terrain vague parsemé de vieux lits en fer et de matelas éventrés. L'ancien bâtiment du lycée possédait une entrée principale, empruntée par la plupart des voitures des chirurgiens et des professeurs de médecine. Dans un angle sombre et étroit du rez-de-chaussée de ce qu'on appelait alors le « nouvel hôpital », se trouvait une autre porte donnant sur les salles d'attente du département de chirurgie et sur un escalier donnant accès aux salles de soins et au petit bloc opératoire.

Le grand professeur et chirurgien James Syme avait créé un petit cabinet de consultation à côté de la salle d'opérations, et c'est à Joe Bell, son protégé, que revenait le soin de compléter le projet, auquel il apportait tous ses soins.

Alors que nous arrivions, je vis sortir la voiture de Bell. On ne pouvait se méprendre sur ses deux beaux chevaux bais, Major et Minor.

Tout se déroula sans complications à l'hôpital. Annandale m'assista tandis que je procédais à l'ablation du larynx d'un mineur d'Aberdeen, un homme à l'air lugubre dont le pronostic l'était encore plus. Plusieurs de mes collègues tentèrent sans en avoir l'air de me tirer les vers du nez à propos de l'émeute. Fort heureusement, il y avait peu de monde à cette heure-là, et j'étais ravi de pouvoir dire que je savais bien peu de choses sur l'incident, me trouvant à cette heure-là à la réunion convoquée à la Heriot School (la nouvelle de la supercherie avait déjà circulé dans les couloirs de l'hôpital). Je ne sais laquelle de ces nouvelles éveilla le plus d'intérêt chez ceux présents.

****

Tout le monde arriva à l'heure à la réunion organisée par Bell, et nous dûmes nous installer dans l'antichambre de la salle de consultation au lieu de son bureau. J'aperçus d'abord McCabe, et nous échangeâmes un salut de la tête. Je voyais qu'il aurait du mal à dire ce qu'il avait sur le cœur.

« Comment va votre… »

Il m'interrompit d'un geste de la main.

« Le Dr Bell souhaite que nous gardions le silence jusqu'à ce que tout le monde soit là, et ce conseil me paraît excellent. Croyez-moi, je préférerais ne pas répéter ce que j'ai à dire. »

La santé de sa mère n'était apparemment pas son principal souci. Il semblait avoir d'autres sujets de préoccupation.

Angus McKenzie, qui croyait dur comme fer à ses récriminations contre l'oisiveté, mère de tous les vices, nettoyait la salle avec un gros balai. Il me fit un signe de la tête, avant de se tourner vers ceux qui étaient déjà assis.

Toutes les étudiantes étaient là, et Mary Anderson nous informa que Mrs Kingsley serait un peu en retard.

Sandy Russel était au premier rang, parlant à Bell. Assis devant les jeunes femmes se trouvaient Handyside, Littlejohn et David Masson, plongés dans une conversation animée. L'inspecteur McCabe fit signe à Bell que je venais d'arriver.

« Ah, Watson ! Heureux que vous ayez pu venir, me lança mon collègue. Nous sommes au complet. »

Il pencha la tête vers le mur ouest, en direction de la salle d'opération que je venais de quitter, et me regarda en haussant les sourcils. Je hochai la tête. Nous nous connaissions bien, car nous collaborions depuis de longues années. Il me demandait comment s'était déroulée l'opération.

« Mesdames, messieurs, comme je vous l'ai dit dans mon message, toutes les personnes présentes ont joué un curieux rôle dans l'événement – les événements, devrais-je dire, qui se sont déroulés hier, commença Bell. J'ai demandé à l'inspecteur McCabe s'il voulait bien présider cette petite réunion, mais il a insisté pour que je prenne la parole en premier. Il nous parlera ensuite des infractions commises et de son enquête. Angus, mon bon, venez donc vous asseoir parmi nous.

« Hier, certains d'entre nous ont été les acteurs involontaires ou les victimes d'un joli coup monté – tout le monde l'aura compris – destiné à envoyer à la Heriot School ou ailleurs ceux considérés comme favorables à la cause de ces jeunes femmes, même si, après mûre réflexion, je ne me souviens pas que nous ayons, le Dr Littlejohn et moi-même, fait connaître notre position sur la question. Les comploteurs, comme je les appelle, ont également convaincu l'inspecteur McCabe qu'il devait se rendre au chevet de sa mère, et un grand nombre d'agents de police que quelque chose se tramait, mais pas à Surgeons' Hall. Ai-je correctement décrit la situation ? Quelqu'un a-t-il quelque chose à ajouter ?

— Que voulez-vous dire par "ailleurs" ? demanda Edith Pechey.

— Vous pensez que c'est l'auteur des lettres qui… ? lança Isabel Thorne.

— Une question à la fois, je vous prie, dit Bell en levant les mains et en esquissant son fameux sourire. Tout d'abord, on nous a envoyés à Granton, le Dr Littlejohn et moi-même, et le jeune Ogilvie m'a informé que le Lord Provost avait reçu mercredi deux billets pour un concert exceptionnel qui se donnait vendredi. Il m'a également appris qu'il avait, en fouinant à droite et à gauche – son expression –, découvert d'autres détails sur l'émeute. Je l'ai donc invité à se joindre à nous. Il sera là dès qu'il aura vu le Lord Provost.

— J'ignorais que le Lord Provost était amateur de musique, dit le Pr Masson.

— Je me demande ce qu'Ogilvie a pu découvrir, renchérit Handyside.

— Si je ne m'abuse, ces pas pressés que j'entends dans le couloir et le claquement de ces rudes semelles de cuir annoncent son arrivée, dit Bell en allant ouvrir la porte.

— Pardonnez mon retard, docteur Bell, dit Ogilvie, car c'était bien lui. Ce n'est pas le Lord Provost qui m'a retenu. Je croyais bien connaître cet endroit, mais je me suis perdu. »

Bell lui dit qu'il était tout excusé, et lui demanda s'il connaissait tout le monde. Le jeune homme répondit qu'il suivait des cours avec les jeunes femmes, mais qu'il connaissait à peine Miss Bovell et Miss Chaplin. Il avait une étonnante mémoire des noms.

« Puis-je commencer par Mr Ogilvie, inspecteur ? demanda Bell.

— Bien entendu. Pourquoi cette question ?

— J'ai senti une légère hésitation dans sa voix, et je me suis dit qu'il vous avait peut-être déjà parlé.

— Vous êtes un homme étonnant, docteur Bell.

— Quoi qu'il en soit, j'ai eu raison de l'inviter ?

— Nous n'allons pas dévoiler des secrets d'État, répondit l'inspecteur en riant, et j'ai cru comprendre que quelqu'un avait déjà fourni ces informations au *Scotsman*. Mr Ogilvie, vous avez la parole.

— Vous voulez que je vous dise ce que j'ai appris sur l'émeute ? demanda Ogilvie, un peu interloqué.

— S'il vous plaît, dit Bell. Et vous pourriez aussi nous parler de ce concert, s'il s'agissait bien d'un concert.

— Ah, ça aussi. Bien. J'ai tout d'abord appris qu'un document avait été distribué dans le cours de chimie du Pr Crum Brown à deux reprises la semaine dernière. Il invitait les étudiants à une petite bamboula vendredi après-midi, au moment où les étudiantes devaient passer l'examen du Dr Handyside. En outre, de très bonne heure ce matin, on a apporté un message, qui se trouve sans doute maintenant dans la poche de l'habile gentleman assis là-bas, dit-il en indiquant Sandy Russel.

— Et moi qui croyais lui avoir appris tout ce qu'il sait, dit Sandy en riant.

— Ah, j'ai été à bonne école – la meilleure –, répliqua Ogilvie. Vous vouliez aussi que je vous parle du concert ? interrogea-t-il en se tournant vers Bell, qui hocha la tête. Le Lord Provost a reçu mercredi deux billets pour un concert exceptionnel donné en matinée le vendredi au Masonic Hall. Ils ont été remis par messager à sa secrétaire. Je l'ai retrouvé, et ni lui ni ses employeurs ne connaissent l'identité de ce bienfaiteur.

— Le professeur nous a dit que le Lord Provost n'était pas un grand amateur de musique, dit l'inspecteur. Qu'est-ce qui l'a attiré à Masonic Hall ?

— Bonne question, répondit Ogilvie d'une voix traînante. Je n'ai pas encore eu le temps de vérifier le programme dans notre journal, mais vous pouvez…

— C'était le dernier récital de piano-forte de la saison donné par Mr Charles Halle, accompagné par la grande Wilma Norman-Neruda au violon, lança Sandy en s'efforçant de garder un air nonchalant.

— Ah, vous avez donc vérifié le programme, dit Ogilvie.

— Pas du tout ! répliqua sèchement Sandy. J'y étais. Pourquoi donc vous aurais-je demandé, à vous et à Mrs Evans, de couvrir d'importants événements vendredi ? Le vieux cheval n'est pas encore prêt à jeter l'éponge, si je peux me permettre de mêler les métaphores. Quant au programme, ils ont joué la très belle sonate en sol pour pianoforte et violon du jeune compositeur norvégien Grieg. Ils ont aussi joué la deuxième sonate en ré mineur de Schumann. J'ai dû partir avant la fin, et je le regrette. Mme Neruda devait conclure par le *Trillo del Diavolo* de Tartini, selon le programme. Avez-vous besoin d'autres renseignements ?

— Le prix de votre billet, peut-être ? dit Littlejohn en riant.

— J'avais choisi une place au premier rang de la galerie, au lieu d'une place d'orchestre, car, voyez-vous, j'ai moi-même payé mon billet.

— Voilà qui répond à la plupart de mes questions, dit Bell. Inspecteur, c'est à vous.

— Quant à moi, quelqu'un s'est arrangé pour envoyer un télégramme de Whitburn, le village où vit ma mère, dit l'inspecteur. Elle est gravement malade, et je n'avais aucune raison de croire qu'il s'agissait d'un coup monté. Je n'ai pas répandu la nouvelle autour de moi, mais, à l'évidence, trop de personnes connaissaient l'état de santé de ma mère. Deux des jeunes gens qui ont servi d'escorte après l'examen – des membres de la brigade irlandaise, m'a-t-on dit – ont été légèrement blessés hier soir. »

La nouvelle choqua tout le monde. L'inspecteur, assailli de questions, leva les mains pour imposer le silence.

« Ils ont été secoués, mais ils vont bien, et ont été soignés par le Dr Handyside.

— L'un a une blessure superficielle au crâne, et l'autre une sérieuse foulure à la cheville, annonça Handyside. Angus aurait sans aucun doute pu s'occuper d'eux. »

Angus piqua un fard, le visage radieux, comme un gamin qui vient de gagner un prix à l'école.

« J'ai le regret de vous dire qu'un de mes hommes, le sergent Moncrief, a apparemment été drogué hier par un étudiant au pub Rutherford, à l'heure du déjeuner.

— Sauf votre respect, inspecteur, lança Angus en bondissant de son siège, puisque mes bons amis, Mr Russel et le Dr Bell, m'ont laissé dire ce que je pensais ces derniers jours, je voudrais bien savoir pourquoi un de vos hommes est allé au pub pour déjeuner, et qui sait quoi d'autre.

— Je me suis mal exprimé, Mr. McKenzie, et vous avez raison de me poser la question.

— Comme je vous l'ai déjà dit, vous vous exprimez très bien, et bien poliment, mais un policier qui va au pub ?

— Il ne faut pas se fier aux apparences, Mr McKenzie. Le sergent Moncrief est chargé de la protection – de la surveillance, si vous voulez — des étudiantes.

— C'est lui le grand échalas pâlichon qui nous suivait à Cowgate jeudi ? demandai-je, presque malgré moi, car je savais que McCabe avait déjà assez de soucis.

— Oui, c'était bien Moncrief.

— Je pensais que les hommes chargés de cette tâche devaient se faire discrets », lança sévèrement une voix venant de la porte.

Mrs Kingsley venait de faire son entrée.

« Ravi que vous ayez pu venir, dit Bell. Asseyez-vous, je vous en prie.

— Eh bien, oui et non, Mrs Kingsley, reprit l'inspecteur. C'est presque toujours le cas, et Moncrief est l'un des meilleurs ; mais, en l'occurrence, il voulait que ces dames sachent qu'il était là.

— Il se voyait comme le nez au milieu de la figure à Cowgate, dit Miss Anderson.

— Vous êtes-vous rendu compte qu'il vous suivait, vous et le Dr Watson, lorsque vous êtes allés à la clinique d'ophtalmologie ?

— Il nous suivait ? demanda-t-elle, très étonnée, comme je l'étais moi-même.

— J'avoue que je n'en savais rien.

— C'est ainsi qu'il en est lorsque Moncrief assure une surveillance.

— Je retire tout ce que je pensais de lui à Cowgate l'autre jour, dit Miss Anderson.

— Docteur Watson, on m'a dit que vous étiez rentré de la clinique d'ophtalmologie en cabriolet.

— C'est exact. Il aurait fallu un homme rapide pour me suivre, car je me souviens qu'il n'y avait aucune autre voiture de disponible lorsque je suis parti.

— Vous avez sans doute raison, mais c'est Moncrief qui conduisait la voiture. Mais laissez-moi apaiser les craintes de Mr McKenzie à propos des policiers qui boivent pendant le service.

— Apaiser mes craintes, inspecteur ? J'aime beaucoup cette expression. Vous, vous savez parler.

— Les jeunes femmes sont rentrées chez elles vers midi, et ce sont les agents… voyons, où sont mes notes… ah, oui, les agents Pike et Phillimore qui ont pris la relève. Moncrief s'est rendu au pub Rutherford, à Drummond street, qui se trouve à cinq ou six minutes de marche pour un homme qui a des jambes de girafe. C'est son oncle qui tient le bar, et ils ne parlent que de golf quand ils sont ensemble. Comme le savent certains ici, cet oncle, John MacFarlane, prépare d'excellents sandwiches et pâtés en croûte. J'ajoute que le père de Moncrief a failli mourir d'une cirrhose lorsque le gamin avait huit ans, et il se trouve que le père du Dr Bell était l'un des médecins qui ont soigné Tom MacFarlane. Les garçons se souviennent encore des angoisses de cette période. Leur mère, Angie Moncrief, a exigé qu'ils fassent le vœu de naziréat, comme Samson. Je ne parle pas de se laisser pousser les cheveux. Ils devaient renoncer à l'alcool. »

Nous étions tous très impressionnés par ce récit.

« Je terminerai en disant que deux prétendus étudiants – inconnus de John MacFarlane, ce qui serait pour le moins insolite, s'ils étaient des habitués — deux étudiants, donc, ont entamé la conversation avec Moncrief. Ils ont d'abord tenté de lui faire commander la même chose qu'eux : une pinte de bière, du pain et du fromage, selon John MacFarlane. Ensuite, l'un d'eux lui a payé un dessert – Moncrief a un faible pour le sucré – et l'autre lui a versé une autre tasse de café. Inutile de vous dire qu'il s'est mis à somnoler dès qu'il y a goûté.

— Bon sang ! lança Angus. Vous allez trop vite, inspecteur. Je n'ai pas bien saisi. Le vœu sans son quoi ?

— Ah, Mr McKenzie, il parlait de Samson, le nazir de la Bible, dit Ogilvie.

— Ah, je mélange toujours Nazarite et nazir, dit Angus. Vous connaissez bien la Bible, jeune homme ; ça vous sera utile. Mais vous ne seriez pas en train de vous moquer, par hasard ?

— Jamais en votre présence, je peux vous l'assurer. Je suis prêt à faire vœu devant vous. »

Angus n'eut pas le temps de vérifier si Ogilvie se moquait de lui.

« Inspecteur, lança Bell, Moncrief devait-il prendre la relève des deux autres policiers après son déjeuner ?

— C'est cela. Oui. Et puisque je vous ai vu en action, pour ainsi dire, je dirais que vous avez deviné ce qui s'est passé ensuite, à en juger par la lueur dans vos yeux.

— Je crois le savoir, inspecteur, mais je crois aussi que Miss Jex-Blake a également compris la manœuvre.

— Bonté divine ! dit celle-ci en se frappant le front. Je commence à deviner. Quelqu'un a apporté aux deux policiers en faction chez nous un message, prétendument écrit par l'agent Moncrief, leur enjoignant de se rendre au plus vite à la Heriot School, où il ne tarderait pas à les rejoindre. Quelque chose de ce genre.

— Excellent, Miss Jex-Blake. Vous n'êtes pas loin de la vérité. L'un des étudiants est resté avec Moncrief. L'autre est sorti du pub avec un certain Henry Porter, un habitué choisi au hasard, à qui il a donné deux shillings pour porter un message disant que Moncrief avait renversé du café sur son pantalon et qu'il serait à Buccleuch

Place dans les cinq minutes. Il disait aussi, bien sûr, qu'ils devaient se rendre à la Heriot School, où des troubles se préparaient. Et voici le meilleur : le porteur de la note prendrait leur relève jusqu'à l'arrivée de Moncrief.

— Et vos hommes ont tout gobé ? demanda Littlejohn. Pfft !

— Vous avez raison d'être perturbé, docteur Littlejohn. Et voici un autre détail intéressant de l'affaire : mes hommes ont demandé à Porter qui leur avait remis le message ; il leur a dit qu'un charmant étudiant très serviable – j'adore ce mot, "serviable" – le lui avait remis à la porte du pub, en lui disant qu'il venait de Moncrief.

— Pour que les choses soient claires, inspecteur – même si cela n'a plus guère d'importance –, combien de temps le messager est-il resté devant l'immeuble de ces dames ?

— Très peu de temps. Selon Pike et MacFarlane, il est arrivé à peine cinq minutes après eux à la Heriot School pour se joindre à l'agitation.

— Et notre Mr Porter a sans doute dit qu'il avait quitté Buccleuch Place dès qu'il avait aperçu l'uniforme de Moncrief, dit Bell en secouant tristement la tête.

— Exactement, dit l'inspecteur sur un ton lugubre. Cette affaire – cette sombre supercherie – a été longuement préméditée, vous pouvez me croire. Gentlemen, ajouta-t-il en tentant de soutenir notre regard, pensez-vous que certains des étudiants auraient pu planifier et mener à bien ce méprisable complot ?

— Vous voulez dire sans l'aide de professeurs, inspecteur ? demanda Bell.

— Oui, en quelque sorte.

— Ils auraient très bien pu agir seuls, dit Masson. Ils sont très débrouillards quand ils le veulent.

— Masson, vous accordez trop facilement votre confiance, dit Littlejohn. À l'évidence, quelqu'un savait que le Dr Bell et moi-même sommes parfois appelés en tant qu'experts en médecine légale auprès de la Couronne. Peu d'étudiants sont au courant.

— Certes, lança Sandy ; mais, bon sang, notre journal a couvert quelques-uns des plus retentissants procès et….

— Et la *Review*. N'oubliez pas la *Review*, ajouta Mrs Kingsley.

— En effet, dit Bell. Mais le message que nous avons reçu prouve que quelqu'un savait pour qui nous travaillons sur ces questions, et la manière dont on nous transmet nos instructions, dit Bell. Leur erreur a été le choix du papier. C'est la seule à ce qu'il me semble.

— Gentlemen, gentlemen, je vous en prie ! aboya Mrs Kingsley de la façon singulière qu'elle avait lorsqu'elle était agacée. Je crois que vous esquivez délibérément la question de l'implication de certains professeurs. J'ai été accostée par votre Mr Wilson, avec grande courtoisie, je vous rassure. »

Le nom ne déclencha aucune réaction.

« Voyons ! L'un des chefs de la brigade irlandaise. Il allait vous remettre ou vous poster cette lettre, dit-elle en montrant une enveloppe. Il envisageait d'adresser une missive similaire à la *Review*, et souhaitait me consulter à ce propos. J'ai cru comprendre que son contenu concernait en partie notre discussion. Elle est adressée à Miss Pechey. »

Elle tendit l'enveloppe à Miss Pechey, qui la remit immédiatement à Miss Jex-Blake. Celle-ci était, pour une fois, totalement perplexe.

« Vous souhaitez que je lise cette lettre, Edith ? À haute voix ? » demanda-t-elle.

Miss Pechey et son amie échangèrent un bref regard de connivence.

« Oui, je crois qu'Edith veut que je vous lise cette lettre, dit Miss Jex-Blake.

— Pendant que Miss Jex-Blake prend connaissance de son contenu, je vais prendre la liberté de vous lire une ou deux strophes d'un poème qui vient d'être adressé au *Scotsman*, si vous le voulez bien, dit Sandy. Cela nous distraira un peu.

— Je le savais ! Je le savais ! s'écria Mrs Kingsley. Toute la ville est en ébullition ! »

Sandy ajusta ses lunettes et s'éclaircit la gorge.

« C'est précisément ce que je voulais souligner, Mrs Kingsley. Maintenant, si vous le voulez bien…

— Pardonnez-moi. Faites donc.

— Tout d'abord, laissez-moi vous rappeler que le *Scotsman* est déjà en possession de la lettre où un étudiant affirme que certains professeurs profitent de leur position pour… comment disait-il, Jamie ? »

Il se tourna vers Ogilvie, qui avait l'air un peu gêné.

« Voyez-vous, il l'a lue une demi-douzaine de fois et il a une excellente mémoire », ajouta Sandy.

Ogilvie ferma les yeux et son visage se plissa sous l'effort de mémoire.

« "Leurs respectés professeurs tirent parti de leur position d'enseignant pour déclencher leurs rires et leurs applaudissements (ceux des étudiants masculins, bien sûr), éveiller leur jalousie et leur hostilité en lançant de viles insinuations aux étudiantes." Je crois que c'était ça, monsieur.

— Excellent, Jamie, merci.

— Bonté divine ! marmonna Handyside. Je ne l'avais pas lue. Je ne m'étais pas rendu compte…

— Voilà, reprit Sandy. Quelqu'un a envoyé au journal un poème de sept strophes, dont je ne lirai qu'un extrait. Il s'intitule *La Charge des cinq-cents : Lai de la moderne Athènes*, puis, entre parenthèses : "inspiré par une récente chanson d'étudiant". »

Aux armes ! Aux armes ! L'ennemi approche,
« Cinq-cents spéciaux » la victoire ou la mort !
L'Europe contemple, admirative,
Son hôpital !
En avant, dieux immortels !
Qu'importe si d'autres reculent
Devant la force écrasante de l'ennemi
– ils n'ont aucune vergogne,
Braves garçons, conduits par de valeureux chefs
À la glorieuse victoire !

Voilà l'ennemi ! L'air modeste,
Le regard doux, on aperçoit enfin
Les sept femmes que pour écraser
La noble centaine se jette,
Impavide, dans la mêlée !
Qu'importe si dans les contes d'antan
L'homme jurait de protéger la femme !
Fi de ces inepties ! L'homme à présent
Jure de préserver son métier de la femelle
Au dix-neuvième siècle !

« Un peu trop de points d'exclamation, que vous ne pouvez voir, bien entendu, mais dans l'ensemble assez bien tourné, dit Sandy.

— Il me plaît beaucoup. Mais croyez-vous que cela aide notre cause ? demanda Mary Anderson.

— Inévitablement. L'auteur est de notre côté, et sait reconnaître l'injustice. Les réactions de ce genre ne peuvent que se multiplier, répliqua Sandy. Je suis navré que nous ayons dû écourter votre récit de l'émeute, Mrs Evans. Nous avions trop de copie.

— Peu importe. Étant donné les circonstances, je me considère heureuse d'avoir pu rentrer chez moi pour écrire quelque chose. »

J'avais noté que, dès que Sandy s'adressait à Mrs Evans, Miss Jex-Blake levait les yeux de la lettre pour les observer. Depuis quelque temps déjà, elle leur jetait des regards anxieux lorsqu'ils se mettaient à converser ensemble. Bell aurait été fier de moi. Elle devait sans doute se dire que le mariage allait peut-être lui enlever certaines camarades.

Sophia avait fini de parcourir la lettre. Elle s'éclaircit la gorge, puis se mit à lire :

Chère Miss Pechey,

Je souhaite vous avertir – vous et vos camarades – qu'une nouvelle agression se prépare contre vous lundi prochain. Un véritable complot, j'en ai peur, a été monté en ce sens. Je tiens également à vous dire, à vous et à vous amies, que vous n'avez rien à craindre, même si la manifestation prévue lundi, destinée à vous faire lâcher prise, doit être plus féroce encore que celle de vendredi.

Mon ami Mickey O'Halloran a accepté d'envoyer un détachement de sa brigade. Sa présence à nos côtés vendredi a été un revers pour les émeutiers, qui comptaient sans doute sur son aide et celle de ses amis. Je crois que la foule, en voyant à vos côtés des hommes capables et désireux de vous défendre, s'abstiendra de toute agitation.

C'est un groupe de lâches, presque tous très jeunes, et aucun d'eux sans doute n'a connu l'époque où les étudiants d'Édimbourg étaient familiers des émeutes. Il est peu probable qu'ils parviennent à causer des troubles ; je crois plutôt qu'ils plieront devant vous si vous les affrontez.

Je me hasarderai à dire que les émeutes ont pour véritable origine la manière dont certains professeurs vous traitent pendant les cours, saisissant toutes les occasions d'éveiller l'hostilité à votre égard. Ils en savent d'ailleurs peut-être davantage sur ce complot que la plupart ne l'imaginent. Quoi qu'il en soit, comme je vous l'ai dit, vous n'avez rien à redouter ce lundi, vous et vos amies.

Respectueusement vôtre,

Robert Wilson

« Eh bien, nous y voilà, dit Bell d'une voix saccadée.

— Que voulez-vous dire ? demanda Mrs Kingsley, interloquée.

— La preuve est sous nos yeux, aussi visible qu'un thorax ouvert sur une table d'autopsie. Je ne saurais vous dire à quel point je suis attristé. L'émeute est déjà désolante en soi, mais ce genre de manigances de la part de professeurs…, dit Littlejohn en laissant traîner sa voix.

— Vous êtes donc persuadé que cette autre série de messages et de notes n'est pas le fait de l'auteur des premières lettres ? demanda McCabe.

— Absolument, répondit Bell.

— Je suis de votre avis, dit l'inspecteur. Mais à quoi cela nous avance-t-il ? Je vais immédiatement enquêter sur les meneurs et les origines de l'émeute. Je suis sûr qu'on peut en interpeller certains, mais… mais…

— Mais si vous vous en prenez aux professeurs, vous craignez de longues investigations, peut-être en pure perte ? demanda Littlejohn en haussant la voix.

— Oui, quelque chose comme ça.

— Ces dames pourront à coup sûr identifier quelques-uns des meneurs, et nous connaissons le nom de certains d'entre eux, Mary et moi, dit Ogilvie.

— Mary ? Quelle Mary ? demanda l'inspecteur.

— Mary Anderson, dit-il en indiquant la jeune femme. Nous avons tous deux grandi ici, et j'ai l'impression que beaucoup de jeunes d'Édimbourg étaient impliqués.

— Oui, lança Angus. J'en ai vu plusieurs qui ricanaient, et je me souviens bien de leur visage, même si je ne sais pas comment ils s'appellent.

— Celui qui a amené le mouton dans la salle est un de mes anciens étudiants, dit Handyside.

— Mailie ? La vieille Mailie ? gloussa Littlejohn. Ils ont fait entrer la brebis ? J'ignorais ce détail. Je ne savais pas qu'un de nos étudiants avait ce genre de compétences. Eh bien !

— C'était dans tous les journaux, docteur Littlejohn, dit Mrs Kingsley.

— Je n'en doute pas, Mrs Kingsley. Épatant de voir les nouvelles diffusées aussi vite par la presse. Mais je vous rappelle qu'on m'a d'abord envoyé pour rien au diable-vauvert ; au retour, nous avons croisé, Bell et moi, quelques étudiants cherchant la bagarre qui avaient fait provision de rutabagas. Enfin, hier soir et ce matin, à la demande de notre nouveau directeur des travaux et de l'hygiène publique, j'étais occupé à inspecter les égouts. Ceux de Leith Wynd et de Robertson's Close sont de vrais cloaques, si vous voulez mon avis. Je suis donc navré, Mrs Kingsley, mais je n'avais pas la tête à lire les journaux. Je précise, par ailleurs, que nous avons, Bell et moi, reconnu quelques-uns des lanceurs de navets, inspecteur. »

Sandy Russel avait raison : l'homme avait un bel humour pince-sans-rire.

« Vous avez sans doute l'impression d'être un prêtre au confessionnal, dit Bell à l'inspecteur.

— Croyez-moi, j'aimerais surtout éviter de nouveaux troubles et de nouveaux blessés, rétorqua McCabe. Je suis sûr que nous arriverons à localiser les coupables et à les punir comme ils le méritent. Pour l'instant, la priorité est de s'assurer que les événements donneront raison à notre correspondant de la brigade irlandaise : calme plat lundi après-midi.

— Je ne cesse de songer à l'un des psaumes, dit Miss Jex-Blake en éclatant de rire. "Tu ne craindras ni les terreurs de la nuit, ni la flèche qui vole de jour... Qu'il en tombe mille à tes côtés, et dix mille à ta droite..." On dirait que la Providence nous a fait échapper à un piège pour nous précipiter dans un autre. Nous avons réussi à passer un examen en évitant le pire ; mesdames et messieurs, la semaine prochaine, nous serons, nous les étudiantes, confrontées à la bataille de nos vies, et nous réclamerons ce qui est naturellement octroyé à nos collègues masculins : le droit d'accès aux salles de soins de l'hôpital.

— J'admire votre détermination, mesdames, répondit l'inspecteur en la dévisageant longuement. Et cette histoire de salle de soins vous perturbe davantage que la lettre... »

Il s'arrêta, se rappelant que tous ne connaissaient pas l'existence de cette lettre.

« Navrée, inspecteur ; c'est vous qui avez mentionné le second auteur il y a quelques minutes », dit Miss Jex-Blake.

L'inspecteur piqua un fard.

« Il y a de quoi s'embrouiller avec tout ce qui s'est passé ces derniers jours, dit Bell. Ne soyez pas gêné.

— Mais si, justement ! Je me suis toujours targué de...

— Et moi, je suis gênée que l'inspecteur soit mis dans l'embarras par notre...

— Allons, allons, dit Bell. Puisque la gêne semble s'installer, j'aimerais renouveler à ces dames, lorsque la situation se sera un peu calmée, mon invitation à assister au séminaire que je donne aux infirmières, un jour où nous nous rendrons directement au dispensaire à la sortie du cours. Après tout, si je laisse les infirmières assister aux soins là-bas, je ne vois aucune raison d'empêcher les étudiantes de se joindre à nous. Si je fais cette proposition, c'est parce que Doyle et Watson m'ont parfois suggéré – à mon grand embarras – d'inviter le public. Mais j'entends déjà des patients dans le couloir, et je crains que nous ne devions mettre un terme à notre réunion. »

Nous allions partir lorsque Littlejohn et Handyside s'approchèrent de moi.

« Eh bien, docteur, dit Littlejohn, vous m'avez caché des choses, vous et votre ami, me dit-il en indiquant Bell. Ces lettres sont donc un secret ?

— L'inspecteur nous a demandé de n'en rien dire.

— Mais enfin…

— Mon cher Littlejohn, ces lettres dégagent une odeur fétide, à l'instar du cloaque de vos égouts, si je peux me permettre cette analogie, dit Bell en aidant une patiente âgée à ôter son manteau. Édimbourg se portera bien mieux lorsque nous aurons extirpé la purulence à l'origine des deux.

— Bonté divine ! Un médecin qui utilise la métaphore, dit Mrs Thorne, qui venait remercier Bell avec plusieurs de ses amies.

— À propos de métaphore, Miss Jex-Blake, dit Bell en aidant la patiente à s'asseoir sur une chaise ; je crois que vous avez tiré les vôtres du quatre-vingt-onzième, n'est-ce pas ?

— Du quatre-vingt-onzième quoi ? Quelles métaphores ?

— C'est davantage de votre ressort, n'est-ce pas, docteur Watson ? » dit Ogilvie qui s'apprêtait à partir.

Je commençais tout juste à comprendre, et je fus pris de court.

« Mais oui, vous êtes fils de pasteur, fils d'un citeur de Bible, si je me souviens bien. "Les terreurs de la nuit et la flèche qui vole de jour" ; c'est tiré du quatre-vingt-onzième psaume, n'est-ce pas ?

— Je n'en serais pas surpris », répliqua l'inspecteur en éclatant de rire pour la première fois de la journée.

IX

Jeu de marelle

Les semaines suivantes furent si agitées, si éprouvantes, si épuisantes que, malgré tous mes efforts pour dissiper les brumes du temps, je ne pourrai sans doute reconstituer le tableau complet des événements. Je ne le souhaite d'ailleurs pas, tant l'épisode fut pénible.

L'esprit accaparé par l'avertissement de Mr Wilson concernant l'après-midi du lundi, je ne m'attendais guère à recevoir la petite délégation qui se présenta chez moi dans l'après-midi du dimanche, à la fin du cours que je donnais aux jeunes femmes.

Tout s'était déroulé au mieux, car nous avions résolu de ne pas nous laisser troubler par les récents événements. J'entendis la voix de la bonne, qui demandait à mes visiteurs de patienter dans le vestibule.

Handyside et Masson, parmi les hommes les plus posés et les plus doux du monde, trépignaient de me faire part de leurs nouvelles, et se mirent à parler en même temps dès qu'ils nous virent sortir du salon. Masson fit taire son compagnon en lui agrippant le coude, et me demanda si nous avions quelques minutes à leur consacrer. Ils regrettaient leur intrusion, nous dit-il, mais ils avaient d'importantes nouvelles concernant le statut des étudiantes à l'université (ce que j'avais déjà deviné).

Je leur répondis que nous comptions, ma famille et moi-même, assister au service de l'après-midi à St Andrews, une heure plus tard. Jusque-là, j'étais libre de mon temps, et les dames étaient bien entendu impatientes d'entendre ce que nos visiteurs mouraient d'envie de nous dire.

« Les voies de Dieu sont réellement impénétrables, dit Masson. Les émeutes étaient peut-être un mal pour un bien.

— Voilà des paroles bien faites pour un dimanche, professeur Masson, dit Miss Jex-Blake.

— Non, non ! Écoutez ! Il a parfaitement raison, dit Handyside sur un ton que je ne lui connaissais pas.

— Ne restons pas là. Entrez donc au salon, leur dis-je.

— Laissez-moi vous expliquer, dit Masson sans prendre le temps de s'asseoir. Manifestement, les émeutes ont irrité beaucoup de notables et troublé la conscience de nombre de ceux qui étaient jusqu'ici dans le camp de l'opposition. C'est... »

Il se tut, cherchant le mot juste.

« Oui ? fis-je.

— Mais c'est épatant, mon vieux ! »

Tout le monde éclata de rire en le voyant me donner une grande tape dans le dos pour ponctuer sa phrase.

« Le Lord Provost a, semble-t-il, examiné attentivement les statuts de l'hôpital, ainsi que les minutes de nombreuses réunions. Apparemment, n'importe qui peut adresser une requête à l'honorable comité de direction, et puisque l'une des parties...

— Et puisque l'une des parties a adressé une requête concernant un sujet particulier, alors, alors... c'est bien cela, professeur Masson ?

— Vous brûlez, ma petite dame. Tant que le comité est en session, l'une ou l'autre partie peut lui adresser une requête. C'est aussi simple que cela.

— Et puisque Matilda nous a parlé de la pétition des étudiants, dit Miss Jex-Blake, nous aurions dû nous préoccuper de…

— Allons, Sophia. Vous êtes un peu injuste envers vous-même, et envers nous, dit sèchement Isabel Thorne.

— Elle a raison, vous savez, Sophia. Nous avons eu d'autres préoccupations ces derniers temps, dit Edith Pechey.

— Je laisse la parole au Dr Handyside, qui a déjà plusieurs idées, dit le Pr Masson.

— Oui, plusieurs idées, ronronna Handyside. Tout d'abord, croyez-le ou non, le bon docteur Masson et moi-même nous sommes consultés lorsque ces dames ont demandé à suivre certains cours. Puisqu'il suffisait du consentement de l'enseignant, la question a été réglée d'office. Ainsi, lorsque le Dr Watson et moi-même avons commencé à rédiger une requête à l'intention de l'hôpital lorsque nous avons appris que… qu'un…

— Obstacle, pour reprendre l'un des termes favoris de Sophia, dit Edith Pechey.

— Oui, c'est le mot juste. Quand nous avons appris qu'un obstacle, des obstacles se dressaient devant elles. C'était avant que les autres étudiants – les fameux "cinq cents" – rédigent leur propre pétition. Bien avant.

— A-t-on pris une décision ou voté sur cette pétition ? demanda Mrs Thorne.

— Grands dieux, non ! répondit Masson. Le comité se réunit assez rarement, vous savez.

— Alors, avec votre permission, Watson, j'ai relu notre requête, corrigé deux ou trois choses, et je l'ai apportée avec moi. Pourriez-vous y jeter un œil et y ajouter vos propres corrections et vos commentaires ? Ah ! je l'ai laissée dans la poche de mon manteau. Je vais la chercher, dit-il en se dirigeant vers le vestibule.

— Je me rappelle maintenant que j'ai rédigé une lettre, que je comptais envoyer... aux journaux, j'imagine – lorsque Miss Pechey n'a pas reçu le prix Hope. Les journaux sont toujours là, et j'ai conservé ma lettre. Elle fera parfaitement l'affaire dans la crise présente.

— Je regrette fort de ne pouvoir vous en fournir une sur l'instant, dit Miss Jex-Blake, mais le raisonnement du Pr Masson s'applique ici : les plumes sont toujours là, et nous allons nous en servir.

— J'aimerais clarifier une ou deux choses avant de laisser notre bon ami se rendre à l'église, dit Handyside. J'ai le privilège de connaître les dernières réflexions du Lord Provost sur le sujet – nous sommes pratiquement voisins. L'élection de directeurs – pas nécessairement de *nouveaux directeurs*, comme je l'ai entendu dire – devait se dérouler à la date prévue, c'est-à-dire dans un mois, mais deux membres du comité ont indiqué qu'ils souhaitaient démissionner au plus vite "pour pressante raison professionnelle". Le Lord Provost a donc décidé d'avancer l'élection.

« Les deux membres en question ont entre-temps changé d'avis, leurs affaires devenant apparemment moins pressantes. À l'évidence, quelqu'un avait leur oreille, comme on dit. Ils souhaitent rester à leur poste et tenter d'être réélus. Pour cette raison, et parce que l'émeute a fait de nombreux mécontents, le Lord Provost a décidé que l'élection se tiendrait dans quinze jours, et non plus la semaine prochaine. Ce qui, à n'en pas douter, donne aux deux camps un peu plus de temps pour faire avancer leur cause. Ai-je été suffisamment clair ? Si vous avez des questions, j'y répondrai en vous raccompagnant jusqu'à Bucchleuch Place. Et maintenant, laissons notre hôte appeler sa voiture pour aller à l'église, ou s'y rendre à pied, selon le cas.

— J'étais moi-même en train de me poser la question », rétorquai-je en les raccompagnant jusqu'à la porte.

****

Le lundi se déroula sans grandes péripéties. Une pluie fine et persistante, qui glaçait les os, tomba toute la journée. L'après-midi, les jeunes femmes se rendirent ensemble au cours de Handyside. Arrivées dans Nicolson Street, une foule les attendait, qui s'étendait jusqu'à Surgeons' Hall. Cette fois-ci, cependant, elles furent saluées par autant d'acclamations que de sifflets.

Elles avaient reçu un autre message de Wilson les informant que les troubles, s'il y en avait, se déclencheraient à la sortie du cours. Handyside avait demandé aux deux professeurs enseignant à la même heure de laisser partir leurs étudiants quelques minutes plus tôt, dans l'espoir qu'ils seraient beaucoup moins nombreux dans le voisinage. Les deux hommes avaient accepté, mais les étudiants du Pr Turner étaient encore sur les lieux lorsque s'acheva le cours d'Handyside. La pluie s'était mise à tomber plus fort.

Selon Mary Anderson, une trentaine ou une quarantaine de membres de la brigade irlandaise apparurent aussitôt. O'Halloran avait pris leur tête. C'est lui que j'aperçus en premier dans Clerk Street, où je les avais rejoints, après avoir terminé un peu en avance le cours que je donnais à Infirmary Street. En me voyant, les jeunes femmes me firent un signe de tête et un sourire. Miss Jex-Blake me raconta plus tard qu'O'Halloran s'était fait le chevalier servant de Miss Pechey, qu'il appelait « ma belle ».

« Ils nous ont bruyamment acclamées quand nous sommes arrivées chez nous à, Bucchleuch Place, me dit-elle le lendemain. Certaines d'entre nous ont pris peur, et les autres étaient gênées. »

Le lendemain, la *Daily Review* titrait en une, un peu exagérément : « Grande manifestation en faveur des étudiantes en médecine ». Les jeunes femmes – ou du moins leur cause – étaient à présent si célèbres que le mercredi, le journal se contenta d'annoncer : « Même escorte, quoique peu nécessaire. »

Le mercredi matin, je me rendis de bonne heure à l'hôpital pour préparer mon cours, et j'eus la surprise de tomber sur Bell, qui me montra les journaux qu'il tenait à la main.

Il était passé me voir chez moi la veille au soir, pour discuter de quelques détails qu'il avait appris. Chacun de leur côté, Bell et McCabe avaient découvert les noms des meneurs ; ils avaient aussi appris que deux de nos meilleurs étudiants de troisième année étaient à l'origine des messages et du télégramme qui avaient fait diversion, et qu'un professeur au moins leur avait prêté assistance – du moins verbalement. Bell, redoutant déjà le pire, était effondré par cette nouvelle.

« Si certains de nos collègues refusaient d'admettre les femmes sous prétexte qu'elles n'ont pas assez de cervelle, ou que le métier est inconvenant pour une femme, ou encore qu'elles n'ont pas l'endurance qu'il faut, je pourrais le comprendre. Sans être d'accord avec eux sur tous les points, je comprendrais leur position, leur éducation, leur tempérament conservateur. J'ai moi-même la réputation d'être très attaché aux traditions. Mais bouleverser la vie de ces femmes, et y mêler leurs collègues, la police et une bonne partie des habitants de cette ville, c'est positivement criminel, Watson. Pourquoi y attachent-ils tant d'importance ?

— Vous connaissez la réponse aussi bien que moi, répondis-je. La question des étudiantes en médecine les occupe une bonne partie de la journée, j'en ai peur. Et je ne m'étonnerais guère qu'elle occupe aussi leurs rêves.

— Ô Jugement ! Tu as rejoint les bêtes sauvages, et les hommes ont perdu la raison, dit-il en joignant les doigts sous le menton.

— J'ai déjà entendu cela quelque part.

— Probablement la dernière fois que vous avez vu *Jules César* au théâtre, Watson.

— Ah, c'est sûrement cela. Et que vouliez-vous me montrer dans ces journaux ?

— Ah, la presse, Watson ! Une institution des plus efficaces si l'on sait comment s'en servir.

— Que voulez-vous dire par là ?

— Ce bon vieux Watson. Savez-vous ce que j'ai toujours eu envie de faire ? Non, bien sûr que non. Mauvaise habitude de répondre à ses propres questions, Watson. J'ai toujours eu envie de vous citer une réplique d'Hamlet à Horatio, et puisque Jules César est arrivé dans la conversation, je vais le faire. Ce sont parmi les plus beaux vers de Shakespeare, à mon avis. Cherchant quelqu'un pour observer son oncle perfide pendant la pièce qu'il va faire jouer, Hamlet choisit Horatio parce que ce dernier est un stoïque qui ne se laissera pas envahir par les émotions, et parce que c'est un caractère franc qui ignore la cajolerie et la flatterie. Tout votre portrait, Watson. Mais je vois que je vous embarrasse. Navré.

— Non, non, je vous en prie, dites-moi ces vers.

— Voyons. Ah, oui. "Et heureux sont ceux/Dont le sang et le jugement sont si bien mêlés/Que la fortune ne peut, comme d'un instrument, en jouer à son gré." Il maniait les mots comme un scalpel, Watson.

— Ils sont en effet très beaux, mais un peu obscurs à l'écoute quelque deux-cent-soixante-dix ans après avoir été écrits.

— Exactement, Watson. Vous confortez mon jugement. Et vous savez calculer. Venons-en aux journaux.

— Eh bien ?

— Certains n'ont pas chômé, Watson, c'est le moins que l'on puisse dire, et je crains que l'élection des directeurs de l'hôpital n'attire non seulement les foules, mais qu'elle ne provoque quelques heurts, comme cette méchante affaire à Surgeons' Hall. Saviez-vous que le comité en place a rejeté la pétition des étudiants demandant qu'on interdise aux femmes l'accès aux salles de soins ?

— Non ! Vraiment ?

— Il s'en est fallu de peu, mais ces émeutes ont affecté une partie de l'opinion. Entre-temps, les étudiants – du moins ceux hostiles aux femmes – distribuent dans toute la ville une brochure grande comme un journal. Leur principal argument, apparemment, c'est le respect de la tradition, le maintien du *statu quo*. Mais les journaux que j'ai ici ont publié des éditoriaux et des lettres intéressantes. Avez-vous le temps d'en regarder quelques-uns ? »

Je hochai la tête.

« Bien. Je vous les laisse, et vous pourriez peut-être les remettre à Littlejohn pour qu'il me les rende. Si j'ai bien compris, il compte assister à votre cours afin de s'informer sur les techniques de ligature. Vous avez fait de moi un croyant, Watson. Nous pourrions peut-être en discuter tous les trois à la prochaine table ronde ?

— Excellente idée ! J'en prends note. »

Il s'éloigna dans le couloir de son curieux pas saccadé, qui lui donnait parfois l'air de glisser avec grâce, parfois l'air d'un adulte jouant à la marelle.

J'allai installer rapidement mon équipement dans la salle de cours, puis m'affalai sur une chaise pour lire les journaux. Bell avait obligeamment marqué les articles concernant les femmes et l'hôpital.

Sur le dessus de la pile se trouvait le *Medical Times and Gazette*, avec une note de Bell : « La *Saturday Review* a publié un éditorial trop répugnant pour être lu, dit Littlejohn. Ni lui ni moi ne sommes parvenus à comprendre la logique de celui publié par la MTG. Voyez ce que vous pouvez en tirer. »

L'éditorial de la *Medical Times and Gazette* suivait une logique pour le moins tortueuse et travestissait délibérément la vérité. Même le titre en petits caractères semblait s'efforcer d'attiser les passions. La revue retraçait d'abord l'arrivée des femmes à Édimbourg, avant d'en arriver à l'article proprement dit :

> Guerre des sexes à Édimbourg
>
> Il ne suffit pas de dire que les jeunes gens qui prennent des cours avec ces femmes sont des « mufles et des voyous », car tout le monde reconnaît qu'ils les ont traitées jusqu'ici avec grande courtoisie l'hiver dernier. Nous devons donc présumer qu'il s'est passé quelque chose qui justifie ce changement chez ces jeunes étudiants, même si l'on peut regretter la manière dont il s'est manifesté. Si c'est bien le cas, la responsabilité de ces scandaleux agissements de la part des étudiants, hommes ou femmes, revient aux personnes influentes qui ont publiquement prôné des cours de médecine mixte. L'origine de ce déplorable changement de comportement est aisée à localiser. Tant que les jeunes femmes suivaient leurs études dans des cours réservés, elles étaient traitées avec la plus grande courtoisie. C'est à la suite d'un cours mixte d'anatomie au College of Surgeons, et plus particulièrement après qu'elles eurent disséqué des parties génitales en présence de collègues masculins, que ce changement s'est produit... Par pudeur naturelle, le véritable anatomiste, le véritable pathologiste, n'expose jamais sans nécessité les organes sexuels d'un cadavre. On peut donc présumer que les étudiantes non seulement se sont fait violence, mais qu'elles ont heurté la sensibilité de leurs collègues masculins en procédant à leurs recherches anatomiques.
>
> Elles font le douloureux sacrifice de leur pudeur féminine afin de venir en aide aux milliers de femmes dont la pudeur naturelle se rebelle à l'idée d'évoquer devant un homme les maladies affectant leurs parties génitales... Il est clair que cette motivation n'est pas la seule, ne serait-ce que parce qu'elles ont versé un supplé-

> ment pour se joindre aux étudiants du Dr Handyside. On ne peut oublier non plus que ces jeunes femmes, en sacrifiant leur pudeur naturelle, font violence sans scrupule à celle de leurs collègues masculins. La vérité, c'est que ces nobles sentiments dissimulent une réalité moins glorieuse. Ces jeunes femmes cherchent en réalité à accéder à une profession qu'elles considèrent lucrative.

Bell avait ajouté une note à la fin : « Comment se porte votre pudeur naturelle, Watson ? »

Venait ensuite un exemplaire du *Glasgow Herald*. Mrs Erskine Murray, la belle-mère de Bell, était venue s'installer chez lui après la mort prématurée de son mari à Bornéo. Manifestement, elle avait conservé son abonnement au quotidien de son ancienne ville de résidence. L'article signalé par Bell racontait lui aussi l'arrivée des jeunes femmes, poursuivant :

> Beaucoup voient d'un mauvais œil les efforts déployés par quelques jeunes femmes pour se faire une place dans la profession médicale. Mais ces piètres persécutions et ces petites manigances à leur encontre retourneront certainement l'opinion en leur faveur.
>
> La profession médicale semble croire qu'il suffit de crier « ouh ! » dans leur dos pour les terrifier. Ils devraient mieux connaître Miss Jex-Blake. Les professeurs de médecine d'Édimbourg craignent-ils réellement de rivaliser avec ces jeunes femmes ? Les considèrent-ils comme des fauteuses de troubles que l'on doit à tout prix tenir à l'écart, en dépit des lois, de la raison, des libertés ? L'université doit empêcher que quelques professeurs décident de régler par eux-mêmes la question en refusant à ces jeunes femmes le privilège pour lequel elles se sont vaillamment battues.

L'auteur concluait en espérant qu'elles parviendraient enfin à « planter triomphalement leur drapeau au sommet de Castle Rock ». Ce qui ne manquait pas d'ironie. Miss Jex-Blake et Edith Pechey avaient affirmé une bonne douzaine de fois qu'en voyant le majestueux château surplombant la ville depuis son promontoire elles sentaient s'alléger le fardeau de leur lutte, et se dissiper leur lassitude, et elles reprenaient espoir.

Un éditorial similaire avait paru dans le *Manchester Examiner and Times*, et la *Review* avait publié une lettre du Pr Masson, où ce dernier regrettait que les femmes ne soient pas admises dans les salles de soins. Il concluait ainsi sa lettre :

> Les résultats montrent que pas une seule femme n'a été éliminée (n'a échoué), et quatre d'entre elles se classent au premier rang dans presque toutes les matières choisies. Dans certaines matières, ou sur le total de leurs notes, ces quatre femmes ont obtenu une mention, à l'instar de trois ou quatre hommes (tout au plus). En tout état de cause, voici un argument supplémentaire : c'est le Conseil de l'école de médecine qui a fixé les critères intellectuels requis pour l'admission. En l'espèce, sur cent cinquante-deux candidats qui se sont présentés devant l'obstacle, les sept meilleurs comptent quatre femmes.

Ce bon vieux Masson, me dis-je. Je me rappelai soudain que quelqu'un – sans doute McCabe – avait demandé à Miss Jex-Blake si un homme, un seul, lui avait offert son assistance lorsqu'elle était arrivée à l'université. « Ah, oui, le Pr Masson, qui prenait alors – et a toujours pris – la défense des faibles et des opprimés comme un preux chevalier », avait-elle répondu.

Je ruminais mes pensées lorsque j'aperçus une ombre sur le journal. J'attendais bien entendu Littlejohn, qui devait me rejoindre bientôt, mais je fus surpris de découvrir Miss Jex-Blake à son côté.

« Vous semblez étonné de nous voir, dit Littlejohn avec un sourire malicieux.

— De voir l'un de vous au moins, répliquai-je.

— J'ai demandé à Miss Jex-Blake de me retrouver au poste de police de High Street. Allons, Watson, vous connaissez mes multiples fonctions. Vous savez bien que je suis médecin-légiste. J'avais affaire là-bas. Je vous rassure : pas de nouveaux ennuis – pour l'instant. Il s'est produit hier soir un événement, et je souhaitais avoir la réaction de Miss Jex-Blake, ainsi que la vôtre. Watson, mon vieux, vous allez avaler des mouches. Fermez donc la bouche. Voilà qui est mieux.

— Littlejohn, votre humour sarcastique ne vous…

— Ne m'attirera que des ennuis ? C'est ce que me disaient mes parents, ainsi que la plupart de mes professeurs. Venons-en à notre affaire. La lecture des journaux apportés par Bell vous a sans doute appris que le vent est en train de tourner en faveur de ces dames.

— Ce qui ne servira à rien si…

— Si les jeunes femmes ne sont pas admises dans les salles de soins ? J'en suis parfaitement conscient, Watson. Une délégation – si c'est bien le mot – de notables est passée me voir chez moi hier soir. Ils veulent proposer ma candidature au comité directeur de notre vénérable institution. Vous avez encore la bouche ouverte.

— Je lui pose la question, docteur Watson, ou souhaitez-vous le faire ?

— Vous voulez savoir s'il acceptera ?

— À en juger par votre ton à tous les deux, vous semblez oublier un petit détail, dit Littlejohn. Si je donne mon accord et si – je dis bien, "si" – je suis élu, je ne serai que l'un des six directeurs.

— C'est fort bien, répliquai-je, mais, en ce qui me concerne, l'objectif est d'autoriser aux femmes l'accès aux salles de soins, et…

— Watson, Watson, Watson, me dit-il en me prenant par les épaules. Vous n'avez pas l'air de comprendre le problème, mon problème. »

Nous prîmes conscience en même temps, Miss Jex-Blake et moi, de « son » problème, et il s'en aperçut.

« Ah ! Je vois que vous avez compris. Je dois tout d'abord décider si je suis prêt à faire partie de l'un ou l'autre camp du comité directeur. La question est un peu délicate, car j'ai beau être très sensible à l'injustice faite à ces dames, je songe néanmoins à la future carrière de mon fils qui, comme vous le savez, souhaite devenir médecin. À dire vrai, ce qui me préoccupe encore davantage, c'est la possibilité que ce schisme finisse par détruire notre belle école. Je suis très inquiet. »

Miss Jex-Blake plissa le front.

« J'aimerais par-dessus tout avoir votre opinion sur le sujet, Miss Jex-Blake.

— Docteur Littlejohn, vous avez toujours été franc avec nous. Je me contenterai de souhaiter que vous vous laissiez toujours guider par votre conscience, vous et le Dr Watson.

— Je vous remercie. Je ne vous cache pas que la situation dans laquelle vous vous trouvez m'a contraint à modifier ma façon de penser. Pour mon plus grand bénéfice, j'en suis sûr. Watson, savez-vous ce que cette jeune dame a fait ces jours derniers ? Elle vient de me l'apprendre. Elle n'a pas chômé, je vous le garantis. Sachant qu'il lui fallait, ainsi qu'à ses camarades, une expérience en salles de soins, et face aux nombreux obstacles qu'on dressait devant elle, elle a posé sa candidature à l'hôpital des enfants malades, à l'hôpital Chalmer, et même à l'hôpital Leith, en laissant ces institutions imposer leurs conditions. Elle a été refusée partout.

— Quelle honte ! murmurai-je.

— Mais un établissement nous a acceptées, docteur Watson, dit Miss Jex-Blake. Il n'est pas très commode, c'est tout.

— "Pas très commode", dit-elle. Savez-vous qui a bien voulu les accueillir, Watson ?

— Nous avons épuisé la liste des hôpitaux, me semble-t-il.

— Pas tout à fait. La seule opportunité qui s'est présentée à cette jeune femme est due à l'amabilité du Dr Niven. »

Je dus sans doute trahir mon ébahissement.

« Mais Niven est le médecin-chef de… du…

— Mais dites-le donc ! Niven est le médecin-chef de l'hospice pour indigents de St Cuthbert, et même si l'établissement pouvait convenir, il est trop éloigné pour qu'elles puissent s'y rendre de manière régulière.

— Nous avançons pour mieux reculer, semble-t-il, dit Miss Jex-Blake.

— Vous êtes à l'endroit idéal, dit Littlejohn. Un jeu de marelle bureaucratique dans la capitale écossaise. »

X

Un tireur embusqué

Lorsqu'on est plongé dans un tourbillon, les tâches routinières ont tendance à s'effacer de la mémoire. Je reçus mes patients, sans aucun doute, j'assurai mes cours et, d'après les archives, pratiquai huit opérations avant le jour fixé pour l'élection, l'une des plus excitantes des annales de notre grand hôpital. À l'instar de Littlejohn, je craignais que les tempéraments ne s'échauffent, que les débats soient agités, etc. Ce fut notre seul sujet de discussion pendant une semaine, entre ma femme et moi. J'étais convaincu que l'élection serait l'événement marquant de la semaine. Je me trompais.

Joe Bell, notre « très discret émissaire de la paix », comme l'appelait Sandy Russel, avait commencé à œuvrer en coulisses une semaine auparavant afin de tenter, disait-il, d'« éteindre la mèche ». Il cherchait à apaiser les étudiants qui continuaient à distribuer leurs tracts le long de Princes Street, et à les afficher sur tous les murs et tous les fourgons dans le voisinage de l'université et de l'hôpital. Les commerçants commençaient à s'en irriter, et les habitants supportaient de moins en moins de voir ces laides affichettes, dont les lambeaux déchirés jonchaient souvent les rues.

Si Littlejohn ne manquait jamais sa tournée d'hygiène annuelle, Christison, de son côté, organisait une fois l'an une journée de gala. Littlejohn n'invitait que quelques personnes intéressées ; Christison, lui, attirait les foules à son insolite démonstration, et n'avait guère besoin de lancer des invitations.

Éminent toxicologue, sa réputation avait franchi les frontières. Il avait publié en 1832 un *Traité sur les poisons : jurisprudence médicale, physiologie et pratique de la physique* qui avait connu un succès international. Il était aussi un bateleur né. Dans son cours de toxicologie, lorsqu'il abordait le curare, un poison mortel utilisé par certaines tribus sud-américaines, il accrochait une cible sur l'un des murs de l'amphithéâtre qui lui était réservé. Se plaçant à l'autre bout de la salle, il insérait un dard dans une sarbacane, similaire, disait-il, à celle utilisée en Amérique du Sud et aux îles Andaman, puis l'envoyait d'un souffle en pleine cible. Il ratait rarement son coup, pour le plus grand plaisir de ses étudiants, qui saluaient la spectaculaire performance avec force cris et applaudissements.

Christison annonçait à l'avance quand il allait parler du curare, ce qui suffisait à attirer un grand nombre de curieux. Des années auparavant, il invitait également un certain nombre d'étudiants à l'accompagner dans différentes boucheries où, muni d'une sorte de harpon, il transperçait de gigantesques carcasses de bœuf afin de démontrer que les hématomes ne pouvaient apparaître sur de la chair morte. Il avait été appelé à témoigner lors du procès Burke-Hare, et sa démonstration à l'aide de son harpon n'avait rien fait pour aider les deux inculpés.

Deux de ses hobbies, fort peu sédentaires, lui procuraient beaucoup de plaisir. Il pratiquait l'escalade, notamment dans les Salisbury Crags, en compagnie de Lister et de Clarkson. Mais ce qui lui plaisait davantage, c'était le Corps des cadets de l'université, dont il était l'un des fondateurs, et qu'il dirigeait à présent. Il s'agissait d'une sorte de milice miniature composée d'étudiants – un peu moins de cent – qui s'exerçaient régulièrement aux manœuvres et au tir dans la petite enceinte située à l'extrémité est de Drummond Street, à côté du pub Rutherford et d'une bâtisse décrépite où logeaient les infirmières. Une autre enceinte, réservée aux parades, se trouvait entre la maison des infirmières et un tout nouvel immeuble d'appartements, dont le rapport s'annonçait excellent. Lorsque ce dernier aurait trouvé des occupants, le corps devrait se trouver d'autres terrains d'exercice.

Bell avait manifestement réussi à persuader Christison de faire une démonstration de cours et un défilé des couleurs de la garde – si c'est bien l'expression appropriée. C'était un geste de bonne volonté, même si Bell n'utilisa pas ce terme. Christison s'était laissé facilement persuader, et Bell me raconta leur entrevue en imitant les manières d'oracle de notre collègue. « Ah, je dispose d'un excellent lieutenant, et j'ai aussi mon ami, Mr Turner, notre démonstrateur d'anatomie. Notre porte-étendard a été sergent dans l'armée, ce qui nous a évité de faire appel aux services d'un professionnel. Oui, oui, Bell ; cette compagnie forme un bel ensemble d'hommes zélés, à la fois en tant que tireurs et en tant qu'étudiants.

— Lui avez-vous demandé si les femmes pouvaient assister à la démonstration ? Quant à la parade, tout le monde a le droit d'y jeter un œil, j'imagine ?

— J'allais le faire, Watson, mais il s'est montré très affable. "Rappelez-vous, m'a-t-il dit, que tout le monde est invité ; et si vous souhaitez leur dire qu'elles sont les bienvenues, ne vous en privez pas." C'est donc ce que je compte faire, Watson. »

L'amitié entre Christison et le père de Bell remontait à de longues années. Les deux familles étaient très proches, et Christison avait été d'une grande assistance lorsque Bell était arrivé à l'hôpital.

Comme s'il lisait dans mes pensées, il reprit :

« Vous savez, Watson, nous remontons loin, lui et moi – et mon père, bien sûr ; et je crois que je peux tolérer sa position sur la question, même si je m'en éloigne chaque jour davantage. C'est sa véhémence et ses probables manigances dans tous ces comités qui… enfin, vous me comprenez. »

Je ne comprenais que trop.

****

Christison, sachant sans doute que l'opinion commençait à se retourner, fit distribuer des affiches dans toute l'université, à la poste, aux libraires de South Bridge et aux diverses bibliothèques. Il avait choisi de donner son spectacle le vendredi à quatorze heures, après son dernier cours. « À l'issue d'une brève démonstration des talents de tireurs des membres du Corps de l'université, un défilé des couleurs aura lieu dans la cour », etc. Sa dernière séance avait eu lieu un an auparavant, un samedi après-midi de l'été, et Christison et ses cadets avaient eu la désagréable surprise de voir arriver une horde d'ouvriers de la Vieille Ville, accompagnés de leurs familles ; nombre d'entre eux s'étaient enivrés, avant de s'endormir en plein soleil. Il n'allait pas refaire la même erreur, et avait choisi cette fois un jour de semaine.

Les étudiantes s'étonnèrent de recevoir, par l'intermédiaire de Joe Bell, une invitation spéciale du Pr Christison, même s'il avait annoncé que les festivités étaient ouvertes à tous. Le mercredi, Handyson fit double cours d'anatomie, afin de permettre à ceux qui le souhaitaient d'assister à la séance de Christison le vendredi. Tout le monde se préparait à l'événement.

Il était moins dix lorsque j'entrai dans la salle de cours de Christison. Les jeunes femmes, assises au fond de l'immense amphithéâtre, étaient particulièrement à leur avantage. Plusieurs épouses de professeurs étaient présentes, ainsi que des employés de l'université en grande tenue. J'informai les étudiantes qu'en raison de mes rapports distants avec Christison, j'allais m'asseoir sur le devant, afin de faire connaître ma présence. Miss Jex-Blake me répondit alors en riant que ses relations avec Christison semblaient s'améliorer, car elle avait reçu le matin même au courrier une invitation personnelle à s'asseoir dans la tribune officielle, au côté de l'inspecteur McCabe et de quelques membres de la milice qu'elle ne connaissait pas. Je répondis qu'ils m'étaient pareillement inconnus, et qu'une demi-douzaine d'entre eux étaient toujours assis en tribune, en grand uniforme et bardés de leurs médailles.

Christison fit son entrée quelques minutes avant l'heure, droit comme un I, l'air fringant. Il annonça qu'il allait nous parler de trois des poisons les plus rapides et les plus mortels – notamment du curare –, et faire une démonstration de la sarbacane utilisée par certains indigènes d'Amérique du Sud, comme on l'attendait de lui. Il parlait à sa manière oraculaire, mais sans manières onctueuses ni condescendance.

Il était au centre de l'attention, et en tirait un plaisir évident. Il commença en évoquant deux poisons parmi les plus toxiques et les plus singuliers, car tirés du laurier-rose et du rhododendron, des plantes considérées comme inoffensives par la plupart. « Le laurier-rose, de son nom scientifique *Nerium oleander*, est trompeur. Toutes ses parties, y compris le nectar de sa fleur, sont toxiques, tout comme la fumée qui se dégage de la combustion de la plante. J'ai été consulté pour – voyons… – trois cas où on s'était servi de branches de laurier-rose pour cuire des brochettes de viande. Trois enfants sont morts immédiatement après en avoir mangé.

« Quant au rhododendron, de son nom scientifique *Rhododendron ponticum*, toutes ses parties sont toxiques, comme c'est le cas également de l'azalée. Ici encore, des enfants et des adultes sont morts après avoir sucé le nectar de la fleur ou en absorbant une infusion de la plante. Les Grecs savaient déjà que le miel de rhododendron, de laurier-rose, d'azalée, ou même de laurier nain est hautement toxique.

« Souvenez-vous que les fleurs de rhododendrons poussent en grappe et n'ont le plus souvent aucune odeur, tandis que celles de l'azalée ressemblent à un entonnoir, et dégagent fréquemment une forte odeur. »

Je me dis que je ferais bien à l'avenir d'éviter la viande en brochette, les gâteaux au miel, et d'admirer de loin toutes les fleurs. Entre-temps, Christison avait exhibé quelques spécimens desséchés et deux grands tableaux des plantes toxiques.

« Nous en venons au curare, de son nom scientifique *Strychnos toxifera*, de la famille des loganiacées ; ou encore *Chondodendron tomentosum*, de la famille des menispermacées. On le trouve en Amérique centrale et dans une bonne partie du nord de l'Amérique du Sud. Toutes les parties de la plante sont mortelles, et pas seulement la sève, dont on tire le curare. Les Orinocos d'Amérique du Sud l'appellent souvent "la mort volante", car ils en enduisent leurs flèches, tout comme les habitants des îles Andaman. Très habiles avec leurs sarbacanes, ils paralysent les animaux et leurs ennemis avec ce poison. J'ajoute que les tribus péruviennes l'appellent *woorar* ou *urari*. Sous sa forme non raffinée, le curare est une substance résineuse de couleur sombre, odorante et poisseuse, ressemblant à la mélasse. »

Il fit une pause, esquissa un sourire sinistre, et nous informa que la mort était instantanée ; il n'existait aucun traitement ou antidote, car l'action du poison était trop rapide.

« Et maintenant, mesdames et messieurs, voici la démonstration qui parvient à tenir mes étudiants éveillés », dit-il en tournant la tête vers son assistant, assis sur un haut trépied derrière la table de laboratoire.

« Craig, si vous voulez bien. »

Un grand jeune homme efflanqué au regard de lapin effrayé se leva aussitôt et s'approcha d'un des grands tableaux, qu'il releva d'un coup sec, dévoilant une cible nettement dessinée d'une quarantaine de centimètres de diamètre accrochée au mur. Puis il se dirigea d'un pas pressé vers une armoire à pharmacie au fond de la salle, inséra dans la serrure une clé accrochée à une grosse chaîne, prit quelque chose qu'il se hâta d'apporter à Christison, qui se tenait immobile devant le mur, face à la cible.

« Comme vous le voyez, mesdames et messieurs, Mr Craig m'a remis une sarbacane de taille moyenne, une flèche sans curare, et un morceau de craie. J'utilise habituellement une sarbacane deux fois plus longue, celle que Mr Craig a posée sur le haut de l'armoire. La plus petite fait environ quatre-ving-dix centimètres, celle sur l'armoire un mètre quatre-vingts. Elles sont toutes deux très faciles à utiliser. Les Oriconos inséraient souvent le dard dans des petites perles du diamètre de la sarbacane. S'ils soufflaient de toute la force de leurs poumons, ou même s'ils se mettaient à rire au moment de tirer, l'impact de la bille suffisait presque à tuer un animal de la taille d'un mouton. Les flèches mesurent entre trois et dix-sept centimètres. La cible dont je me sers aujourd'hui est faite d'un matériau similaire à du liège, et dur comme la pierre. La craie, elle, ne sert qu'à souligner la démonstration, ajouta-t-il en traçant au sol une ligne parfaitement droite. Je suis toujours prêt à jouer sur le fil pour mes étudiants », dit-il dans un large sourire, attendant les gloussements qui n'allaient pas manquer d'accompagner sa remarque.

Il inséra la pointe, plantée dans une bille, et bien plus longue que je ne l'avais imaginée. Il se mouilla les lèvres une ou deux fois comme le fait un clarinettiste puis, posant le pied au bord de la ligne tracée à la craie, souffla dans la sarbacane. Le dard alla se ficher dans la partie supérieure du grand cercle noir au centre de la cible. La force du coup et la vélocité engendrée par la sarbacane l'avaient presque transpercée. La performance était impressionnante. Les applaudissements éclatèrent, et ses étudiants se mirent à crier, à battre des pieds et à siffler en signe d'appréciation.

Lorsque les applaudissements se turent, Christison, revenu à son pupitre, prit la parole sur un ton solennel : « Étant donné le caractère létal du curare et l'extrême habileté des Oriconos et des habitants des îles Andaman, on ne s'étonne guère que cette toxine s'inscrive à la première place dans le panthéon des poisons. »

L'homme aimait indubitablement faire des phrases.

« Mr Craig, si vous voulez bien ranger tout ceci et refermer l'armoire à clé, dit-il à son assistant. Je vous avoue, mesdames et messieurs, qu'au cours des nombreuses années que j'ai passées dans cette université, je me suis réveillé plus d'une fois en pleine nuit en tremblant à l'idée que l'un de mes assistants ou moi-même ayons oublié de cadenasser cette armoire. »

Il s'avança sur l'estrade et montra un élégant jeune homme assis au premier rang.

« Mesdames et messieurs, j'aimerais vous présenter notre démonstrateur d'anatomie, Mr Turner, qui est également mon lieutenant dans le Corps des cadets, comme nombre d'entre vous le savent déjà. Nous allons ensemble les mettre au pas, et je vous garantis qu'il est l'homme de la situation. »

Nouvelle salve d'applaudissements et d'acclamations.

« Avant cela, je souhaiterais dire quelques mots de notre petit bataillon. Depuis que j'ai plus ou moins pris la tête de notre groupe, les journaux ont fait de moi un grand guerrier, un protecteur des fusiliers, un expert en armes. J'aimerais vous expliquer l'origine du corps.

« Nos étudiants ont été parmi les premiers à prendre au sérieux ceux qui dénonçaient la vulnérabilité de notre pays face à une éventuelle menace d'invasion. Ils organisèrent alors une réunion, à laquelle je fus convié, parmi d'autres. Sans idée précise de l'objectif visé, sans réellement savoir ce qu'il convenait de faire, et plus par politesse qu'autre chose, je m'y rendis et me retrouvai bientôt devant cinq cents étudiants. Pensez donc – cinq cents !

« Puisque j'étais un chaud partisan de cette initiative, j'en pris naturellement la tête. Et comme je ne fais jamais les choses à moitié si je peux l'éviter, je me suis attelé à la tâche, et nous avons fini par recruter quatre-vingt-dix jeunes gens de premier ordre. Ils sont si bien entraînés que les sergents ont conduit quarante d'entre eux la semaine dernière à Queen's Park pour exécuter au pas de course toutes sortes de manœuvres, au grand étonnement d'une foule de gamins qui se trouvaient là, suscitant l'admiration de tous les hommes, femmes et bêtes de somme traversant le parc. »

Était-il bien judicieux de signaler que même les ânes vous admiraient ? me dis-je.

« Certains sont déjà des tireurs accomplis. L'un d'eux, qui s'entraînait sur la plage de Portobello, a réussi à fendre en deux une baguette installée à plus de deux cents mètres, à l'instant précis où passait l'amiral Wainwright, qui l'a chaleureusement applaudi. Les Français peuvent donc débarquer quand ils veulent (quelques années plus tôt, il parlait de Napoléon III). Ils devront éliminer plus de quarante tireurs avant d'aller plus loin. S'ils persistent, ils devront en éliminer cinquante autres.

« Maintenant, mesdames et messieurs, avec votre permission, je retourne à mon bureau pour me changer. Avant cela, je vais soigner ce doigt que j'ai égratigné avec une aiguille, et ce n'est pas la première fois, je peux vous l'assurer. Je dois me montrer plus prudent. Je vous laisse avec Mr Turner. »

Turner, un jeune homme élégant qui avait suivi mon cours de chirurgie clinique, se leva, un peu gêné par l'introduction de Christison. Il esquissa un geste pour faire taire les acclamations, puis nous expliqua que nous allions d'abord assister à un concours de tir auquel participeraient une douzaine des meilleurs tireurs du Corps. Viendrait ensuite un défilé en uniforme, auquel devaient assister divers officiers militaires et notables.

Il portait l'uniforme mentionné par Christison : un pantalon de flanelle grise au pli impeccable, orné d'une bande noire le long de la jambe, et une élégante vareuse de la même teinte dont les manches se terminaient par une bande noire. Il posa sur sa tête une casquette d'officier grise à la visière noire et luisante. Une fourragère noire et une large ceinture complétaient la tenue.

Il nous annonça que les cibles n'étaient pas encore installées, ce qui n'empêcha pas la quasi-totalité de l'assemblée de lui emboîter le pas jusqu'à la petite enceinte de Roxburg Street, située juste au-delà de la vieille bâtisse des infirmières.

Je me retournai pour saluer Doyle, Caird et Curor, assis juste derrière moi. Nous rejoignîmes ensemble Bell, qui présentait les jeunes femmes à sa sœur et à quelques étudiants.

« Je suis toujours impressionné par la démonstration de tir à la sarbacane du Pr Christison, dit Doyle. Mon frère Innes, qui l'a vue l'année dernière, meurt d'envie de se mettre à ce sport, comme il dit.

— Moi, c'est l'uniforme qui me plaît, dit Bell. Je vous vois froncer les sourcils, Wolff. Vous n'êtes pas d'accord. »

James Wolff, l'un de nos nombreux étudiants américains, était devenu le sparring partner de Doyle, et se serait fait remarquer n'importe où. Il avait, semble-t-il, grandi dans une ferme du Maryland. « Depuis que je suis gamin, et jusqu'à ce que je vienne ici, j'ai passé mes journées à labourer les champs et à traire les vaches, et mes soirées à lire tout ce qui me tombait sous la main », disait-il. Comme dans le cas d'Ogilvie, ses chemises avaient du mal à le contenir tout entier. Mais il possédait aussi la carrure d'un bœuf, et des mains grandes comme des battoirs. On hésitait à lui serrer la main une deuxième fois. Au mois de janvier précédent, lors de la bataille annuelle de boules de neige et du concours de tir à la corde organisé par les étudiants (dans le gymnase), il avait ôté sa chemise avant d'agripper la corde, dévoilant des biceps gros comme des cuisses.

Il dévisagea Bell, puis baissa la tête en rejetant d'une main la mèche qui lui tombait sur les yeux.

« Beaucoup seraient sans doute de votre avis, monsieur, mais, sauf votre respect, ils ressemblent pour la plupart à des cadets de West Point trop bien nourris portant des ceintures trop grandes pour eux.

— À votre manière, vous savez parler, répliqua Bell en riant. À propos, Wolff prend toujours deux "f" chez vous ?

— Merci, monsieur. Je crois que c'est un compliment. Dans mon pays, on m'appelait toujours "double f", et je disais que mon grand-père était nul en orthographe.

— C'est sans doute un compliment », dit Bell en imitant son accent. Tout le monde se mit à rire.

« West Point, West Point, fit Mrs Thorne. Ne s'agit-il pas de cette grande… euh… comment appelle-t-on cela, Sophia ?

— C'est l'équivalent américain de Sandhurst », répondit-elle sèchement.

Wolff lui lança un regard où se mêlaient l'étonnement et l'hostilité.

« Sauf votre respect, comme vous dites, Mr Wolff, j'ai autant de sympathie pour West Point que pour Sandhurst, c'est-à-dire peu », dit-elle gravement.

Wolff la dévisagea, puis lui adressa un sourire.

« Ce n'est pas bête, vous savez, Miss Blake.

— Cette jeune dame s'appelle... »

— Laissez, Mr Doyle, interrompit la "jeune dame" en secouant la tête. Mon frère disait que le tiret d'un nom composé ressemble à un perchoir à moineaux. »

C'est à ce moment-là qu'un des jeunes cadets de Christison entra en coup de vent dans la salle en criant qu'on installait les cibles et que nous devions nous rendre sur le pas de tir. Il traversa la salle en répétant son message et ressortit par l'autre porte.

« Je ferais mieux de vous laisser ; j'ai un rendez-vous important dès que le tir aura commencé, dit Miss Jex-Blake.

— Méfiez-vous, dit Bell. Il fait très froid, et je vous conseille d'attendre un peu. Chaque année, l'équipement de Christison et sa petite bande devient plus sophistiqué : des cibles installées sur poulies, que l'on monte et descend ; des échelles compliquées qui descendent dans le fossé où s'abritent les vérificateurs. C'est bien comme cela qu'on les appelle, n'est-ce pas, Wolff ?

— C'est peut-être le nom qu'on leur donne ici, mais à West Point, on les appelait marqueurs de la saignée. Ils montent la cible et la redescendent ensuite pour vérifier les impacts de balle et noter les résultats.

— La saignée est un fossé, c'est bien cela ? demandaBell.

— Oui, monsieur.

— Vous avez donc fait West Point, Wolff ? demanda Doyle. Je l'ignorais. Edgar Poe vous y a précédé, vous savez. Il y a lui aussi passé quelque temps.

— J'ai entendu dire qu'il avait été exclu pour chahutage et ivrognerie. Je préférerais pour ma part qu'on ne sache pas que j'y suis allé. Je n'y suis pas resté très longtemps.

— Vous avez dû être bien dépaysé en arrivant ici, lui dis-je.

— En effet, monsieur. Mais je m'y plais assez. Je n'étais pas fait pour l'armée. Je l'ai su tout de suite. J'ai cependant beaucoup appris en mathématiques pendant l'année que j'ai passée là-bas.

— Et le débrouillard qu'il est m'a dit qu'il avait même réussi à s'y faire un peu d'argent. N'est-ce pas ?

— Oui, monsieur. On m'appelait "le roi de la débrouille". J'ai récolté pas mal d'argent au billard et en faisant ça, dit-il en indiquant l'enceinte d'entraînement d'un signe de tête.

— Vous voulez dire du tir à la carabine ? demanda Doyle. Vous avez gagné de l'argent avec ça ? Comment diable ?

— Eh bien, voyez-vous, pour tous les gars de New York, du New Jersey et de la Nouvelle-Angleterre – ceux qu'on appelle les Yankees chez moi –, je n'étais qu'un paysan sans cervelle. J'ai exagéré mon accent et je leur ai fait croire que je n'avais jamais vu une queue de billard de ma vie, et que j'étais sacrément fasciné – c'est ce que leur ai dit – par leurs beaux fusils militaires. Pensez donc ! J'étais haut comme trois pommes que je chassais déjà les écureuils, les opossums et les ratons-laveurs.

— Racontez-nous l'histoire de votre frère et de l'écureuil, dit Bell, manifestement charmé par le jeune homme.

— Ah, Rufe ! Eh bien, voyez-vous, si quelqu'un était meilleur que moi à la carabine, c'était mon frère Rufus. On se vantait tellement de lui qu'un jour le sheriff est arrivé chez nous – un type du nom de Stupe Blanchard ; il avait entendu dire que Rufus était meilleur que lui à la carabine. Rufe lui a répondu qu'il s'en tirait pas mal.

« "Je vais te trouver un écureuil", dit le sheriff. Il en a repéré un sur une souche à la lisière du bois, au bout du champ de tabac.

« "Tiens, en voilà un, mon gars. Tire-le donc dans l'œil, dit le sheriff.

« — Lequel ? demanda Rufe en levant lentement son fusil.

« — Il n'y en a qu'un, mon gars, ronchonna Stupe.

« — Je voulais dire, dans quel œil, sheriff ?"

« Et "bang !" en plein dans l'œil de l'écureuil. »

Il se frappa la cuisse et passa son énorme bras autour des épaules de Doyle.

« J'ai cru que j'allais mourir de rire.

— Vous appelez les autres les Yankees. Vous voulez donc dire que le Maryland était du côté des sudistes ? demanda Miss Jex-Blake.

— Non, madame, pas tout à fait. On avait baptisé le Maryland "le vieil État entre deux chaises", et ses habitants, les "indécis". Environ la moitié s'est battue pour l'Union, et les autres pour le sud.

— Vous souteniez l'esclavage ? demanda Edith Pechey.

— Non, madame. Ce que je ne vous ai pas dit, c'est qu'ayant grandi dans une ferme, on m'avait élevé dans l'idée que les esclaves étaient aussi nécessaires que le soleil et la pluie à la culture du tabac. Quand la guerre a éclaté, j'avais déjà changé d'avis, en partie grâce à un oncle abolitionniste. Pour l'instant, je n'aime pas trop l'idée de femmes médecins. Vous croyez que je pourrais changer d'avis là-dessus aussi ? demanda-t-il en esquissant un sourire.

— Comment avez-vous pu vous battre contre votre propre pays ? demanda Miss Jex-Blake.

— Tout d'abord, madame, je ne me suis pas battu ; j'étais trop jeune. Et du point de vue des sudistes, l'Union voulait leur donner des ordres, leur faire changer leurs habitudes. Un de mes frères – pas Rufus – a été tué à Antietam – c'est une crique près de Sharpsburg – en défendant les sudistes. Et je dois vous dire…

— Mais les sudistes devaient bien se rendre compte qu'ils ne gagneraient jamais cette…, lança Mrs Thorne.

— Madame, laissez-moi vous dire une chose. Si on avait eu les mêmes moyens et le même approvisionnement que l'Union… Nos soldats étaient meilleurs, nos généraux étaient meilleurs. Ha ! L'Union n'avait que deux bons généraux : Grant et Thomas.

— Je me trouvais là-bas, vous savez ; juste après la guerre, dit Miss Jex-Blake. Et je dois dire que je n'ai jamais entendu parler du général Thomas. Qui était-ce ?

— Peu de gens le connaissaient, Miss. Mais je préfère laisser parler quelqu'un qui connaît très bien le sujet. Le Dr Bell en sait plus que n'importe qui sur la guerre de Sécession. Dans mon pays, les gens étaient trop à fleur de peau.

« Je disais justement à Miss Bl…, à Miss Jex-Blake qu'il n'y avait que deux bons généraux du côté de l'Union : Grant et Thomas, continua-t-il en se tournant vers Bell. N'ai-je pas raison, monsieur ? Les autres n'avaient pas assez de cervelle pour graisser un guibelet. Si les cerveaux étaient de la poudre à fusil, les autres n'en auraient pas eu de quoi faire sauter des pommes de terre. »

J'avais rarement entendu Bell rire d'aussi bon cœur.

« Ce jeune homme a perdu de nombreux parents et amis à la guerre, dit-il en lançant un regard sévère à Miss Jex-Blake. Soyez indulgente avec lui. Pour en revenir à sa question, je pense effectivement que Sherman était presque aussi grand boucher que stratège, et tout le monde connaît la ténacité et les exploits de Grant. George Henry Thomas était intelligent, déterminé et dur au mal. Comment l'appelait-on, Wolff ? Le roc de Chica-quelque chose ?

— Oui, monsieur, Chicamauga. Il a tenu tête à des forces largement supérieures en nombre dans un endroit appelé Snodgrass Hill. C'était une tête de mule, comme on dit chez moi.

— Avant de partir, pourrais-je vous poser une ou deux questions, monsieur Wolff ? demanda Miss Jex-Blake.

— Qu'est-ce qu'un "guibelet" ? lança Miss Pechey en riant.

— Et parlez-nous donc du prénom de votre sheriff », ajouta Joe Bell.

Miss Jex-Blake les dévisagea avec grande perplexité.

« C'est ce que vous vouliez savoir, Miss ? » demanda Wolff.

Elle hocha la tête.

« Ah ça alors ! Eh bien, un guibelet, c'est une petite vrille dont se servent les charpentiers, et Stupe Blanchard…

— Il avait un handicap quelconque ? demanda Miss Pechey.

— Non, madame. Ce sont les Noirs de chez nous qui lui avaient donné ce nom. Ils pensaient qu'il n'était pas bien futé, et ils avaient raison. Ils avaient raison sur quasiment tout le monde. "Stupe" est l'abréviation de stupide. Ils ne le lui disaient pas en face, bien entendu. "C'est pas le poids de son cerveau qui lui donnera des jambes arquées", qu'ils disaient. Ils avaient le sens de la formule. »

La porte du petit bureau de Christison attenant à la salle s'ouvrit pour laisser passer une procession distinguée : Littlejohn, suivi de Laycock, Sandy Wood, le professeur d'anatomie William Turner, Bancroft, et enfin Joseph Lister, notre grand homme, de retour après une semaine passée sur le continent, où il avait vu le célèbre Pasteur et démontré l'utilisation de son pulvérisateur à vapeur aux Allemands. Quelle pitié qu'il s'oppose lui aussi à l'arrivée des femmes ! me disais-je.

Bell fit courtoisement les présentations, puis Miss Jex-Blake annonça qu'elle devait partir.

« Avant que les cadets ne tentent leur chance à la cible ? demanda Handyside, nous rejoignant.

— C'est que j'ai reçu une invitation personnelle…

— Nous ferions mieux de nous rendre immédiatement au terrain, ou nous ne pourrons rien voir », dit Bancroft.

Toute la troupe se mit alors en route vers le champ de tir en empruntant Infirmary Street avant de rejoindre Drummond Street. Miss Jex-Blake nous quitta devant le nouveau bâtiment de Roxburg Place. On ne savait comment l'appeler : immeuble d'appartements ou belle cage à poules.

Le reste du groupe continua, passant devant la maison des infirmières, avant d'atteindre l'enceinte et de rejoindre la foule déjà assemblée. Je notai avec satisfaction la présence de nombreux policiers, placés en évidence. Les épreuves de tir avaient déjà commencé. Nous nous dispersâmes pour tenter d'avoir une meilleure vue. Certains tireurs étaient debout, d'autres allongés sur des toiles posées au sol.

« Ils doivent avoir froid, allongés par terre, dit Wolff.

— C'est exactement ce que je me disais, rétorqua Bell.

— Vous chassez, docteur Bell ? demanda Wolff.

— Je m'y essaie. Je trouve cela très reposant.

— Vous chassez par ici ?

— Non, je vais à Glendoick, d'où la famille de ma mère est originaire. C'est situé sur la pente sud des Sidlaws, surplombant la Tay, juste à l'est de Perth.

— Et vous, monsieur ? me demanda Wolff.

— J'accompagne ce gentleman de temps à autre. À la fin de la guerre – la guerre de Crimée –, je pensais être devenu un excellent tireur, mais chasser avec le Dr Bell m'a ramené à des sentiments plus humbles.

— Ah ! Il sait se servir d'un fusil ? demanda Wolff.

— C'est le moins que l'on puisse dire. Nous sommes allés chasser la grouse, le Dr Bell, le Dr Christison et moi. Christison vise aussi bien que lui, mais Bell parvient à tirer avant même que nous ayons aperçu le gibier. Très troublant, vous pouvez me croire. »

Les jeunes gens venaient toujours plus nombreux s'installer devant les cibles. Ils allaient ensuite remplacer les vérificateurs, les marqueurs de la saignée, comme aurait dit Wolff. Ils étaient bien entraînés. Le crépitement des balles s'intensifiait. Turner et un de ses camarades hurlaient des choses inintelligibles à chaque fois qu'un tir touchait au cœur de la cible.

« Je n'aimerais pas être l'une des infirmières qui vivent dans cet immeuble, dit le jeune Doyle, qui nous avait rejoints, accompagné de l'inspecteur McCabe.

« Je me disais la même chose, dit Wolff.

— Étant donné qu'elles ne disposaient de rien de tel auparavant, j'ai été heureux que nous puissions mettre cet immeuble à leur disposition », rétorqua Bell.

Avec son frère Robert, un avocat au barreau, il s'était lui-même chargé de la transaction.

« Fort heureusement, Christison et sa bande ne s'entraînent pas au tir très souvent, sinon nous deviendrions tous sourds rapidement, dis-je.

— C'est là qu'habitent Miss Jex-Blake et les autres étudiantes ? demanda Wolff.

— Non, la plupart résident à Buccleuch Place, répondis-je.

— Il faut que je parle à Miss Jex-Blake, dit McCabe. Sauriez-vous où elle se trouve en ce moment ?

— Elle a parlé d'une invitation "personnelle" en rapport avec le défilé », dis-je.

Bell et McCabe tournèrent la tête vers moi.

« Quelqu'un d'autre a reçu une invitation personnelle ? demanda McCabe.

— Pas que je sache, répondit Mrs Thorne.

— Savait-elle d'où venait l'invitation ?

— Elle venait d'un certain colonel Sanford ou Stanton – quelque chose comme ça. Aucun d'entre nous ne le connaissait. Sophia a trouvé que c'était un geste de bonne volonté de la part du Pr Christison, et elle ne voulait pas le vexer en n'y allant pas…

— Bonté divine ! s'écria Bell. Quand elle nous a dit qu'elle avait reçu une invitation "personnelle", j'ai cru que cela venait d'un ami.

— Qui la lui a remise ? demanda McCabe.

— Je crois qu'elle est arrivée hier au courrier, dit Mrs Thorne.

— Elle nous a quittés près de la maison des infirmières et est entrée dans la grande enceinte, dit Bell. Inspecteur, nous ferions mieux de la retrouver au plus vite.

— Je partage votre avis », répondit McCabe, qui se faufilait déjà à travers la foule.

Leur appréhension était contagieuse, et je vis les visages pâlir autour de moi. Nous partîmes à grands pas en direction de la maison des infirmières. McCabe en tête, nous suivîmes l'allée longeant la vieille bâtisse. C'est alors que j'entendis un son que je n'oublierai jamais – un long hurlement strident. Puis un court silence, et un autre cri de détresse plus fort encore.

Je vis le sergent Dundas sortir en courant du nouvel immeuble encore vide. Il s'arrêta pour parler à des policiers arrivés en hâte et qui, après avoir reçu leurs instructions, se précipitèrent dans l'immeuble, tout en regardant par-dessus leur épaule en direction d'une silhouette perchée sur le petit balcon de la maison des infirmières. Sophia Jex-Blake, une main agrippée à la rambarde, montrait avec insistance le balcon de l'immeuble d'en face qui surplombait légèrement celui sur lequel elle se tenait. À ses pieds, dans la rue, se trouvait Edith Pechey. C'est elle qui avait poussé ces hurlements.

Je courus vers elle pour tenter de la réconforter. Bell continuait à regarder fixement Miss Jex-Blake. McCabe, après s'être assuré que les deux issues étaient gardées, donna l'ordre à ses hommes de refouler les curieux. Apprenant que les jeunes femmes n'étaient pas blessées, il demanda à Bell s'il y avait un endroit pouvant les accueillir dans la maison des infirmières.

« Oui, il y a une sorte de salon-bibliothèque au rez-de-chaussée, tout au fond. Les infirmières l'utilisent essentiellement pour écrire leurs lettres, coudre, repasser, ce genre de choses. Mais qu'est-ce que ce curieux objet au-dessus de la tête de Miss Jex-Blake ? »

McCabe ne répondit pas tout de suite, occupé qu'il était à me demander si je voulais bien escorter Miss Pechey à l'intérieur. Puis, levant la tête, il demanda à Miss Jex-Blake de nous rejoindre dans le salon.

« Quel objet ? finit par demander l'inspecteur.

— Il a raison, dit Miss Jex-Blake. Vous et vos hommes devriez venir voir cette chose d'aspect anodin accrochée au-dessus de la porte, à une trentaine de centimètres de ma tête.

— Mais qu'est-ce que ça peut bien être ?

— C'est une cible, inspecteur ; elle ressemble fort à celle qui se trouvait dans la salle du Pr Christison, dit Bell. Et, si je ne me trompe, elle a été transpercée par quelque chose.

— Quoi ? Je ne vois rien d'ici.

— Il n'a pas tort, inspecteur. Montez, je vous prie. »

Miss Pechey m'assura qu'elle n'avait plus besoin de moi et me pressa d'accompagner les autres. En arrivant sur le balcon, j'entendis la voix de McCabe.

« C'était au-dessus de votre tête depuis le début ?

— Sans aucun doute, inspecteur. Mais l'idée ne m'est pas venue de lever les yeux.

— Laissez-moi l'examiner, et puis nous redescendrons, si vous voulez bien.

— Je crois que vous pourrez l'ôter facilement, inspecteur, dit Bell en jetant un coup d'œil derrière l'objet. C'est juste un petit crochet et un anneau.

— Ardmore, voulez-vous monter un instant, s'il vous plaît », dit McCabe en se penchant sur la rambarde.

Un jeune policier sortit du groupe et entra à la hâte dans le bâtiment.

« Bien. Je vais vous faire la courte échelle, dit l'inspecteur en soulevant le jeune policier avec une aisance déconcertante. Décrochez la cible, Ardmore, et regardez si quelque chose l'a traversée et s'est fiché dans le mur.

— Elle est très lourde pour sa taille. Oui, monsieur, il a bien quelque chose dans le mur. Presque à coup sûr une balle, et elle a transpercé la cible.

— Mmm, fit l'inspecteur. C'est bien ce qu'on dirait. Nous reviendrons examiner tout ceci de près, mais tout d'abord, Miss Jex-Blake, pourquoi ne descendez-vous pas au salon pour vous remettre de vos émotions ? Ensuite, vous nous direz ce que vous avez vu

— Volontiers, inspecteur. Je crois savoir ce qui s'est passé, mais j'ai été un moment hypnotisée par les simagrées de… Descendons. Je me sens un peu faible, tout à coup. »

L'inspecteur la prit doucement par le bras pour l'escorter.

« Sophia, venez vous asseoir dans ce bon fauteuil, lança Miss Pechey en nous voyant. Regardez ce que cette belle âme vous a préparé. Du thé ! Elle a eu la gentillesse de vous faire du thé. »

La belle âme en question était Angela Canaby, une jeune femme élancée aux cheveux noirs de jais et au visage anguleux. Elle était l'une des nombreuses infirmières de Cowgate formées par Joe Bell.

Elle lui était à présent devenue indispensable lorsqu'il faisait ses visites à l'hôpital. J'avais parlé d'elle à Miss Jex-Blake qui, toujours prête à lier de nouvelles amitiés, m'avait dit qu'elle ferait volontiers sa connaissance, avant de mettre sa parole à exécution.

Bell fit les présentations, puis Miss Canaby nous proposa du thé. Nous déclinâmes, et Wolff, après avoir dit qu'il était « fichtrement heureux » que les jeunes femmes n'aient pas été blessées, prit congé, car il avait promis à Turner de lui montrer comment fabriquer un meilleur « truc » pour monter et descendre les cibles dans la fosse. Il voulait également savoir qui avait remporté la médaille d'or, et lui lancer un défi à la carabine.

Le jeune Doyle jeta un regard à Bell, qui se tourna vers l'inspecteur.

« Je commence à vous connaître, monsieur, dit l'inspecteur en riant. Ce jeune homme peut-il rester ? Puisque vous vous portez garant de son silence et de sa curiosité naturelle, et qu'il en sait déjà long, qu'il reste. »

Doyle les remercia tous deux en souriant.

« Vous êtes ici depuis longtemps, Miss Canaby ? demanda l'inspecteur en se tournant vers la jeune femme.

— J'ai passé le plus clair de la journée ici, inspecteur. Je suis allée de bonne heure voir ma mère, mais le voisin qui s'occupe d'elle était déjà là, et je suis revenue aussitôt.

— Pouvez-vous rester un moment ?

— Bien entendu, inspecteur. »

Il la remercia. De son air doux et patient, il apporta du sucre et du lait à Miss Jex-Blake, et demanda à Miss Canaby des nouvelles de sa mère. Il connaissait manifestement la situation. Je ne pus m'empêcher de noter sa sollicitude.

« Je vais tout à fait bien à présent, inspecteur, dit Miss Jex-Blake. J'étais en train de me rappeler combien les Américains s'étonnent de nous voir mettre du lait dans notre thé.

— Je suis ravie que vous songiez aux Américains, Sophia, dit Miss Pechey. Ou à ce que vous voulez, hormis à cette horrible créature sur le balcon là-bas.

— Voulez-vous nous dire ce qui s'est passé, Miss Jex-Blake ? demanda l'inspecteur.

— Certainement. Par où commencer ? Eh bien, j'ai reçu une lettre, une "invitation personnelle", disait l'auteur de la lettre, un colonel, ami du Pr Christison, qui me conviait à me joindre à l'inspecteur, à des officiers (dont les noms m'étaient inconnus) et à quelques amis du Pr Christison (que je connaissais) dans la tribune installée sur le balcon de cet immeuble. Nous devions nous retrouver ici aussitôt après la conférence du Pr Christison, sauf si nous éprouvions le "désir irrépressible" de voir le concours de tir.

« Comme la plupart d'entre vous le savent, je suis partie avec vous après la conférence, puis j'ai pris l'allée qui longe la maison des infirmières, en levant les yeux pour m'assurer de l'emplacement du balcon. Je suis entrée et, en montant à l'étage, j'ai croisé une infirmière du nom de Lindsay, qui s'est étonnée de me voir. Lorsque je lui ai expliqué les raisons de ma présence, elle m'a dit qu'il lui tardait de retourner à l'hôpital. "Le bruit des tirs est déjà suffisamment pénible. Et je ne supporte pas de voir des hommes adultes se comporter comme des gamins sur un terrain d'entraînement", m'a-t-elle dit avant de partir.

« J'ai eu toutes les peines du monde à ouvrir la porte donnant sur le balcon. Je m'escrimais sur la poignée lorsque j'ai entendu dans les escaliers la voix de Miss Canaby, qui me demandait si j'étais sûre d'être au bon endroit. Lorsque je lui eus expliqué pourquoi j'étais là, elle m'a dit que le Pr Christison n'avait jamais invité aucune femme dans la tribune auparavant. Elle me proposait son aide lorsque la porte s'est ouverte enfin dans un horrible grincement. Miss Canaby est alors redescendue en me disant que je la trouverais dans le salon du rez-de-chaussée si j'avais besoin d'elle.

« Comme vous l'avez constaté, il y avait cinq ou six chaises posées à l'envers le long du mur et munies d'une étiquette. La plus proche de la porte portait mon nom, et je suis restée un moment indécise, ne sachant si je devais la retourner et m'asseoir. J'avais du mal à me concentrer en raison du bruit venant du terrain de tir.

« Les carabines se sont tues un court instant, et j'ai entendu soudain un grondement, comme un cri d'animal, puis un hurlement, provenant de l'immeuble de l'autre côté de l'enceinte. Sur le balcon, surélevé d'un mètre ou deux par rapport à ma position, j'ai aperçu une immense silhouette vêtue d'un uniforme noir de policier.

— D'un quoi ? cria l'inspecteur. D'un de nos uniformes, dites-vous ?

— Oui. Cela m'a frappée, et puis… j'ai failli être frappée littéralement, n'est-ce pas ? dit-elle en esquissant un faible sourire. J'avais les yeux rivés sur la silhouette du balcon d'en face. Il semblait avoir des taches noires sous les yeux et une sorte de longue barbe assyrienne. Il a pris derrière lui une longue carabine qu'il a épaulée. J'étais restée jusque-là clouée au sol. Au moment où je m'accroupissais derrière la rambarde, il a tiré. Malgré le bruit venant de l'enceinte, j'ai clairement entendu la détonation, et je suis sûre que la balle est venue s'écraser au-dessus de ma tête.

— Bonté divine ! C'est affreux, Sophia ! s'écrièrent ses collègues.

— Et puis, il a fait une chose très surprenante…

— Je suis ravi d'apprendre que vous considériez jusque-là ses activités comme relativement normales, dit Bell en s'efforçant de sourire.

— Je vois ce que vous voulez dire. Il a brandi une tige métallique, bien plus courte que la carabine, qui ressemblait à un tisonnier. Il l'a laissée échapper, et elle est tombée bruyamment au sol. Je l'ai entendu très distinctement. Il l'a ramassée et l'a pliée en deux en poussant un horrible cri. C'est alors, je crois, que j'ai entendu quelqu'un pousser un hurlement. C'était Edith, qui se trouvait en contrebas dans la rue et regardait le balcon en face. J'ai voulu alors aller chercher de l'aide. Je me suis retournée avant de descendre : il avait disparu. »

L'inspecteur tournoyait dans la pièce, décrivant des cercles de plus en plus larges à mesure du récit.

« Bon sang, si ce que vous dites est vrai, cet homme sera à coup sûr appréhendé. J'ai posté des hommes devant les deux sorties de l'immeuble, et les ouvriers sont partis. Quinze ou vingt policiers au moins ont investi l'endroit.

— Ah, inspecteur ; je crois que c'est exactement ce que cet individu diabolique attendait, dit Bell d'un air pensif.

— Je ne vous suis pas.

— Je crois que si, mais vous ne vous en rendez pas encore compte, répliqua mon collègue. L'homme a, semble-t-il, pris tout son temps, comme vous l'avez constaté. Il voulait que Miss Jex-Blake observe son étrange comportement. Pour le moins excessif, Watson.

— Mais pourquoi toutes ces simagrées ? demandai-je.

— Bon sang, je commence à voir ce que vous voulez dire, docteur Bell, lança McCabe d'une voix forte, son visage s'éclairant. Avec cet uniforme, il ressemblait à n'importe quel policier.

— Vieille ruse, voyez-vous, dit Bell. Porter la même tenue que ceux qui vous entourent. Si notre faux policier s'est mis à courir dans un couloir, comme s'il cherchait lui aussi le coupable, il s'est fondu parmi les autres. L'homme est malin, je le reconnais. »

L'inspecteur se tourna vers Miss Pechey, qui lui expliqua qu'elle était arrivée sur les lieux au moment où retentissait la détonation, suivie de l'horrible cri poussé par une sorte de géant qui pliait une tige métallique sur le balcon d'en face.

« Sophia a oublié une chose, inspecteur. L'individu nous a menacées de son poing, et Miss Canaby nous a dit qu'elle n'avait rien remarqué d'insolite avant d'entendre le cri poussé par Miss Pechey.

— Pas même la détonation, j'imagine ? demanda l'inspecteur.

— J'ai entendu de nombreux bruits de carabines, répondit Miss Canaby ; j'étais dans le salon du fond, occupée à repasser, et je me suis sans doute dit que cela venait du concours de tir.

— Précisément ! C'est ce que cette canaille voulait nous faire croire, dit l'inspecteur. Il a parfaitement choisi son moment. »

Le sergent Dundas, figé sur le seuil comme une statue, s'éclaircit la gorge.

« Vous ne l'avez pas trouvé, hein, Dundas ? demanda l'inspecteur.

— Non, monsieur, et pourtant Ward et Lock avaient posté des hommes devant les deux sorties, comme vous l'aviez demandé. Mais nous avons trouvé quelque chose sur le balcon. La jeune dame a de bons yeux. On a découvert un tisonnier plié en deux.

— Il portait des traces ?

— Non, monsieur. Il était relativement propre. Pas de sang ni de cheveux, ni rien de la sorte, pour autant que je sache.

— Le tisonnier avait l'air neuf ? » demanda Bell.

Le sergent jeta un regard vers McCabe, qui lui fit un léger signe de tête.

« Vous m'avez perturbé, monsieur, répondit-il. Il faut que je réfléchisse. Je ne crois pas. Il n'a pas l'air de sortir de la forge.

— Mmm. Intéressant, dit mon ami.

— Vraiment ? fit le sergent.

— C'est possible, Sergent, murmura Bell d'une voix à peine audible, le regard dans le vague.

— Voyez-vous quelque chose dans... »

Bell interrompit l'inspecteur en levant les mains, et secoua la tête.

« Une curieuse idée m'est venue, mais c'est peut-être une chimère. Nous le saurons dès que cette jeune femme se sentira la force de m'accompagner dans l'immeuble d'en face.

— Ce thé et ce fauteuil ont fait merveille, et vous avez piqué ma curiosité, docteur Bell, dit Miss Jex-Blake.

— Je ne dis pas souvent cela, mais vous avez aussi piqué la mienne, ajouta le sergent.

— Nous devrions monter voir de plus près l'impact de balle découvert par Ardmore. Mais examinons d'abord cette cible, dit l'inspecteur, qui la tenait dans ses larges mains. Mmm, plutôt lourd pour un disque de cette taille. On dirait de la gutta-percha, ou une sorte de composé argileux. Il y a un trou au centre, fait par une balle de fusil, j'imagine. Qu'en pensez-vous, monsieur ? dit-il en se tournant vers Bell.

— C'est plutôt du ressort de Watson. Il en sait bien plus long sur les fusils et la balistique en général que n'importe lequel d'entre nous. »

— C'est bien un impact de balle, dis-je en examinant la cible. Si j'en juge par la taille du trou, elle pourrait avoir été tirée par un Lee-Enfield, ou un Henry-Martini, mais ce n'est qu'une hypothèse.

— Aha ! Bien, montons à l'étage, et voyons si le balcon peut nous apprendre quelque chose, dit l'inspecteur.

— Prenez garde à la deuxième et à la troisième marche, dit Miss Canaby. Elles ne sont pas très solides. Nous ne cessons d'en plaisanter, mais nous en avons parlé au Dr Bell, qui nous a dit que ce serait réparé.

— Mr McKenzie m'a informé qu'il s'en occuperait personnellement dans la semaine », dit Bell.

Lorsque nous arrivâmes sur le balcon, l'inspecteur me prit le bras pour m'aider à monter sur l'une des chaises afin que je puisse examiner le trou au-dessus de la porte.

« Auriez-vous un canif sur vous, sergent ? demanda l'inspecteur.

— Non, monsieur, navré.

— J'en ai un », dit le jeune Doyle en sortant de sa poche un énorme couteau à cran d'arrêt plutôt effrayant.

L'inspecteur écarquilla les yeux.

« Le Dr Bell m'a demandé s'il me servait à pratiquer des amputations d'urgence.

— Je n'en serais pas autrement surpris, gloussa l'inspecteur en insérant délicatement la pointe du couteau dans le trou. Elle a traversé le bois et s'est logée derrière. Je vais gratter un peu le plâtre. »

Au bout d'un instant, il me demanda d'y jeter un œil. La balle s'était fichée dans le plâtre, et semblait provenir d'un Henry-Martini. Mais c'est surtout l'angle de tir qui m'intéressait.

« Vous avez examiné de près le trou de la cible ? demandai-je à Bell.

— Suffisamment, je crois, Watson. Pourquoi cette question ?

— Venez donc voir ceci. Je vous laisse la place.

— Si vous aviez la bonté, inspecteur…

— Bien sûr ! » répondit McCabe en l'aidant à monter.

Bell examina le trou creusé par la balle en murmurant quelques paroles inaudibles.

« C'est l'angle de tir qui vous préoccupe, n'est-ce pas, Watson ? me demanda-t-il en me regardant par-dessus son épaule.

— Vous le savez bien.

— Bien vu. inspecteur, notre ami en est arrivé à la conclusion – corrigez-moi si je me trompe, Watson – que la cible a été percée par une balle tirée en ligne droite, tandis qu'ici la balle a suivi une trajectoire ascendante. Le coup a été tiré de bas en haut.

— J'avais un peu oublié la cible, mais dès que j'ai vu la balle logée dans le plâtre, j'ai compris que le fusil était pointé vers le haut, dit l'inspecteur.

— Quel imbécile je suis ! siffla Bell en se frappant la cuisse. Voulez-vous bien m'aider à porter cette chaise, inspecteur ? Elle est aussi lourde qu'un quartier de bœuf. »

Bell lui demanda de déplacer la chaise à trois reprises afin qu'il puisse examiner en détail tout le chambranle de la porte. Il secoua soudain vivement la tête.

« Bon sang ! Bien sûr ! inspecteur, voulez-vous porter la chaise à l'autre bout du balcon ?

— À l'autre bout ?

— Oui, je crois. »

Il monta sur la chaise, scrutant la boiserie à l'autre bout du balcon.

« Ha ! Nous y sommes. Regardez donc, Watson, inspecteur.

— Regarder quoi ? demanda l'inspecteur, me volant ma question.

— Mais la balle, bien sûr ! La balle que vous avez entendue frapper le bois, si je ne me trompe, Miss Jex-Blake. »

Elle avait l'air éberlué.

« La balle que j'ai entendue ? Mais qu'en est-il…

— Oui, qu'en est-il de la balle qui a percé la cible ? demanda l'inspecteur. Et comment avez-vous découvert cette deuxième balle ?

— Parce que je la cherchais, inspecteur.

— Vous la cherchiez ! explosa McCabe.

— En effet. Et pour répondre à votre première question… »

Il se tut et me regarda avec un de ses étranges sourires.

« Vous voyez où je veux en venir, Watson ?

— Bon sang ! m'écriai-je, très excité. Peut-être. Je pense entrevoir un rai de lumière. Vous voulez dire que la balle logée au-dessus de la porte n'a jamais touché la cible ?

— Bravo, Watson, bravo ! C'est exactement cela. Comme Henry Littlejohn me l'a souvent dit lorsque nous travaillions ensemble, je crois que nous avons affaire à un adversaire digne de croiser notre fer.

— Mais si la première balle n'a pas touché la cible, que s'est-il passé ?

— C'est là toute la question, inspecteur. C'est un petit jeu très ancien que pratiquait, entre autres, le sheriff de Nottingham afin d'impressionner Robin des Bois et ses joyeux compagnons, si je me souviens bien.

— Pour impressionner Robin des Bois, dites-vous ? marmonna le sergent Dundas en secouant la tête et en se grattant le scalp.

— Oui. C'est une ruse très simple, en réalité. On tire d'abord une flèche – en l'occurrence une balle – presque à bout portant dans la cible, que l'on accroche ensuite à un arbre – ou un mur. En se servant du pouvoir de suggestion, ou grâce à un tour de passe-passe, on fait croire au public – disons, crédule – qu'on est un tireur d'élite. Que pensez-vous de mon explication, inspecteur ?

— Je reste sans voix. Mais pourquoi donc toutes ces manœuvres compliquées ?

— Pourquoi ? Notre plieur de tisonniers veut-il flatter son ego ? Quant à cela…

— Oui, coupa l'inspecteur, allons donc voir ce fout… ce tisonnier. Mesdames, je vous demande de rester ici. Miss Jex-Blake, puisque c'est vous qui étiez apparemment visée, vous serez informée si nous découvrons quelque chose. Sergent, demandez à deux hommes de rester avec ces dames. L'individu est peut-être encore dans les parages. Entre-temps, sergent, pourriez-vous aller demander à Ward et Lock s'ils ont bien suivi toutes mes instructions ?

— Je propose que vous vous mettiez tous en ordre de marche, dit Miss Jex-Blake en riant. Et au pas cadencé, comme vous y invite la fanfare qui joue dehors.

— Mes pieds savent ce qu'il faut faire », rétorquai-je en souriant.

Après avoir parlé à Christison, les hommes de McCabe avaient informé les spectateurs – la plupart se doutaient qu'il s'était passé quelque chose – que le défilé se déroulerait dans la petite enceinte où avait lieu le concours de tir. La grande enceinte, située entre la maison des infirmières et le nouveau bâtiment, s'était donc vidée. Nous entrâmes dans l'immeuble d'appartements par la porte principale. On sentait une forte odeur de bois neuf et de plâtre. Nous montâmes directement au balcon, où deux policiers montaient la garde. Miss Jex-Blake avait raison : le balcon du nouvel immeuble était notablement plus élevé que celui sur lequel elle se tenait.

« Ah, voilà le tisonnier qu'il a plié en deux, dit McCabe en évitant de le toucher.

— C'est ce qu'on dirait, ajouta Bell d'un air pensif.

— Vous en doutez ? demandai-je, notant que l'inspecteur était aussi surpris que moi.

— Non, non, pardonnez-moi. Quelque chose me tracasse, mais je n'arrive pas à mettre le doigt dessus. »

À côté du tisonnier se trouvaient deux morceaux de bois rectangulaires, de six à sept centimètres d'épaisseur et longs d'une quarantaine de centimètres, sur une trentaine de centimètres de largeur.

« D'où viennent ces morceaux de bois et que font-ils ici ? » demanda l'inspecteur.

Un silence se fit, puis le jeune Doyle prit la parole.

« Oh, il y en a partout autour du bâtiment, particulièrement de l'autre côté.

— Vous en avez trouvé d'autres sur le balcon ? demanda McCabe à ses hommes.

— Non, monsieur.

— Regardez. On dirait que quelqu'un est monté sur celui du dessus. Ça ressemble à une empreinte, dit l'inspecteur en montrant le morceau de bois.

— Je crois que vous avez raison, dit Bell. Drôle de perchoir, étant donné qu'on a une vue parfaitement dégagée depuis ce balcon, dit Bell.

— C'est aussi ce que j'étais en train de me dire. Dundas avait raison : le tisonnier n'est pas neuf ; il a déjà bien servi.

— Merci, inspecteur, dit Bell. Voilà une remarque intéressante. Verriez-vous un inconvénient à ce que nous visitions quelques appartements ? Savez-vous si on peut y avoir accès ? »

L'inspecteur jeta un regard vers ses deux hommes. Le plus grand lui remit une clé.

« Ward ou Lock, je ne sais lequel, l'a obtenue du contremaître, dit le policier.

— Merci, inspecteur, dit Bell. Quelque chose me tracasse.

— Oui, c'est ce que je vois.

— Je crois savoir pourquoi notre homme s'est perché sur ces morceaux de bois.

— Ah ?

— Simplement pour paraître plus grand que Miss Jex-Blake. Il n'a pas eu le temps de les redescendre, et les jeter par-dessus le balcon aurait été trop voyant.

— Oui, c'est certainement une possibilité, répondit l'inspecteur. S'il s'agit de l'auteur des lettres, il a pour le moins le sens du théâtral.

— En effet », dit Bell.

L'inspecteur nous fit entrer dans le premier appartement, laissant le morceau de bois et le tisonnier sur le seuil.

L'appartement était modeste : une grande chambre, une petite cuisine donnant sur un salon en L ; une étroite salle de bain, un minuscule vestibule, et un bureau avec une cheminée équipée d'un pare-feu et des accessoires habituels.

« Pourrais-je visiter un ou deux autres appartements, inspecteur ? demanda Bell.

— Certainement. Laissez-moi vous ouvrir la porte. C'est un passe, Cartwright ?

— Oui, monsieur. »

Nous inspectâmes trois autres appartements, identiques au premier, mais beaucoup plus clairs.

« Un médecin et sa famille seraient un peu à l'étroit, ici, déclara l'inspecteur ; et un étudiant ne pourrait se l'offrir.

— C'est aussi ce que je me disais, répliquai-je.

— Vous avez examiné la planche boueuse et le tisonnier, n'est-ce pas, inspecteur ? Vous avez constaté qu'il n'était pas neuf ? demanda mon collègue.

— En effet.

— J'aimerais attirer votre attention sur les belles cheminées des salons.

— Oui, je les ai remarquées, moi aussi, docteur Bell. Avez-vous autre chose à me signaler avant que j'aille interroger le contremaître ? demanda l'inspecteur.

— Oui, le tisonnier de la cheminée du premier appartement.

— Qu'est-ce qu'il y a ? demanda McCabe avant de retourner dans l'appartement examiner la cheminée. Mais il n'y a aucun tisonnier, ici.

— Précisément, inspecteur. C'est très curieux. »

Nous avions suivi McCabe dans l'appartement. Il rebroussa chemin, et repartit inspecter le deuxième, puis le troisième.

« Les autres cheminées ont un tisonnier, ainsi qu'une balayette. Le tisonnier du balcon vient du premier appart… »

Il se tut.

« Exactement, inspecteur. Ce tisonnier n'est pas neuf, n'est-ce pas ?

— Non, en effet. Qu'est-ce qu'il fiche là, alors ?

— Je n'en suis pas sûr, mais une amusante hypothèse m'est venue à l'esprit.

— Amusante ? fis-je.

— Disons insolite, Watson. Inspecteur, serait-il possible d'aller chercher le contremaître, s'il se trouve encore dans les parages ?

— Pas de problème », rétorqua Cartwright.

Il descendit en trombe les escaliers et revint avec le contremaître, un homme corpulent au visage rougeaud et à la tignasse rousse qui paraissait extrêmement nerveux.

McCabe s'approcha de lui et le prit doucement par le bras.

« Je suis l'inspecteur McCabe ; vous êtes… ?

— Mortimer, monsieur. Donald Mortimer, d'Inverness. Vous dites que vous êtes l'inspecteur McCabe, hein ?

— Oui. J'espère que cela ne vous trouble pas, Mr Mortimer. Voici le Dr Bell, qui souhaitait, comme moi, vous poser quelques questions. Ne vous inquiétez pas. Simple routine. »

L'homme lui adressa un sourire nerveux et hocha la tête.

« Tout d'abord, Mr Mortimer, quelqu'un vous a-t-il demandé la clé de cet immeuble aujourd'hui avant que… avant tout ce chambardement ?

— Avant les coups de feu, vous voulez dire ?

— Vous étiez là ?

— Non, monsieur ; j'ai entendu vos hommes en parler. On entendait tellement de coups de feu du côté du concours de tir qu'on n'y a pas vraiment fait attention. J'étais occupé à finir les pièces du bas avec les peintres ce matin. À les mettre au propre, comme qui dirait. On rangeait nos fournitures à la cave quand Rasmussen – Willie Rasmussen, l'un de mes ouvriers – est arrivé en haut de l'escalier.

« "Hé, vous avez entendu ça, qu'il a dit.

« — Entendu quoi ? a demandé Hamilton, un de mes peintres. J'ai vu la lumière quand tu as ouvert la porte, mais j'ai rien entendu. Ma femme me dit que je deviens sourd…"

« C'est là qu'on a entendu le couinement. "Ça y est, ça recommence, a crié Willie. C'est une dame qui crie, je vous dis." Et il s'est précipité dehors et on l'a suivi.

« Quand je suis sorti, il y avait une dame debout devant la maison des infirmières qui hurlait en montrant notre immeuble, et il y en avait une autre sur le balcon qui faisait la même chose et parlait à toute vitesse à la dame qui hurlait. Mais oui, monsieur, un de vos hommes est venu chercher le passe ce matin. »

Comme moi, McCabe fut surpris par cette réponse soudaine à sa question initiale.

« Un de mes hommes, vous dites ?

— C'est ça.

— Il ne vous aurait pas dit son nom, par hasard ?

— Si, si. Tout de suite. Inspecteur McCabe, qu'il a dit. C'est bien ça, Davie ? Je dois dire que j'ai été étonné en entendant votre nom, inspecteur.

— Croyez-moi, Mr Mortimer, je m'en étonne autant que vous, et je ne suis pas le seul. Vous sauriez reconnaître cet homme ?

— Pas sûr, monsieur. J'étais seul à la cave avec Willie, et c'est le coin le plus sombre du bâtiment, vous savez. On avait deux lampes de mineurs, et c'est tout. En plus, il est resté dans les escaliers presque tout le temps, avec la lumière derrière lui. Moi et Willie, on se dépêchait de finir ici. On vient de décrocher un chantier de peinture dans Dalkeith Road. »

L'inspecteur posa la même question à Rasmussen.

« Non, monsieur. J'étais dans le coin avec le matériel, et je me dépêchais de nettoyer mes pinceaux. »

Bell s'était mis à tapoter nerveusement sa tempe avec deux doigts, le pouce coincé sous la mâchoire.

« Il vous vient une idée, docteur Bell ? demanda l'inspecteur.

— Oui. Permettez-moi. L'immeuble n'était donc pas fermé à clé lorsque l'individu est arrivé dans l'escalier ? demanda-t-il au contremaître.

— Non, monsieur. Nous étions en train de tout nettoyer, et on faisait le va-et-vient, si vous voyez ce que je veux dire. Il fallait laisser la porte ouverte.

— Il vous a expliqué pourquoi il voulait les clés ? demanda l'inspecteur.

— Il nous a dit qu'il y avait une petite cérémonie de prévue la semaine prochaine. Mr McGilivray – le maître d'œuvre – va faire visiter les appartements à des professeurs de médecine et à des officiers de police. Il a dit que son supérieur lui avait demandé d'inspecter les appartements, pour voir lesquels étaient les plus clairs, les plus spacieux. Quelque chose dans ce genre. »

Bell le remercia. L'inspecteur se mit à arpenter la pièce.

« Mmm. Je vois. Mr Mortimer, vous pouvez partir, vous et vos ouvriers, mais donnez à mon sergent l'adresse de votre chantier de Dalkeith Road, au cas où nous aurions d'autres questions à vous poser. »

Bell avait changé d'expression. Son corps parut soudain se détendre et il se mit à glousser.

« Je voudrais vous faire remarquer l'extrême soin pris par notre rôdeur et toute sa mise en scène.

— Je dirais les choses autrement, mais vous avez raison, dit l'inspecteur.

— Je vais vous prier de me rendre un service, inspecteur, et pour employer l'expression d'un membre de notre club , ce n'est pas la manière dont un Écossais réclame un os.

— Je vous écoute.

— Pourriez-vous demander à vos hommes de fouiller l'immeuble ?

— Nous vous avons devancé, docteur Bell. J'en ai déjà donné l'ordre, et si j'en juge par l'air placide du sergent Dundas, la fouille a eu lieu, et son silence indique qu'elle n'a rien donné. N'est-ce pas, sergent ?

— Exactement, monsieur.

— Vous vous demandez sans doute où est passée la carabine du tireur ?

— La carabine, et peut-être aussi un autre objet. Vous venez sans doute de nous fournir un indice sur leur emplacement, inspecteur. Vos hommes ont-ils fouillé la cave ?

— Selon Lock, il n'y a rien en bas. Juste le matériel des peintres, monsieur, répondit le sergent.

— Voilà probablement la réponse, inspecteur, dit Bell, soudain très excité. Pourriez-vous demander à quelqu'un de recommencer la fouille dans ce coin-là ?

— Je crois savoir où vous voulez en venir. Sergent, prenez quelques hommes. La surface ne doit pas être bien grande. Il y a assez de lumière en bas ?

— La plupart des hommes ont sûrement des lanternes, monsieur. »

Mon collègue, très agité, s'était mis à marcher en rond. Nous entendîmes les hommes de McCabe descendre au sous-sol pour commencer leur fouille. Le sergent Dundas et deux de ses collègues revinrent quelques minutes plus tard, apportant leurs trophées.

« C'est bien là qu'il fallait chercher, annonça le sergent. Il y a une grande bâche que les ouvriers utilisent pour recouvrir leurs pots de peinture et leurs pinceaux. C'était dessous. On a trouvé ce fusil enveloppé dans du journal – on voit le bout de la crosse – et ce tisonnier. Vous voulez que je déballe le fusil, inspecteur ?

— S'il vous plaît.

— Ils ont tous les deux pris de la peinture, j'en ai peur, dit le sergent.

— Oui, je vois. C'est un fusil Henry-Martini, qui a récemment servi, me semble-t-il, dit l'inspecteur en examinant la culasse et en la reniflant.

— Et le tisonnier ? demanda Bell.

— Comme vous l'aviez deviné, neuf et jamais utilisé, même s'il a quelques taches de peinture. Mais pourquoi n'a-t-il pas pris celui-ci pour le plier – si telle était son intention ?

— Parce qu'il ne pouvait pas, inspecteur, répondit Bell.

— L'homme ne pouvait pas plier l'un des tisonniers neufs de ces appartements, mais il lui était facile d'en apporter un autre, déjà plié. Il devait convaincre Miss Jex-Blake qu'il le pliait sous ses yeux.

— Bien sûr ! lança l'inspecteur d'une voix tonnante. C'est pour cela qu'il a laissé tomber le tisonnier intact. Ensuite, il s'est contenté de ramasser l'autre et de faire croire qu'il le pliait. Ça ressemble beaucoup à la petite combine du sheriff de Nottingham avec l'arc et les flèches. C'est bien ce que vous voulez dire, n'est-ce pas ?

— Tout à fait, inspecteur. Nous savons à présent qu'on s'est servi de ce beau fusil Henry-Martini, et on peut sans doute en tirer une autre conclusion, n'est-ce pas, Watson ?

— Ah ? fis-je, interloqué.

— La distance, mon vieux, la distance.

— Mais bien sûr ! m'écriai-je en me frappant le front. Il se trouvait en surplomb, et aurait pu rater la cible – d'autant qu'elle était acccrochée juste sous le toit ; mais à cette distance – une cinquantaine de mètres, il était quasiment impossible pour un tireur, quel qu'il soit, de manquer une cible humaine, d'autant que Miss Jex-Blake se trouvait dans l'encadrement de la porte.

— Exactement, Watson.

— Mais cela signifie alors…

— Oui, inspecteur, on approche du but, dit Bell.

— Cela voudrait dire que l'homme ne cherchait pas à l'atteindre ; s'il en est ainsi, nous avons affaire à un nouveau mystère.

— Comme vous dites, inspecteur. »

XI

La grande tournée, après quoi le tireur ajuste son tir

Le Dr Littlejohn annonça que, cette année, sa tournée se déroulerait essentiellement dans la Vieille Ville (et dans certains secteurs de la Ville neuve), et qu'elle aurait sans doute lieu dans l'après-midi du mercredi suivant. Il ajoutait qu'une autopsie était prévue dans la matinée, et puisque nombre de ceux qui souhaitaient l'accompagner avaient exprimé le désir d'y assister, il pouvait faire d'une pierre deux coups « sans tirer un seul coup de feu » (son expression).

Il voulait sans doute aussi montrer la nouvelle morgue, installée au sous-sol du nouveau bâtiment de médecine légale, en plein quartier de Cowgate, à côté du lycée Wynd, construit sur l'emplacement d'un immeuble infesté de rats, l'un des premiers à avoir été détruits sur ordre de Littlejohn. Pendant des années, il s'en était plaint, le qualifiant de verrue et de foyer d'infection. Il débutait ordinairement sa tournée par le vieil hôpital, à quelques minutes de marche. Après l'autopsie, bien peu auraient le cœur à déjeuner, disait-il.

Le mercredi matin, un grand nombre d'infirmières, cinq étudiantes, une bonne douzaine de leurs collègues masculins, deux policiers en uniforme, ainsi que les docteurs Bancroft, Bell, Benedict et

Handyside vinrent assister à l'autopsie. J'ignorais si Bancroft avait été envoyé par Christison, ou s'il se trouvait là par amitié pour Littlejohn. Ogilvie, perché sur une vieille carriole tirée par deux méchants chevaux et conduite par un grand gaillard au visage rougeaud, salua Littlejohn en arrivant devant le bâtiment.

Le grand gaillard était Bertram Ogilvie, l'oncle du jeune journaliste, qui possédait une glacière près du Duddington Loch.

« Nous n'avons pas fini de tout installer à l'intérieur », lui dit Littlejohn.

Les deux hommes assis à l'arrière de la carriole se mirent à décharger une grande caisse en bois qui occupait presque tout le plateau.

« Vous avez récolté un beau spécimen, cette fois-ci, docteur Littlejohn, lança l'oncle. Il doit bien faire ses cent kilos.

— Et la glace pèse une tonne », renchérit l'un de ses assistants.

Les quatre hommes se dirigèrent avec la caisse vers la vaste salle de préparation située à l'arrière du bâtiment et la posèrent au sol. Les deux assistants allèrent ensuite prendre la grande table qui se trouvait au fond de la morgue et l'installèrent au centre de la pièce. Puis les quatre hommes se saisirent de la caisse et la posèrent dessus. Le spectacle était impressionnant.

« Encore un mois, et je pourrai le faire les yeux fermés, oncle Bert », dit Ogilvie.

Il adressa un sourire aux femmes, et un regard un peu plus appuyé à Miss Canaby, avec qui il avait grandi à Niddry Street, dans le quartier de Cowgate. Il était manifestement surpris de voir Bancroft.

« Vous saviez qu'il y aurait une autopsie aujourd'hui parce que cet homme… parce que ce gentleman gardait, pour ainsi dire, le corps au frais pour vous ? demanda Miss Jex-Blake à Littlejohn.

— Je n'aurais pu dire mieux. C'est exactement cela », répliqua-t-il d'un ton vif.

Il enfila un lourd tablier de cuir et nous invita à nous asseoir. Il s'affaira ensuite avec Ogilvie et les deux assistants à sortir de la caisse le corps reposant sur des blocs de glace recouverts de sciure, puis s'efforça de le rendre présentable. Le processus n'était guère exaltant ni plaisant à regarder ; à bien des égards, il était même plus pénible que l'autopsie proprement dite.

« Mr Ogilvie, ici présent, est le meilleur charpentier d'Édimbourg, dit Littlejohn en fouillant dans une petite armoire pleine d'instruments brillants installée à l'autre bout de la pièce. Il sait merveilleusement travailler de ses mains, et a fabriqué sur mes instructions cette curieuse caisse ressemblant à un cercueil. Vous noterez les deux étagères amovibles : l'une pour le corps, l'autre pour la glace. Malheureusement, il est impossible de se débarrasser tout à fait de la sciure. »

Nous ne prêtions guère attention au chef-d'œuvre de Mr Ogilvie. Tous les yeux étaient rivés sur l'étalage de scies, de bistouris, de scalpels, de forceps, de canules et de trocarts luisants que Littlejohn était en train d'inspecter en chantonnant une étrange litanie.

Les autopsies ne sont pas destinées à plaire à ceux qui y assistent et, comme je l'ai déjà dit, elles n'ont le plus souvent rien d'exaltant. Mais Littlejohn n'avait pas son pareil pour expliquer, décrire et fournir des détails fascinants sur la dissection d'un cadavre anonyme posé sur une table. Je ne m'attarderai pas sur celle-ci, me bornant à signaler qu'il se produisit un petit incident qui aurait dû nous alerter sur un fait qui allait jouer un rôle notable dans les terribles événements à venir.

Puisque Littlejohn était de la « vieille école », comme on dit (à savoir de l'école morale et sociale qui avait produit Christison, Laycock, Benedict et, je l'avoue, Bell et moi-même), je savais qu'il ne descendrait pas en dessous du sternum, puisqu'il s'agissait d'un homme. Je ne me trompais pas.

Tous les regards se tournèrent immédiatement vers la blessure béante à l'arrière de la tête.

« Vous avez tous remarqué la tête. Si vous observez attentivement, vous noterez, outre la blessure béante au-dessus de l'oreille droite, une profonde coupure du côté gauche, presque entièrement dissimulée par les cheveux. Tout le monde peut la voir ? »

Un murmure d'assentiment parcourut l'assemblée.

« L'homme était gallois, originaire de Cardiff, et était venu rendre visite à son frère dans notre belle ville. Il a été découvert près des docks, à peu près dans l'état où vous le voyez. Il sortait du pub avec son frère lorsque celui-ci s'est aperçu qu'il avait oublié sa blague à tabac. En revenant, il a trouvé son frère affalé sur un plot en ciment – j'ignore comment on appelle cette chose à laquelle on amarre les navires. C'est ce qui a provoqué la blessure au crâne. La coupure, elle, a été faite par le coin d'un mur de brique qu'il a heurté dans sa chute.

— Ivre, sans aucun doute, dit Benedict.

— Puisque nous l'ignorons, je dirais que le doute subsiste, lança sèchement Ogilvie sur un ton irrité. Les habitants des quartiers riches d'Édimbourg s'imaginent que tous ceux qui triment pour gagner leur vie sont ivres dès que quelque chose tourne mal pour eux. J'ai assisté à l'une de vos réunions du Circulation Club, à l'occasion de l'hommage rendu au Dr Simpson, et j'ai noté que tous les hommes avaient une bouteille de porto à côté d'eux au début du repas, et qu'ils ont passé leur temps à se lancer des paris futiles pour remporter une autre bouteille. Pourquoi tant de riches méprisent-ils l'ouvrier qui boit un verre de temps en temps ? Vous ne comprenez pas que le pub est le seul endroit où on peut se distraire quand on gagne un salaire de misère, qu'on travaille comme un chien et qu'on a une ribambelle de gamins à la maison ?

— Pff ! rétorqua Benedict. J'en ai déjà vu quatre ou cinq comme lui, ivres morts sur les docks le dimanche soir. Les membres du club ne se comportent pas de la sorte.

— Ce n'est pas tout à fait vrai, monsieur, et vous le savez. Si un gentleman des nouveaux quartiers s'enivre, ses amis le ramènent en cabriolet. Sur les docks, les cabriolets et l'argent de la course sont des denrées rares, répondit Ogilvie, les yeux rivés sur le pauvre homme étendu sur la table.

— Messieurs, messieurs, dit Bell d'une voix conciliante. Je suis sûr que le Dr Littlejohn a d'autres choses à nous apprendre sur cet inconnu.

— Vous dites qu'il était originaire du Pays de Galles ? demanda Handyside.

— Oui. Son frère venait apparemment de toucher sa paie de la semaine – vingt-cinq shillings. Il est tonnelier à la brasserie Young. Selon l'un de ses collègues, un Irlandais, il n'a pas voulu de son "bol" de bière gratuit du samedi – nous dirions "pinte" – parce qu'il voulait faire goûter à son frère du vrai de vrai : du whisky écossais distillé dans les collines de Perth, dont il avait une bouteille chez lui. Mais son frère l'a persuadé d'aller boire une bière sur les docks avant de rentrer. L'homme qui se trouve devant vous aurait pu envoyer rouler sous la table la moitié des habitants de Cardiff, à ce qu'on dit. Non, mesdames et messieurs ; il avait bu un verre, mais n'était nullement ivre.

— Qu'est-ce qui a donc provoqué sa, euh, malencontreuse chute ? demanda Benedict.

— Je vais vous demander, mesdames et messieurs, d'observer attentivement le nez, les yeux et les poignets de cet homme, ronronna Littlejohn.

— Bonté divine ! s'écria l'inspecteur McCabe, qui s'était faufilé en silence parmi nous. J'avais un oncle qui vivait au Pays de Galles, à Llithingow. Il avait travaillé toute sa vie à la mine, et il ressemblait exactement à ça à la fin de sa vie. Il avait…

— La pneumoconiose, dit doucement Bell.

— Une silicose, autrement dit. Mais, à l'époque, le médecin ne lui avait pas donné un nom aussi savant, ajouta McCabe.

— Eh bien, de quoi est-il mort ? » demanda Miss Jex-Blake.

Je crois me souvenir avoir dit alors que l'aspect général de cet homme n'indiquait pas que ses poumons étaient totalement sclérosés.

« Oh, nous pouvons sans doute conclure que c'est sa chute qui l'a tué, répondit Littlejohn. Mais je crois aussi que l'état de ses poumons a précipité sa mort. Voyez-vous, son frère a dit qu'il avait de terribles quintes de toux ; selon moi, il défaisait son caban à la recherche d'un mouchoir lorsqu'il a trébuché dans les escaliers menant aux quais. Il a tenté de se raccrocher au mur, et a dévalé les marches pour aller se fracasser la tête sur le plot. Mais jetons un coup d'œil sur ses poumons, voulez-vous ?

— Et dire que certains en ont immédiatement conclu qu'il était saoul, lança soudain Miss Canaby sur un ton dédaigneux. Pourquoi tant de gens méprisent-ils les pauvres qui s'enivrent ? »

Miss Jex-Blake la regarda avec un nouvel intérêt.

« Un jeune dramaturge norvégien – Henrik Ibsen – parle de la "morale bourgeoise", me semble-t-il, même s'il ne faisait pas référence à l'ivresse dans la pièce que j'ai vue.

— J'aime assez cette formule, "morale bourgeoise", dit Miss Canaby d'un air songeur. Que veut-il dire au juste ?

— Excellente question, répondit Miss Jex-Blake. Je crois qu'il parlait des gens respectables qui redoutent qu'on découvre qu'ils ont commis un délit, un péché, une peccadille. Ils ont peur de ce que les voisins diront. Ce n'est pas la colère de Dieu qu'ils craignent, ni l'idée qu'ils sont sur la pente glissante de l'enfer. Ils craignent juste d'être percés à jour. »

Je dois reconnaître que Littlejohn fit preuve d'une grande dextérité en ouvrant la cage thoracique. Les poumons de l'homme, sans être entièrement noircis, avaient un aspect flasque, et n'assuraient sans doute plus guère leur fonction. Un examen approfondi du crâne révéla que la mort avait bien été causée par la chute et le coup à la tête. Les femmes se comportèrent admirablement. Seule Miss Canaby étouffa un cri et se mit à tituber lorsque la cage thoracique révéla son contenu. Elle était pourtant une habituée des autopsies de Littlejohn.

Nous nous précipitâmes vers elle, Bell et moi. Je craignais que sa tête ne heurte la table à instruments à côté d'elle.

Littlejohn, sans se laisser démonter, se retourna d'un seul mouvement pour prendre un flacon sur le haut d'une petite armoire posée près du mur.

« Un soupçon de cognac est tout indiqué… que ce soit pour un gentleman ou une dame, dit-il. »

Miss Canaby se ressaisit presque aussitôt et se confondit en excuses.

« C'est la première fois que cela m'arrive. Je ne sais pas ce qui m'a pris », dit-elle.

****

Après le déjeuner, la quasi-totalité de la courageuse assistance emboîta le pas à Littlejohn. Nous étions accompagnés de Rab Seyforth, un jeune architecte plein d'avenir, que Littlejohn avait arraché à son travail de restauration de la cathédrale de York. Christison et deux de ses acolytes, les Dr Laycock et Wood, devaient nous rejoindre en route.

À la sortie de l'hôpital, nous passâmes sous une arcade pour prendre une étroite allée pavée, bordée de portes de couleur terne, nous frayant un chemin à travers la cohue d'étudiants se rendant à l'hôpital. Littlejohn et Ogilvie avaient pris la tête de notre petite bande. « Par ici, et attention à la chaux », lança mon collègue.

Ogilvie portait un sac de jute en travers de l'épaule. Il ne lui manquait qu'une cornemuse pour ressembler au meunier de Chaucer conduisant sa troupe de pèlerins depuis l'auberge Tabard jusqu'à Canterbury.

Nous avancions prudemment dans College Wynd, en direction de Cowgate. Je précise, pour le lecteur qui ne connaîtrait pas Édimbourg, que la ville est traîtresse, pour reprendre le terme de Miss Jex-Blake ; elle regorge de rues escarpées, dont les pavés inégaux mettent sans cesse les chevilles en péril.

« Suivez-moi, sur la gauche ; le vieux marché aux poissons sera un excellent point de départ pour notre croisade.

— Nous allons donc pourfendre les infidèles ? demanda Edith Pechey.

— Plutôt l'insalubrité. La place était autrefois un véritable cloaque, dit Ogilvie.

— Voilà qui promet d'être intéressant, dit Miss Jex-Blake.

— Mais éprouvant pour les nerfs, répliqua Littlejohn. De ce côté, vous voyez le nouveau bâtiment en pierre qui abrite temporairement l'administration de l'école de dentisterie. Il a remplacé deux affreux immeubles d'appartements de sept ou huit étages. Nous envisagions de les démolir quand un pâtissier qui vit sur la place m'a appris qu'un autre immeuble devrait être détruit en priorité – au 101, High Street. Je lui ai dit, seulement à moitié sincère, je l'avoue, qu'on s'en occuperait aussi.

— Vous l'avez fait ? demanda Isabel Thorne.

— Il n'en a pas eu le temps, rétorqua Ogilvie. Les sept étages se sont écroulés tout seuls. À peine quelques jours plus tard, je crois. Mr Russel m'a demandé de faire un article là-dessus. C'était ma première année au *Scotsman*. Je ne l'oublierai jamais.

— Bonté divine ! s'écria Miss Pechey. Que s'est-il passé ? C'était grave ?

— C'était tout bonnement affreux, Miss, affreux, répondit l'un des policiers. On était là, Harry et moi, dit-il en désignant son collègue d'un signe de tête. Pas vrai, Harry ?

— Pour sûr, et c'était affreux, comme dit Tom. Plus d'une centaine de morts, si je m'en souviens bien, et je me rappellerai toujours le gamin qui criait sous les décombres pendant qu'on essayait de dégager les gros blocs de pierre. Qu'est-ce qu'il disait, Tom ?

— Et tu dis que tu t'en souviendras toujours ! Ça s'est passé y a pas si longtemps, en plus. "Dépêchez-vous, les gars ; je suis pas encore mort..." qu'il criait.

— Ah, oui, c'est ça.

— Parfaitement, et vous savez, au milieu de toute cette horreur, je me souviens encore des animaux pris dans les éboulis. Des tas de gens avaient des animaux chez eux, à l'époque, et ils en ont encore, d'ailleurs. Sauf votre respect, mesdames, on trouvait du fumier dans de nombreuses pièces. Il y en a encore, mais beaucoup moins.

— "Les Fleurs d'Édimbourg", pour reprendre l'expression d'un concurrent, lança Ogilvie. Et vous auriez tort de mépriser le fumier, vous savez. Il n'y a pas si longtemps, quelques individus intrépides et entreprenants, qui avaient décidé de nettoyer les rues à la place de la municipalité, se sont rendu compte que c'était une mine d'or, pour ainsi dire. Ils ont commencé à vendre le fumier. Sa valeur était telle que les balayeurs sont devenus une sorte de puissant syndicat, et se sont opposés à toute réforme sanitaire.

— Quand l'immeuble s'est-il effondré, docteur Littlejohn ? demanda le policier appelé Tom.

— Novembre 1861. Le 24, si je me souviens bien, répondit Littlejohn. En même temps, nous étions confrontés à des cas de fièvre typhoïde, de variole, de typhus, et à un début d'épidémie de choléra.

— La situation était incroyable, ajouta Handyside.

— Que s'est-il passé ensuite ?

— Ah ! L'année suivante, on a voté une loi sur l'hygiène. Je crois que c'est l'article 111 qui créait un poste de commissaire – c'était le terme utilisé. Voyons, comment était-ce rédigé ? "Une personne compétente et expérimentée qui sera nommée commissaire de l'hygiène publique, qui aura pour tâche de déterminer la présence de maladies dans les limites qui lui seront assignées, notamment les maladies épidémiques, endémiques et contagieuses ; de signaler les causes locales propices à l'éclosion et à la propagation de ces maladies ou néfastes à la santé des habitants, et d'indiquer les méthodes adéquates pour enrayer ces maladies", etc. Ce sont des avocats qui l'ont rédigé, vous savez. Aucun médecin digne de ce nom n'écrirait dans ce style tortueux.

— Bravo ! » s'écria Miss Jex-Blake en applaudissant.

La plupart des femmes présentes imitèrent son exemple, un peu moins bruyamment. Les policiers étaient bouche bée.

« C'est donc vous qu'ils ont nommé ? demanda Mrs Thorne.

— Exactement ! lança Ogilvie sans laisser à Littlejohn le temps de répondre. Et ces dames seront sans doute intéressées par ce petit détail. Si je ne m'abuse, il avait le soutien des Dr Syme, Christison et Simpson, ainsi que des présidents des deux Royal Colleges. Et notre bon docteur l'a emporté d'une seule et unique voix. N'est-ce pas, docteur ?

— Vous le savez bien, répondit Littlejohn en riant. Comme vous le voyez, mesdames, il n'est pas toujours facile de remporter une élection, même avec le soutien du Dr Christison.

— Comment diable vous êtes-vous attelé au nettoyage de la ville ? s'exclama Mary Anderson. Je crois que c'est à l'école que j'ai entendu l'histoire du Dr Johnson disant à Boswell qu'à Édimbourg, même dans le noir, il pouvait le sentir arriver ; et Johnson – peut-être quelqu'un d'autre – racontait aussi celle de l'aveugle, de retour à la "Vieille puanteur" après une longue absence. Il ne pouvait plus voir Arthur's Seat, les Salisbury Crags ni le château mais, arrivé à un kilomètre d'Édimbourg, en reniflant le vent venant du North Loch, il s'était écrié : "Oh, Édimbourg, je sens tout près ton odeur !" »

L'anecdote suscita l'amusement général.

« L'une des deux histoires est sans doute apocryphe, lança Bell. Le bon docteur Johnson disait bien des choses désagréables sur notre ville et sur l'Écosse en général, mais n'oubliez pas le beau compliment qu'il lui fit : "Édimbourg : une ville trop connue pour qu'on ai besoin de la décrire."

— Je n'ai jamais bien su ce que Johnson voulait dire par là, dit McCabe ; et je préfère le vers de Wordsworth, tiré, je crois de "L'excursion" : "Les Crags couronnaient la majestueuse Édimbourg." »

Tout en me reprochant mes préjugés, j'étais ébahi d'entendre un policier parler si savamment d'hommes de lettres tels que Johnson et Wordsworth.

« Croyez-moi, il n'y a rien eu de poétique au nettoyage de cette ville vénérable à la sombre grandeur, comme disait un guide touristique. Il y avait fort à faire, et le problème était dû en partie à la façon dont elle s'était construite. À la fin du XVIIIe siècle, les porcs erraient librement dans les rues, comme les chiens aujourd'hui. Un vieil architecte disait qu'Édimbourg avait un inconvénient :

contrairement à la majorité des villes écossaises, elle n'était pas bâtie en bord de mer ou de rivière. Du côté nord, les rues se déversaient dans le North Loch, mais, au sud, tout partait vers Cowgate, et il aurait fallu une pluie torrentielle ou une tempête pour nettoyer l'artère.

— Que voulez-vous dire par là, docteur Littlejohn ? demanda Mary Anderson, l'air un peu agacé.

— Simplement ceci : le problème venait essentiellement des particularités de l'habitat, qui n'a guère changé depuis. De hauts immeubles faisant jusqu'à onze étages, où s'entassaient une foule de gens, avec pour tout accès un unique escalier. Dans ces conditions, un cas isolé de fièvre ou de maladie contagieuse, si on ne le traite pas, se propage ; une maladie qui serait éradiquée rapidement si on la prenait à temps se répand et se transforme en épidémie.

— Comment diable avez-vous procédé ? demanda Miss Pechey.

— Je vais vous le dire, si vous le permettez, s'interposa Ogilvie en jetant un regard espiègle à Littlejohn. Notre bon docteur est un peu trop modeste à ce sujet.

« Après avoir divisé la ville en dix-huit ou dix-neuf sections, il a déterminé le taux de mortalité de chacune, en soulignant ce qu'il appelait les points noirs. Il a étudié l'état des habitations, le nombre d'occupants, et même le nombre de mètres cubes d'air alloué par personne.

« Toutes les écuries et les étables ont été inspectées, et leurs défauts signalés. Ensuite, le docteur a mis en évidence l'état déplorable des égouts municipaux, les trafics de viande contaminée, le triste état des cimetières et les défauts de conception des demeures cossues des nouveaux quartiers, comme ceux des bâtiments de la Vieille Ville, avec la plus grande impartialité.

« Il a fait campagne pour instaurer une vaccination obligatoire et, dix mois après sa prise de fonction, a eu la satisfaction de voir voter, en 1863, la loi sur la vaccination. Il a agi en sorte que tous les médecins de la ville signalent dans les vingt-quatre heures tous les cas de choléra, de variole, de diphtérie, etc. Il a fait merveille et, aujourd'hui, toutes les rues sont équipées d'égouts.

— Mr Ogilvie, rappelez-moi de ne plus jamais laisser mon poissonnier envelopper sa marchandise dans votre superbe journal », dit Littlejohn en riant, le rouge aux joues.

Il nous conduisit ensuite dans Cowgate en nous expliquant, tandis que nous descendions prudemment la raide pente pavée, que Niddry Street était un excellent exemple de ce qu'il restait à accomplir – le spectacle ne serait guère plaisant pour les yeux ou le nez, prévint-il. Nous en approchions lorsque nous aperçûmes le petit groupe de Christison qui venait nous rejoindre.

« Vous ne nous garderez pas trop longtemps, aujourd'hui, n'est-ce pas, Littlejohn ? demandai-je. Le Dr Bell a enfin accepté de venir assister ce soir à ma conférence sur la ligature, et j'ai beaucoup de travail de préparation.

— Rassurez-vous ; il fait trop froid pour rester longtemps à l'extérieur », répondit-il.

Cowgate divise en deux Niddry Street. Nous tournâmes sur la gauche, en direction du nord, et découvrîmes une longue rangée d'immeubles en pierre sales, typiques du quartier. Des enfants jouaient énergiquement dans le maigre jardin du premier. Les bâtons utilisés pour pousser leurs cerceaux étaient plus que bienvenus, étant donné la quantité d'immondices jonchant le sol.

Les enfants, ainsi que les deux femmes penchées à une fenêtre du premier étage, avaient un teint étrangement cireux. Un homme accroupi contre le mur du bâtiment, manifestement ivre, avait, lui, le visage gris comme du parchemin. L'aspect rachitique des enfants du quartier ne cessait de me choquer à chacune de mes visites.

« Plus on est en étage élevé, plus les conditions de vie empirent, car il est diablement difficile de monter de l'eau ou quoi que ce soit d'autre dans l'escalier en colimaçon que vous voyez devant vous, dit Littlejohn. Je crois que c'est notre romancier écossais Tobias Smollett qui disait que les escaliers d'Édimbourg lui donnaient le vertige. Observez les fenêtres et les portes du premier étage. C'est un spectacle familier pour la plupart d'entre nous, mais nous avons quelques nouveaux venus parmi nous aujourd'hui.

— Mais il n'y a pas de vitres aux fenêtres et… ce sont de bien curieuses portes, s'écria Isabel Thorne.

— Les portes, et même les chambranles, ont été arrachés depuis longtemps pour servir de combustible. S'il reste une porte accrochée à ses gonds, vous pouvez être sûrs qu'elle ne fermera pas, dit Littlejohn. Avez-vous la moindre idée des températures qui règnent ici en hiver ? »

J'avais les yeux rivés sur l'ouverture béante, seule trace qui restait d'une fenêtre dont le bois et l'encadrement avaient été arrachés, quand je vis Ogilvie sursauter.

« Chut ! murmura-t-il à Littlejohn, suffisamment fort pour que tout le quartier l'entende. Voilà Jamie McLaren et deux de ses amis balayeurs. Regardez la crasse sur leurs pantalons ; mais elle ne date pas d'aujourd'hui, je parie. On dirait qu'ils partent travailler. Vous avez dit que vous donneriez cher pour voir leurs préparatifs avant que le vieux Ruff ou Robertson les envoie chez un client. Je crois que votre bourse va s'alléger, docteur.

— Comment savez-vous qu'ils vont chez Ruff, mon vieux ?

— Parce qu'ils s'apprêtent à prendre Blackfriars Street. Et depuis que les McLaren ont quitté St Mary's Street, je crois bien que le petit Jamie passe la moitié de son temps chez le vieux Ruff, dit Ogilvie.

— Ou avec Sandy la Suie, si le temps est vraiment mauvais, ajouta Mary Anderson.

— Les deux garçons travaillent pour deux des plus pittoresques couvreurs-ramoneurs de la ville : Sandy la Suie Robertson et Ruff McClintock, expliqua Littlejohn en pressant le pas.

— On voit leurs affiches partout en ville, ajouta Ogilvie. "Ruff sur le toit, Sandy à la suie." De vrais poètes. Imaginez un peu ce que Burns et Scott auraient pu écrire s'ils avaient été ramoneurs ou couvreurs.

— Surtout Burns », fit une voix derrière nous.

C'était le jeune Doyle.

« Nous ne pouvons rentrer tous ; il n'y a pas assez de place, et ce ne serait pas bien. C'est déjà suffisamment désolant, mais d'après ce que m'ont dit Miss Canaby et Ogilvie, entre autres, sur les conditions de vie qui règnent ici…

— C'est bien pire que vous ne pouvez l'imaginer, docteur Littlejohn, dit Miss Canaby en faisant la moue.

— Bien. Voyons : Ruff connaît Miss Canaby, et Ogilvie leur apporte régulièrement des provisions. Le Dr Watson et le Dr Bell en ont soigné quelques-uns au dispensaire de Cowgate…

— Je crois que je pourrai me priver du plaisir cette fois-ci, dit Bell. Mais si vous permettez à Caird ou à Doyle de vous accompagner, ils nous raconteront ensuite leur visite. Voyez-vous, ils suivent en ce moment même un cours spécial de mon invention, absolument essentiel, baptisé "Observation intensive". »

Le jeune Doyle sortit une pièce de sa poche, la lança en l'air, laissant Caird l'attraper au vol. Ils semblaient connaître la manœuvre par cœur. Le sourire de Doyle nous apprit qui avait gagné.

« Où Mr McClintock habite-t-il en ce moment ? demanda Littlejohn à Ogilvie.

— Au premier étage, monsieur. Prenez à droite en haut de l'escalier, c'est le dernier appartement au bout du couloir. Mais ce n'est pas ce que vous cherchez.

— Ah ? Comment cela ?

— Vous devriez plutôt aller voir son atelier, une espèce de grange derrière ce grand tas de pierre baptisé immeuble.

— Excellent, mon vieux. Bien. Vous autres, pourquoi ne retournez-vous pas à Stevenlaw's Close, et certains d'entre vous pourraient peut-être aller voir le vieux Montague Ross ? Il habite la maison au toit de tuiles coincée entre les deux immeubles marqués pour la démolition. Mais vous connaissez l'endroit, Bell.

— En effet.

— Vous l'avez sans doute croisé au cours de vos recherches pour vos divers articles ? demanda Littlejohn à Ogilvie.

— De nombreuses fois, monsieur. L'homme est un véritable exploiteur, si vous voulez mon avis, mais je reconnais qu'il réussit à trouver du travail pour les plus démunis.

— Tout en profitant d'eux, répondit Littlejohn.

— Oui, également.

— Dites à cette vieille canaille que je passerai le voir dès que nous en aurons fini chez Ruff. J'aurai peut-être quelques tâches à confier à ses ouvriers. Croyez-vous qu'il pourrait être intéressé ?

— Ah, ça ! Si les gars de son équipe peuvent en tirer quelques sous, il est votre homme, répondit Ogilvie.

— Vous commencez à parler comme lui, dit Littlejohn.

— C'est le moins qu'on puisse dire », renchérit Miss Canaby.

Cinq d'entre nous s'engouffrèrent dans l'étroite allée qui divisait en deux le disgracieux immeuble et débouchait sur ce qui avait dû être autrefois un jardin. Comme Ogilvie nous l'avait annoncé, l'endroit était à présent occupé par une curieuse bâtisse en bois. Les planches de bois sombre recouvrant la partie inférieure de sa façade semblaient provenir d'un navire qui aurait séjourné une bonne vingtaine d'années au fond de l'eau. Mais tous les regards furent attirés par l'énorme cheminée noire en métal crachant de gros nuages de fumée. Elle semblait, elle aussi, avoir été arrachée à une épave de remorqueur. Nous nous approchâmes de l'énorme porte en bois renforcée par des lanières métalliques horizontales, qui donnait à l'édifice une allure de château-fort. À droite de la porte était accroché un beau panneau portant les noms de Robertson et Ruff, au-dessous desquels était écrit : « Petits ramoneurs et toiles propres ». Ogilvie jeta un regard à Littlejohn, qui fronça les sourcils et lui fit signe de frapper.

Un petit garçon aux jambes malingres et au ventre gonflé – comme on en voyait beaucoup à Cowgate – ouvrit la porte. Il nous dévisagea un moment, un peu intimidé, puis cria par-dessus son épaule : « C'est pas Roddy et les gars de chez Caitlin, maître Ruff. C'est des bourges, si vous voulez mon avis.

— Personne ne te le demande, et si tu continues… »

La voix, mélange de grognement et de gargarisme, se tut. Un petit homme trapu, dont la silhouette se découpait sur la grande flambée au fond de la bâtisse, s'avança vers nous en dandinant. S'il avait eu une massue, on l'aurait pris pour un troglodyte. Il était voûté, il avait d'épais cheveux hirsutes lui tombant aux épaules, et une longue barbe poivre et sel qui lui descendait presque au thorax.

Il nous examina de ses petits yeux noirs, et on pouvait presque voir la furieuse agitation de ses neurones.

« Tiens donc. Mais c'est Mr Ogilvie, mon vieil ami du *Scotsman*, dit-il. Et vous n'êtes pas venu seul aujourd'hui, on dirait. »

Ogilvie présenta rapidement ses visiteurs, tandis que McClintock tentait de nous barrer le passage.

« Je vous proposerais bien d'entrer, mais j'allais juste partir avec les gamins sur un gros chantier de ramonage. Pas vrai, les mômes ? » dit-il en lançant un coup d'œil par-dessus son épaule.

— Oui, monsieur, pour sûr », répondirent en chœur les gamins.

Littlejohn refusa de s'en laisser compter.

« Mr McClintock, en ma qualité de commissaire de l'hygiène publique, j'ai reçu de nombreuses plaintes concernant les émanations toxiques et nauséabondes de votre cheminée, comme vous le savez déjà, lui dit-il en pointant un long doigt osseux. Et nous avons également entendu dire… »

Un hurlement se fit entendre au fond de la pièce, faisant sursauter McClintock. Nous en profitâmes pour entrer.

« On dirait que quelqu'un s'est blessé, cria le jeune Doyle, qui avait pris les devants.

— Ouais, ça a bien crié, mais qu'est-ce qui vous fait croire que c'était un de mes gamins ? demanda McClintock en tentant de nous barrer le chemin.

— Je n'ai pas parlé d'un gamin », rétorqua Doyle en se protégeant les yeux, comme nous tous, du feu aveuglant perçant la pénombre.

Au fond de l'atelier, nous découvrîmes un étrange spectacle. Quatre ou cinq jeunes garçons émaciés tournoyaient en se tenant les coudes, pliés en deux.

Certains saignaient aux genoux et aux bras. On aurait dit que l'un d'eux avait eu la rotule arrachée. Devant le foyer, un garçon âgé d'une quinzaine d'années était penché sur le plus jeune, lui frottant le coude avec un morceau de flanelle. L'odeur était insupportable. Le jeune Jamie McLaren lui cria d'arrêter, et Littlejohn se précipita vers eux.

« Et comment appelez-vous cela, hein, Mr McClintock ?

— Un moyen nécessaire pour former des ramoneurs de premier ordre, monsieur. Ça n'a rien d'illégal. Mr Ogilvie et Mr Russel, son patron qui se mêle de tout, ont déjà fait venir la police, et notre avocat, Mr Straker, leur a fait remarquer à chaque fois que ce n'était peut-être pas très plaisant à voir, mais que ce n'était pas interdit par la loi.

— Taisez-vous donc, pour l'amour du ciel ! lança Ogilvie en faisant signe à l'adolescent de s'écarter du gosse en larmes.

— Je vais vous attaquer pour diffamation, comptez-y, gronda Ruff. Dès que j'aurai contacté Mr Straker.

— Vos menaces ne me font pas peur, mon vieux, rétorqua Ogilvie en se tournant vers l'adolescent. Jason, veux-tu expliquer à mes amis ce que vous faites ? »

Le jeune garçon, l'air terrifié et perdu, jeta un regard à McClintock.

« Vas-y, dis-leur, mon garçon. On ne fait rien de mal, tu sais.

— Je ne sais pas bien parler, monsieur, et puis…

— Ne t'en fais pas, mon gars, répondit McClintock en s'approchant pour lui passer le bras autour des épaules. Je comprends. D'ailleurs, puisque c'est moi qui ai comme qui dirait amélioré la technique, je vais leur expliquer moi même. Voilà, messieurs, reprit-il avec onctuosité, d'une voix mielleuse. Avant d'envoyer un nouveau gars – un néo-fitte, comme dit Mr Robertson – dans un conduit de cheminée, il faut le préparer. Il faut lui tanner la peau ; autrement, il pourrait se faire mal.

— Et qu'en est-il des coudes et des genoux que vous voyez là-bas ? » lança Ogilvie.

Littlejohn le fit taire d'un geste de la main.

« Tout doux, Mr Ogilvie. Comme vous l'avez dit, Mr McClintock, notre ami fait parfois preuve d'impétuosité. Continuez, je vous prie.

— Impétuosité ! J'appellerais ça autrement, mais ce serait pas très poli. Qu'est-ce que je disais ? Ah, oui, la peau. Il faut leur tanner la peau, en frottant les genoux et les coudes avec un chiffon trempé dans de la saumure. »

Tout le monde resta bouche bée.

« Oui, c'est comme ça. Pas vrai, Jason ? De la saumure. Regardez donc la grande jarre là-bas. Parfois, on la fabrique nous-mêmes, parfois on l'achète chez Cameron, qui fournit des cornichons et de la confiture. J'aime bien ce mot, fournisseur. On tanne la peau en la frottant. Il n'y a aucun autre moyen, aucun, comme je leur ai expliqué des centaines de fois. Surtout les coudes et les genoux, avec de la saumure, près du feu. Plus il fait chaud, mieux c'est. Et comme Jason pourrait vous le dire, il faut avoir un martinet ou une canne à portée de main et leur demander de… »

— Non, monsieur, s'interposa vivement Jason. Pardon de vous le dire, mais il suffit pas de demander ; il faut prier, cajôler, en leur promettant parfois une petite pièce pour pouvoir continuer. Au début, ils reviennent avec les bras et les jambes qui saignent, et c'est à ce moment-là qu'il faut recommencer à frotter, tout près du feu, pour leur tanner la peau. Il y en a qui ne sont pas faits pour le métier, mais la plupart font bien l'affaire au bout d'un moment. Pas vrai, patron ? »

McClintock, qui se disait probablement qu'il n'avait plus rien à perdre, nous fit un sourire mielleux qui ne trompa personne.

« Pour sûr, fit-il d'une voix aguicheuse. La plupart sont de bons garçons, et je les considère comme mes propres fils, si j'en avais. Je les nourris et je les loge, pas vrai ? Ceux qui en ont besoin, en tout cas. Vous pouvez compter là-dessus. »

En plus de toutes ses autres qualités, Mr McClintock aimait répondre à ses propres questions.

« Mr McClintock, lança Littlejohn d'une voix qui semblait gravée sur du parchemin. La manière dont vous traitez ces gosses n'a peut-être rien d'illégal – ce qui me laisse pantois –, mais elle est très certainement immorale. Comptez sur moi pour vous envoyer mes inspecteurs examiner cette cheminée et pour faire de mon mieux pour mettre un terme à cette cruauté gratuite infligée aux enfants.

— Et qu'est-ce que vous comptez faire pour la cheminée, je vous demande un peu ? C'est le mauvais charbon qu'on reçoit de Birmingham, voilà tout. Pourquoi est-ce que vous n'envoyez pas vos inspecteurs là-bas ? »

Mr McClintock avait apparemment déjà oublié les coudes et genoux en feu des enfants pour se concentrer sur le charbon de mauvaise qualité.

Après s'être assuré que le jeune Doyle serait de permanence l'après-midi suivant, Littlejohn, sans mâcher ses mots, donna l'ordre à Ruff d'envoyer le lendemain au dispensaire les quatre jeunes garçons présentant les abrasions les plus sévères. L'énorme flambée nous avait tous mis en sueur, mais, avant de partir, Littlejohn demanda aussi avec insistance à McClintock de lui remettre un échantillon de saumure.

« Je vais demander au Dr Bell d'analyser ceci demain, Mr McClintock, lui dit-il gravement. Et si l'on y trouve des impuretés, vous en répondrez, à moi et aux autorités. Suis-je assez clair ? »

L'homme, rendu muet, indiqua qu'il avait compris le message en hochant rapidement la tête, et en esquissant même un petit salut.

Une fois dehors, en route vers Cowgate, où nous allions rejoindre les autres, Ogilvie demanda à Littlejohn s'il pouvait vraiment sanctionner « le vieux Ruff ».

« Je savais que vous alliez me poser la question, jeune homme. Je vous répondrai que je voulais simplement lui faire peur, mais que je ferai aussi de mon mieux pour mettre un terme à cette déplorable situation. À propos, est-il vrai qu'il héberge certains enfants ?

— Absolument, monsieur, répondit Ogilvie. De ce côté-là, il les traite très bien. Mais rappelez-vous qu'il a besoin d'eux pour gagner sa vie, et je savais, moi aussi, que vous alliez me poser la question, monsieur ! »

Littlejohn, dont le rire ressemblait à un braiement, pencha la tête en arrière en émettant un son digne d'un baudet. À l'origine, sa visite avait pour but précis d'inspecter la malodorante cheminée de Ruff, mais Ogilvie, qui s'en était fait une spécialité, avait transformé l'expédition en étude des maux qui faisaient – ou auraient dû faire – la désolation des habitants d'Édimbourg.

Conduits par Ogilvie, nous retraversâmes Cowgate pour nour rendre à Stevenlaw's Close. Le vent avait forci et la température avait baissé. La neige tombant sur l'atelier de Ruff se noircissait aussitôt de suie. L'air avait une odeur de métal chauffé à blanc.

La maison du vieux Montague Ross était en réalité un assemblage hétéroclite de vieilles planches gondolées. L'œil était immédiatement attiré par deux immeubles attenants dont les murs étaient percés de trous béants. Presque toutes les vitres étaient brisées, donnant un air menaçant aux bâtisses, qui ressemblaient à deux géants aux multiples yeux noirs. La police avait affiché sur leurs murs de nombreux avis de mise en garde annonçant leur démolition prochaine dans le cadre du grand projet de rénovation et d'hygiène de la ville d'Édimbourg. Quelqu'un avait le goût des belles phrases, me dis-je. La « maison » de Ross serait écrasée toute entière par la chute de la première pierre d'un des immeuble à côté dès le début du chantier.

LA GRANDE TOURNÉE, APRÈS QUOI LE TIREUR AJUSTE SON TIR

Nous n'eûmes pas besoin de frapper. Miss Canaby ouvrit la porte avant que Littlejohn ait le temps de lever la main. Elle tenait un enfant par l'épaule et le secouait.

« Rentre chez toi, Thomas, et mets-toi au lit. Tu as de la fièvre, et Dieu sait quoi d'autre. Dis à ta mè... à ton père que j'arrive. Fais ce que je te dis.

— Oui, madame, j'y vais. Mais mon père sera pas là ; il a dit qu'il sortait chercher des mégots de cigare.

— Il est allé faire quoi ? » demanda Littlejohn, attrapant le gamin mal vêtu avant qu'il puisse filer.

L'entrée du reste de la troupe provoqua la confusion dans la maisonnée.

« Il est allé chercher des mégots de cigare, mais vous ne pouvez pas connaître ce genre de choses, gloussa une voix à l'intérieur.

— Ce n'est pas très aimable, Ross, et vous le savez, dit sèchement Bell en surgissant derrière le glousseur.

— Ah, vous avez raison, docteur Bell, et j'ai honte de moi. Je le jure. Je vous demande pardon, docteur Littlejohn. Vous avez été très bon avec moi en me laissant rester ici trois mois de plus, et je vous remercie. »

J'ignorais s'il était sincère ou cauteleux. L'exploiteur décrit par Ogilvie ressemblait plutôt à un savant un peu desséché. Il était grand, maigre et voûté, et sa tête oscillait en permanence. Le mouvement fait par cette tête au front proéminent surplombant un nez aquilin aux arêtes aiguisées lui donnait une allure de vautour prêt à fondre sur sa proie.

« Thomas, lança-t-il soudain en s'approchant du petit garçon. Tu as entendu ce qu'a dit Miss Canaby. Rentre chez toi. »

Littlejohn sursauta, libérant le gamin.

« Vous avez fait faire la visite à mes amis, Ross ? demanda-t-il.

— Pour tout vous dire, ils ont un peu de mal à écouter ce que j'ai à dire, geignit Ross. Ils pensent que je dirige une école de vandales et que je cherche à profiter de mes petits gars, dit-il en ronronnant.

— Et que fait-il, au juste, Littlejohn ? lança sèchement Christison d'une voix irritée. Comme nous l'a dit notre journaliste, ça ressemble bien à une école, en très mauvais état, dirigée par un exploiteur opportuniste et âpre au gain.

— Avez-vous suivi mes instructions à la lettre, Ross ? demanda Littlejohn, sans relever la question agacée de son collègue.

— Je l'ai fait, monsieur, je l'ai fait. Ils ont le choix entre des œufs et des pommes de terre ou du porridge au petit déjeuner, et aujourd'hui ils ont tous eu un grand bol de soupe à l'orge avec de la vraie viande, et même des os à moelle au déjeuner. Vous pouvez leur demander. Si je mens, que le Seigneur me rappelle à lui pendant la prière à l'église, demain.

— Vous connaissez aussi bien St. Giles que notre athée de service, notre bon ami Mr Ogilvie. Mais je vous remercie d'avoir suivi mes conseils concernant l'alimentation des garçons.

— Il n'est pas mon ami, et il cherche toujours les histoires, dit Ross.

— Et la seule raison pour laquelle il les nourrit correctement à présent, c'est qu'il sait pertinemment que vous pouvez à tout instant ordonner la démolition des immeubles voisins, rétorqua Ogilvie.

— Messieurs, messieurs ! Ne nous querellons pas, surtout en présence de ces dames, dit doucement Bell. Et je vois que l'une d'elles a une question à poser.

— En effet, dit Miss Pechey. Je suis ici depuis une demi-heure, et je ne sais toujours pas ce qui se passe.

— Voulez-vous nous éclairer, Mr Ross ? demanda Littlejohn, une lueur malicieuse dans le regard.

— Vous savez bien qu'ils ne croiront pas un mot de ce que je dis. Pourquoi pas demander à Miss Canaby ? C'est Ogilvie qui l'a envoyée chez moi, mais elle a fait du bon travail avec les gamins depuis son arrivée, et elle connaît Cowgate comme sa poche. »

Christison et sa claque parurent un peu déconfits en entendant ce commentaire. Littlejohn, indiquant Miss Canaby d'un signe de tête, renchérit en disant qu'elle en savait davantage que la plupart sur la curieuse entreprise de Ross, et que si ce dernier la jugeait impartiale…

« Impartiale, dites-vous ? lança Miss Canaby. J'étais aussi partiale et inquiète qu'on peut l'être quand nous avons pris conscience de ce qui se passait ici. Non, ce n'est pas exact. Je sais ce qui se passe depuis qu'un de mes cousins s'est retrouvé entre les griffes du prédécesseur de Mr Ross, le vieux Montgomery Harris.

— Pourquoi dites-vous "nous", et que se passe-t-il ici, au juste ? demanda Miss Jex-Blake.

— Je parle de Jamie – Mr Ogilvie – et de moi-même. Dès que je l'ai mis sur la piste, il a commencé à rassembler toutes sortes de données, comme il dit, sur cette petite affaire. Vous feriez aussi bien de leur raconter toute l'histoire, dit-elle à Ogilvie en jetant un regard aux gosses. Votre étrange cervelle retient toutes les informations. Au besoin, je pourrai vous rafraîchir la mémoire.

— Moi ? Vous voulez que je… Volontiers. Voyons si j'ai bien retenu les chiffres. J'ai peut-être été injuste envers Mr Ross en le qualifiant d'exploiteur dans mes articles. Comparé à Mr Harris, son prédécesseur, qui vient d'être évoqué, il est presque un saint. Mais c'est essentiellement grâce à Miss Canaby, quelques autres infirmières et des femmes du quartier de Cowgate qui ont pris sur elles de visiter l'établissement de Mr Ross. Elles lui ont fait honte de ses méthodes – vestiges de l'époque du très respectable Montgomery Harris, Dieu ait son âme – et l'ont aidé à améliorer le sort des jeunes garçons qui venaient le voir. Car croyez-moi, mesdames et messieurs, ils sont nombreux à venir le voir : leur sort est peu enviable, et ils ont désespérément besoin de lui.

« Par où commencer ? Ah oui ! Un ouvrier de la Vieille Ville gagne en moyenne vingt-cinq shillings ; il en donne généralement vingt à son épouse, s'il ne s'arrête pas au pub avant de rentrer chez lui, comme beaucoup le font. Car voyez-vous, messieurs, celui qui a dit que le plus court chemin pour sortir de Cowgate était la boisson savait de quoi il parlait, nous dit-il en jetant un long regard aux hommes présents.

— Vous faites l'éloge de la boisson, à présent, Mr Ogilvie ? demanda dédaigneusement Christison.

— Pas exactement, docteur, mais Dieu sait que les occasions de s'amuser sont rares pour la grande majorité des ouvriers de Cowgate, répondit Ogilvie.

— Et ces hommes s'amusent bien davantage que les femmes auxquelles ils donnent ces vingt shillings par semaine, continua Miss Canaby. Elles travaillent comme des esclaves et mènent une existence difficile. Avec ces vingt shillings, une femme de Cowgate doit souvent nourrir trois ou quatre enfants, les habiller et se vêtir elle-même, et payer le loyer.

— Il importe donc sans doute peu de savoir si son mari est malheureux parce qu'il boit, ou s'il boit parce qu'il se sent malheureux. La plupart de nos hommes d'Église retiennent la seconde explication, et les farouches défenseurs de l'abstinence citent souvent le cas d'un pauvre alcoolique repenti qui jouit à présent d'un confort précaire grâce à l'argent qu'il dépensait autrefois en boisson. J'estime quant à moi que les pauvres sont victimes de leur milieu et de leurs conditions de vie, bien davantage que ne le croient nos moralistes.

« Comme vous le savez, je ne bois pas ; mais, gentlemen, je vous dirai cependant que le pub est une composante essentielle de l'existence du pauvre ouvrier de Cowgate. C'est là qu'il rencontre ses amis. Le pub qui sert de quartier général aux sociétés de bienfaisance, aux amicales et aux syndicats, comme vous le savez peut-être. Un recteur de Norfolk a dit un jour que le pauvre va au pub comme le riche à son club : moins pour boire que pour avoir de la compagnie.

— Tout cela est fort bien, mon vieux, mais quel rapport avec ces malheureux gosses, comme vous les appelez, et ces pitoyables femmes allongées sur ces lits au fond ? demanda sèchement Laycock.

— Excellente question, répondit Ogilvie sur un ton un peu condescendant. La petite entreprise de Mr Ross consiste à trouver aux garçons un travail qui rapportera un peu d'argent à la maison, argent qui servira non seulement à acheter de quoi manger, mais aussi peut-être à empêcher un père désespéré de se noyer dans la bouteille.

— Et comment s'y prend-il, au juste ? demanda Christison.

— Il est sans doute mieux à même que moi de vous répondre, rétorqua Ogilvie.

— Merci, monsieur, dit Ross en tripotant un vieux chapeau melon cabossé. Vous n'êtes peut-être pas aussi mauvais que je disais. Je leur trouve des emplois, pour ainsi dire. La paie n'est peut-être pas extraordinaire…

— Pas extraordinaire ! s'écria le reporter, frustré. Ces garçons gagnent un salaire de misère, mais qui rend service à leurs parents. Dites donc à nos invités en quoi consiste ce salaire non extraordinaire, Mr Ross.

— D'accord, mais laissez-moi le raconter à ma façon. Voilà : beaucoup de ces gamins sont à la rue, et ils viennent tous de familles miséreuses, comme l'a dit Mr Ogilvie. Beaucoup dorment sous les ponts de chemin de fer, sous des bâches, ou dans des taudis crasseux. Je les prends chez moi et je leur trouve du travail. Toute la famille – s'ils en ont une – doit essayer de gagner un peu d'argent, qui les sortira peut-être de la misère.

— Dites-leur ce qu'ils font, mon vieux. Dépêchez-vous, dit Ogilvie.

— Euh, voyons, reprit Ross. Un enfant peut devenir balayeur des rues, vendeur d'allumettes, ou bien, un enfant ou un adulte, faire la collecte des os. Avec un peu de chance, et s'il sait parler, un adulte peut gagner comme ça huit pence par jour, et un garçon deux ou trois. De temps en temps, un domestique leur donne un os où il reste de la viande qui nourrira la famille avant que l'os soit vendu. Beaucoup d'enfants de familles très pauvres deviennent ramasseurs de mégots de cigares, qui leur rapportent un demi-penny la livre. Les adultes, eux, peuvent gagner entre six et dix pence avec les mégots, à condition qu'ils soient secs.

— Et que fait-on des mégots ? demandai-je, ébahi par cet étrange récit.

— Ah ! On les vend à… euh, des intermédiaires, qui s'en servent pour fabriquer des cigares bon marché, bien sûr.

— Bien entendu ! murmura Bell.

— Et ces femmes émaciées assises sur ces misérables lits rouillés, là-bas, sont des mères qui ont surmonté leurs craintes, et viennent ici si elles ou leurs garçons sont malades, dit Miss Canaby.

— Bonté divine ! Et que se passera-t-il lorsque cette masure sera démolie ? demanda Miss Pechey.

— Aaah ! s'écria Miss Canaby, son visage s'éclairant. Des épouses de professeurs et de notables ont réussi à convaincre leurs maris d'acheter la boulangerie du vieux Mr McCracken à Fishmarket Close, qui est abandonnée depuis de nombreuses années. Mr Russel et le *Scotsman* vont y installer une sorte d'école d'apprentissage, que dirigeront Mr Ross et son frère Harry, qui est quincailler. Les choses avancent petit à petit, grâce au Dr Littlejohn.

— Mais c'est un peu comme la grenouille dans un puits glissant. On avance, puis on recule, dit Littlejohn. L'année dernière, je vous ai montré l'une de mes plus belles réussites : l'assainissement du grand cloaque qui se trouvait sous les jardins de Princes Street. Je vais vous montrer maintenant l'un de mes… de nos pires échecs. Les mauvais soins apportés aux nourrissons, comme dit Ogilvie. Quelle rue choisissons-nous, jeune homme ? demanda-t-il en faisant un signe de tête au jeune reporter.

— Je vous demande pardon, monsieur, mais vous savez comme moi que la rue importe peu. On pourrait tirer au sort n'importe laquelle : elle fournirait une excellente illustration de cette triste situation. Blair Street est juste à côté. Pourquoi ne pas y retourner ?

— Très bien. Nous irons voir Mrs Hubbard, que Miss Canaby m'a présentée. Elle habite au coin de la rue, si je ne me trompe », dit Littlejohn en indiquant la direction à suivre.

Nous lui emboîtâmes le pas.

« Vous avez bonne mémoire, docteur Littlejohn, murmura Miss Canaby.

— Comment oublier le triste spectacle de cette porte ? » répondit-il en frappant.

Le triste spectacle était aussi à l'intérieur. « Enlève ta main, enlève ta main, je te dis ! » cria quelqu'un. La porte s'ouvrit brusquement dans un bruyant grincement de gonds rouillés. Une femme surgit devant nous, tenant dans les bras un nourrisson émacié.

Elle était grande, vêtue d'une pauvre robe usée. Son visage avait la couleur du froid ciel de novembre et portait les séquelles bien visibles de la variole. Son apparence n'avait rien d'agréable. Miss Canaby nous fit remarquer plus tard qu'elle paraissait bien plus âgée que ses quarante-deux ans. Je lui en avais en effet donné plus de soixante. Elle nous regarda comme si nous venions d'une autre planète. Ses yeux gonflés s'éclairèrent soudain en voyant Miss Canaby.

« Vous avez apporté le sucre, comme vous aviez promis, ma caille ? » roucoula-t-elle, avant de détourner le regard, prise de timidité.

Miss Canaby sortit un petit sac de son grand filet.

« Vous saviez bien que je n'y aurais pas manqué, Kate. Avez-vous sevré les petits de la potion, comme le Dr Simpson l'appelait ? »

Kate leva ses yeux chassieux au ciel.

« Dieu sait que j'essaie, mais ce n'est pas facile, pas facile du tout, souffla-t-elle. Et que Dieu bénisse le Dr Simpson, paix à son âme. C'était quelqu'un de bien, vous savez. »

Miss Canaby tenta d'expliquer qui nous étions, mais son amie était manifestement terrifiée par notre présence, une réaction bien compréhensible.

Littlejohn décida de prendre le taureau par les cornes.

« Mrs Montgomery, si vous vous rappelez, lorsque Mr Ogilvie et moi-même sommes venus vous voir le mois dernier, nous vous avons promis de vous apporter un petit quelque chose pour les enfants.

— Ah oui, le monsieur du journal. Non, j'avais complètement oublié, dit-elle, les yeux rivés sur les mains d'Ogilvie, qui fouillait dans son sac de toile. Il m'a apporté un peu de sucre la dernière fois qu'il est venu, si je me souviens bien. Vous me rappelez l'image d'un des hommes de la résurrection que mon père avait à la maison, hé, hé, hé, caqueta-t-elle en tordant la bouche dans un sourire, révélant une bouche presque édentée.

— Regardez donc ce que j'ai là, Mrs Montgomery, lança joyeusement Ogilvie, tout excité, en agitant la main. Du lait, du pain, quelques œufs, et même des fruits. Et Mr Russel m'avait bien recommandé de ne pas oublier ceci, ajouta-t-il en montrant des sucres d'orge. En prévision de Noël, qu'il m'a dit. Où dois-je mettre tout ça ? demanda-t-il en s'avançant lentement.

— Rentrez donc, s'il y a de la place pour tout le monde, dit Mrs Montgomery. Je sais que le Dr Littlejohn veut voir les enfants. Je trouve qu'ils vont déjà bien mieux. »

Le spectacle offert par la grande pièce que Mrs Montgomery avait transformée en une sorte de nursery rappelait furieusement les gravures de Hogarth dépeignant les déplorables conditions de vie des pauvres à Londres au XVIIIe siècle : *La Carrière du roué, La Rue de la bière et la Ruelle du gin*.

Au fond de la pièce, afin de gagner le maximum de place, on avait disposé deux par deux quatre lits défoncés sur lesquels se trouvaient sept ou huit nourrissons allongés ou à quatre pattes. Au pied du lit du fond se trouvait une vieille table couverte de flacons et de bouteilles de tailles et de formes diverses, ainsi que d'une douzaine de petites cuillères. Mais ce qui retenait surtout l'attention, c'était le corps flasque des enfants, leur ventre gonflé par la malnutrition. Comment ne pas les remarquer ?

Je jetai un regard vers les jeunes femmes. Miss Pechey s'était détournée, et Mary Anderson l'avait prise dans ses bras. Mary échangea un regard avec Mrs Montgomery.

« Je suis ravie de savoir que la situation s'est améliorée, dit-elle sèchement, les dents serrées. Je n'aurais pas aimé visiter cet endroit avant. Il me semble que, la dernière fois que je suis venue…

— Ne nous emballons pas, ma caille, dit Mrs Montgomery. Maintenant, je dois m'occuper des mères en plus des petits. Regardez-la, ajouta-t-elle en montrant une femme rachitique au teint cireux assise au pied d'un lit. Elle m'a apporté sa bouteille il y a un peu plus d'une heure. Je l'ai reniflée et je l'ai jetée tout de suite, hé, hé, hé. Elle a un petit coup dans le nez, comme vous voyez. Elle peut plus bouger. Elle se rappellera même pas que je lui ai donné un peu du remontant que je donne à ses petits.

— Mais que diable raconte-t-elle ? demanda Laycock, qui examinait les yeux de la femme.

— C'est quoi ici, au juste ? Un dispensaire imaginé par un dément ? demanda Christison en agitant sa canne en direction des bouteilles.

— Vous n'avez manifestement pas lu mes articles du *Scotsman* sur Cowgate, docteur Christison, dit Ogilvie. Ou alors vous avez oublié certains détails. Je pensais que tous les résidents de notre belle ville savaient à présent ce qui se passe ici, puisque…

— Pour l'amour du ciel, assez de morale ! rugit Littlejohn. Voulez-vous nous expliquer la situation, Watson ? »

Bell me fit un signe de tête. Miss Canaby me lança un long regard, sourit et me fit elle aussi un signe pour m'encourager à prendre la parole.

« Je venais au dispensaire de Cowgate depuis à peine une semaine quand le Dr Bell a voulu connaître le nombre de cas de crampes sévères et de morts de jeunes enfants – pas seulement de nourrissons. Il m'a même demandé un jour de renifler l'haleine d'un jeune garçon, leur dis-je.

« "Qu'est-ce que vous en dites ? m'a-t-il ensuite demandé.

« — C'est manifestement l'odeur du remontant de Godfrey", ai-je répondu, en me rappelant ce que m'avait dit Miss Canaby, qui soupçonnait que certaines mères en donnaient délibérément… J'étais horrifié.

— Quel est donc cet alcool dont vous parlez ? demanda Isabel Thorne.

— C'est un mélange de mélasse, d'opium et d'infusion de sassafras. C'est mon collègue qui m'a révélé ce dernier ingrédient, dis-je.

— Et si une pauvre femme épuisée à la tête d'une famille nombreuse ne sait plus à quel saint se vouer…, murmura Miss Canaby.

— … elle leur donne une bonne dose d'opium. C'est bien cela que vous voulez dire ? lança Christison.

— Une forte dose, docteur Christison, répondit Ogilvie. Une très forte dose.

— Ah, mais taisez-vous donc, mon vieux ! rétorqua Christison.

— Il a pourtant raison, je le crains, dit Littlejohn en prenant Ogilvie par le bras pour l'entraîner vers la table. Pour bien des adultes, le gin est peut-être le plus court chemin pour sortir de Cowgate, mais c'est le remontant de Godfrey qui montre la sortie aux jeunes enfants. C'est une réalité pour ces gens, qui y croient comme ils croient que le soleil se lève à l'est.

— C'est pour cela que vous avez échangé la bouteille de Mrs Timmons ? demanda-t-il à Kate Montgomery.

— Ah, vous la connaissez donc ? lâchai-je malgré moi.

— Watson, Watson, répliqua Littlejohn en agitant le doigt dans ma direction. Votre collègue et l'excellente Miss Canaby, ainsi que vous-même, n'êtes pas les seuls à connaître Mrs Timmons.

— C'est vrai, docteur Watson. Le Dr Littlejohn m'a appris le test œil-nez, comme il dit. Je peux dire que je sais maintenant renifler une overdose d'opium mieux qu'un chien qui cherche un os, hé, hé.

— C'est consternant ! dit Bancroft.

— C'est pourtant la vérité vraie, murmura Mrs Montgomery. Vous voyez le tas de bouteilles, là-bas sur la table ? La moitié sentent l'opium. Je les ai regardées à la lumière, comme me l'a appris le Dr Littlejohn, et mon nez ne m'a pas trompée. Si elles voulaient juste m'amener leurs mômes, comme le Dr Littlejohn leur a dit, au lieu de les bourrer d'opium avant de partir travailler, on en sauverait plus d'un, je peux vous le dire.

— Consternant, répéta Bancroft dans un souffle.

— Et le pain au sucre, comme dit le Dr Littlejohn, fait sacrément l'affaire, si on sait s'y prendre, reprit Mrs Montgomery.

— Je ne vous suis plus du tout, grommela Christison en s'avançant vers elle, le regard lançant des éclairs. Qu'est-ce que le pain au sucre, et comment se fait-il qu'on donne de l'opium à des enfants ? »

Mrs Montgomery, prenant peur, recula instinctivement. Bell vint à sa rescousse, détournant l'attention de Christison en lui posant la main sur l'épaule.

« Nombre de mères du quartier se sont mis en tête que le lait, surtout le lait de vache, était mauvais pour leurs enfants, dit-il. Elles ont sûrement leurs raisons ; c'est sans doute dû pour une large part au fait que le lait est cher, et que beaucoup d'entre elles n'ont pas les moyens d'en acheter. Elles utilisent donc ce qu'on appelle le pain au sucre, ou plutôt de la bouillie au sucre, un mélange peu ragoûtant de pain, de sucre et d'eau. On le donne à manger froid, ou bien on le tient au chaud sur la cuisinière dans une tasse qui est rarement lavée ou remplacée, et qui sert à nourrir les petits. C'est sans aucun doute préférable au remontant de Godfrey, qui est le plus souvent de la mort lente en bouteille.

— Vous voulez dire que c'est une pratique courante ? demanda Miss Jex-Blake.

— C'est exactement ce qu'il veut dire, ma jeune dame, dit Littlejohn en exhibant le bras décharné d'un enfant. Je suis prêt à parier que tous les foyers pauvres d'Édimbourg – ou du moins de Cowgate – ont une bouteille de cette mixture, que presque tous les enfants ont ingérée d'une manière ou d'une autre.

— Mais, bon sang, balbutia Laycock. Cela ressemble fort à… à un assassinat. Ce n'est pas votre avis ?

— Nom de Dieu ! » lui lança sèchement Ogilvie en levant les bras au ciel.

Il se tut et tendit ses mains osseuses et griffues vers Laycock.

« Je suis désolé, monsieur, pardonnez-moi. Mais j'ai un peu de mal à imaginer que quiconque à Édimbourg puisse encore ignorer les véritables causes de la mortalité infantile élevée dans ce quartier.

— Vous voulez dire que les autres médecins, mes collègues, connaissent… »

Littlejohn posa la main sur son épaule dans un geste paternel en faisant signe à Ogilvie de s'éloigner.

« Non, non, mon vieux, pas tous…

— Laissez-moi ! Je veux entendre ce qu'il a à dire. »

Ogilvie lança un regard à Littlejohn, qui haussa légèrement les épaules.

« Très bien, dit Ogilvie. À vrai dire, je fais des recherches sur le sujet et, pour autant que je sache, nombre de médecins, dont certains de vos collègues, consacrent de temps à autre un peu de leur temps et de leur savoir-faire à Cowgate. Le Dr Watson et le Dr Bell consultent au dispensaire, et le Dr Littlejohn fait de fréquentes visites dans le quartier. Ils font beaucoup de bien autour d'eux. Mais je pourrais vous citer d'autres cas, de médecins je veux dire, qui viennent ici avec d'autres idées en tête… »

Miss Canaby lui fit signe de se taire en posant un doigt sur les lèvres. « Ah, Jamie, comme vous pouvez être bavard ! »

Je vis alors Bancroft jeter un curieux regard à Ogilvie. Depuis un moment, il semblait dévisager le jeune journaliste.

« Bon nombre de médecins savent en effet, reprit Miss Canaby, combien la vie peut être fragile et dangereuse ici, à Cowgate, docteur Laycock. J'ai souvent vu des gens parier quel petit serait le prochain à partir. Ce n'est jamais bien difficile à deviner. Il suffit de trouver une mère avec trois ou quatre enfants au nid, comme ils disent.

— Je suis proprement..., balbutia Laycock.

— Consterné, vous l'avez déjà dit, intervint Bell. Navré de vous interrompre, Laycock, mais je crois que cette jeune femme émaciée qui se tient sur le seuil avec un nourrisson, et qui paraît quinze ans de plus que son âge, si je ne me trompe, apportera de l'eau au moulin de Mr Ogilvie. »

Il regarda Littlejohn, puis Mrs Montgomery.

« Me donnez-vous la permission de m'occuper d'elle ?

— Ah, vous avez la manière, docteur Bell. Allez-y, si le Dr Littlejohn le veut bien.

— Comme si je pouvais l'en empêcher ! » dit Littlejohn en souriant.

Bell s'approcha de la femme pour lui dire quelques mots, puis la fit asseoir sur une chaise. Je ne cessais de m'émerveiller de ses façons de faire avec les femmes et les enfants. Il suffisait généralement d'une seule visite pour que ses patientes lui accordent une confiance aveugle.

« Mesdames, messieurs, dit-il en s'approchant de nous avec la nouvelle venue. Voici Mrs Hackett, avec son petit garçon Robbie, enveloppé dans cette couverture bleue. Elle me dit qu'il est souffrant depuis un certain temps, et qu'elle ne savait plus quoi faire quand une voisine lui a dit que Mrs Montgomery pourrait peut-être l'aider. Ai-je bien expliqué la raison de votre visite, Mrs Hackett ? »

Elle resta interdite un court instant, puis, voyant son sourire, se mit à parler d'une voix hâchée :

« Oui, monsieur, c'est ce que j'ai dit, à peu près.

— Doyle, auriez-vous la bonté d'apporter la chaise de Mrs Hackett. Merci. Mrs Hackett, je vous présente mon assistant, qui admirait le blason sur la couverture de votre petit. »

Doyle leva rapidement les yeux de la couverture pour regarder Mrs Hackett. Piquant un fard, il marmonna que le blason était un bel exemple du Royal Highland quelque chose.

« C'est peut-être ça, j'en sais trop rien, dit-elle. C'est Mrs Dalkeith qui me l'a donnée. Elle habite Ann Street. Je lui fais sa lessive de temps en temps.

— Mrs Montgomery… lança Bell. Cette belle théière contient du thé bien chaud, n'est-ce pas ?

— Oh ! Oui, vous pouvez en être sûr.

— J'y compte bien, en effet. »

Il avait clairement une idée derrière la tête.

« Doyle, voulez-vous servir une bonne tasse de thé bien chaud à Mrs Hackett. Elle sera sûrement la bienvenue, avec le vent qu'il fait. Et sur la table qui se trouve derrière elle… Vous trouverez sans doute de la crème et du sucre. C'est ainsi que vous prenez votre thé, Mrs Hackett ? »

Assise sur sa chaise, elle hocha vigoureusement la tête, battant des cils.

« Oui, oui, mais je n'en ai pas vu beaucoup ces derniers temps, si vous voyez ce que je veux dire.

— Oui, en effet. Mrs Hackett, acceptez-vous de confier le petit Robbie à Miss Canaby, afin que le jeune Doyle l'examine et nous dise de quoi il souffre ? Ses talents de diagnosticien – découvrir ce qui ne va pas – s'améliorent de jour en jour, et il est particulièrement doué avec les enfants. »

Doyle écarquilla les yeux en entendant cette remarque, et lança un regard vers son mentor, qui fit une moue et se mit à rire.

Mrs Hackett, les yeux rivés sur le thé, tendit son enfant et s'empara de la tasse presque dans un seul mouvement.

L'infirmière posa le nourrisson sur une table recouverte d'une alèse, juste derrière Mrs Hackett. Doyle défit avec précaution la couverture, vit l'œdème de l'enfant et lança un regard interrogatif à Bell. Ce dernier hocha discrètement la tête, puis l'inclina sur le côté. Leur communication était parfaite. Dites-lui ce qui ne va pas, mais prenez vos précautions, me disait-il. Doyle comprit parfaitement le message, lui aussi. Puis mon collègue fit signe aux autres de ne pas s'alarmer.

« Ah, oui, fit Doyle en souriant à l'enfant. Vous savez ce que je crois, Mrs Hackett ? Je crois que le jeune Robbie a faim. Un peu de lait, peut-être, avec un petit quelque chose dedans, si vous voyez ce que je veux dire ?

— Je crois que je vois, en effet, jeune homme, dit Bell, coupant court à la protestation de la mère. Docteur Littlejohn, seriez-vous assez bon pour demander à Mrs Montgomery d'aller chercher un petit quelque chose pour le jeune Robbie ? Auriez-vous un peu de porridge, par exemple, Mrs Montgomery ?

— Oui, je vais en chercher. »

Elle se dirigea vers le fond de la pièce, malgré la mère, qui disait que son enfant n'avait pas faim.

Elle revint en apportant un grand bol fumant, le tendit à Doyle, qui se mit à donner à manger au nourrisson. Le pauvre enfant affamé se jeta sur la cuillère.

La mère continuait à protester, disant qu'elle ne savait comment son fils pouvait avaler toute cette nourriture après tout ce qu'il avait déjà mangé dans la journée. Mais on voyait clairement que le pauvre enfant mourait littéralement de faim.

« Mrs Montgomery, s'il vous reste de l'avoine du sac que Mr Russel a apporté, pourriez-vous en donner un peu à Mrs Hackett ? dit Littlejohn. Cela pourrait lui rendre service, me semble-t-il. »

Lorsque l'enfant eut fini de dévorer le porridge, Littlejohn demanda à Miss Canaby de remplir un sac de pain noir, de l'avoine apportée par Mrs Montgomery, et d'un peu de marmelade.

Cessant ses faibles protestations, la mère s'inclina, saluant et remerciant tous ceux qui se trouvaient dans la pièce.

Miss Canaby proposa de raccompagner la mère et l'enfant chez eux, et un curieux silence s'installa après leur départ.

« Juste ciel ! murmura Bancroft. Vous avez vu comment ce nourrisson s'est jeté sur la cuillère ?

— Doyle avait bien du mal à la garder en main, m'écriai-je.

— Mesdames et messieurs, lança Littlejohn, ce que vous venez de voir n'est qu'un exemple de ce qui se passe trop souvent à Cowgate.

— Mais pourquoi ce refus de la part de la mère ? demanda Christison.

— Ah, question de fierté naturelle, voyez-vous, dit Littlejohn. Comme vous le savez, Mr Ogilvie prépare une série d'articles sur les conditions de vie à Cowgate. Il m'a sans conteste ouvert les yeux. Pourquoi ne pas nous en dire quelques mots, Mr Ogilvie ?

— Volontiers. Mais ce que vous avez vu est suffisamment éloquent, répondit le journaliste. C'est presque un axiome de dire que les mères âgées de Cowgate – celles de plus de vingt-cinq ans –, après avoir perdu un nourrisson, ou même plusieurs, ou qui ont trop d'enfants à charge, ne peuvent compter que sur elles-mêmes si elles doivent faire face à une nouvelle grossesse. C'est presque devenu une plaisanterie cruelle entre elles : « Vous allez voir ; Jennie Jones attend un autre bébé ; je vous parie qu'il ne survivra pas. » Le plus souvent, l'enfant ne survit pas.

— Vous insinuez qu'elles privent délibérément leurs nourrissons de nourriture ? demanda Mrs Thorne.

— Ha ! Je n'insinue rien, je ne fais qu'énoncer un fait connu de la plupart de ceux qui vivent ici, répondit Ogilvie. Mais il existe une autre pratique, presque aussi criminelle, à mon avis, que de laisser les enfants mourir de faim ; c'est de les droguer à l'opium. Vous venez de constater de vos propres yeux, et le Dr Littlejohn la confirmé, qu'il n'y pas un foyer ouvrier de ce quartier qui n'ait une bouteille d'opiacées ou de ce fameux remontant de Godfrey.

— Mais je parie que la moitié de la paie reste au pub, rétorqua Laycock.

— Absolument, dit Ogilvie. Vous avez sans doute raison, docteur Laycock ; mais je crois aussi que les pubs, à leur manière, permettent de juguler la criminalité, et fournissent à ces pauvres hères leur seul réconfort.

— Je ne vous suis pas, répliqua Christison.

— Je vais vous dire ce qu'il en est, lança Ogilvie en tapant du poing dans sa paume. Beaucoup d'hommes de ce quartier – la plupart, sans doute – sont ivres morts au moins deux soirs par semaine, ce qui les empêche d'aller courir les rues. Et si vous connaissiez les sombres idées et les fantasmes qui leur traversent la tête, vous diriez qu'il vaut mieux les laisser au pub.

— Je ne suis pas très convaincu par vos belles théories, vous savez, marmonna Laycock.

— Je n'en suis pas étonné, docteur ; mais cela ne change en rien ce qui se passe ici. Les belles lumières scintillantes du pub sont leur phare. Le passant ordinaire ne verrait à l'intérieur qu'une foule bigarrée de misérables, et serait consterné d'apprendre quelles vilaines et diaboliques pensées circulent dans leur crâne. Mais, si l'on songe à leurs taudis, aux ruelles et aux cours fétides dans lesquelles ils vivent, on comprend aisément pourquoi le pub les attire comme des pigeons voyageurs. Ils y trouvent de l'animation, de la lumière, l'odeur de la bière, des pâtés chauds et des saveloys à disposition. Et, par-dessus tout, l'oubli temporaire de leur misérable existence.

— Vous commencez à perdre la tête, mon vieux, tonna Christison.

— C'est possible, c'est possible. J'aimerais rester pour défendre mon point de vue, mais j'ai reçu aujourd'hui un curieux message d'un "fidèle lecteur" bien intentionné qui me demandait de le retrouver devant votre salle de cours, docteur Christison. Et c'est là que je vais de ce pas.

— Je crains de devoir partir, moi aussi, dit Bell. Je ne voudrais pas être en retard pour notre séance de ce soir sur la ligature, Watson. Steers, notre gouvernante, m'a demandé de faire quelques emplettes avant de rentrer. »

Deux des jeunes femmes, ainsi que Bancroft et Laycock, prirent également congé, alléguant des rendez-vous ou du travail en attente. Littlejohn remercia l'assemblée, qui lui rendit ses remerciements. Il nous promit de nous montrer les nouveaux travaux d'adduction d'eau lors de sa prochaine tournée.

« Que sont donc les saveloys, Mr Ogilvie ? demanda Miss Jex-Blake.

— Mmm. Quoi ? Ah, ce sont de petites saucisses épicées, et personne ne sait mieux les préparer que ma mère. J'en ai pris avec des œufs il y a deux jours au petit déjeuner. Je pourrais en manger six jours sur sept. »

Le destin en décida autrement. Ce soir-là, en allant préparer la salle de cours du Pr Christison, Angus McKenzie découvrit le corps inanimé du jeune Ogilvie. Il était affalé en position assise par terre, sous la cible ronde accrochée au tableau noir. Une étrange flèche ouvragée était plantée dans sa gorge, juste à gauche de sa proéminente pomme d'Adam. Il était bel et bien mort.

XII

Avertissement : ce sera bientôt le tour d'une dame

Je m'étais promis d'arriver en avance dans la petite salle de démonstration de Surgeons' Square, afin de me laisser le temps d'installer correctement les instruments que j'utilise pour démonter la technique de la ligature. J'avais également eu la bonne idée de demander à Curor et à Doyle d'arriver un peu en avance afin de vérifier qu'Angus McKenzie avait bien ouvert le bâtiment comme promis ; ce dernier prenait ses responsabilités à cœur, mais il avait été dernièrement sujet à quelques absences.

Une voix me fit soudain me retourner, chassant toutes ces réflexions de mon esprit.

« Docteur Watson ! Docteur Watson ! Dieu merci je vous trouve. Je partais vous chercher chez vous », me cria le jeune Doyle en accourant vers moi, hors d'haleine, son visage habituellement rougeaud devenu gris.

Je voulus lui demander ce qui se passait. Sans me laisser le temps de parler, il me pria de le suivre jusqu'à l'hôpital.

« C'est affreux, c'est affreux, dit-il, le souffle court, en prenant mon bras pour me forcer à faire demi-tour. Mr McKenzie est resté auprès du corps, et j'ai envoyé Curor chercher la police.

— Dieu du ciel ! m'écriai-je. Que se passe-t-il donc ?

— C'est Mr Ogilvie, le reporter. Il est dans l'amphithéâtre du Dr Christison. Il est… il est mort.

— Qu'est-ce que vous dites ?

— Mort, monsieur. Et on dirait qu'il s'agit… qu'il s'agit…

— Qu'il s'agit de quoi, mon vieux ?

— Eh bien, d'un meurtre, monsieur. Tout porte à le croire. »

J'eus l'impression d'avoir reçu une lourde porte en pleine poitrine.

« Vraiment ? » m'exclamai-je de façon ridicule et maladroite.

En arrivant dans Infirmary Street, nous aperçûmes Curor en compagnie de plusieurs policiers. L'immense silhouette de Leviathan devait être celle de l'inspecteur. La lueur du réverbère à l'entrée de l'hôpital me permit de confirmer qu'il s'agissait bien de McCabe, qui postait deux de ses hommes devant la porte. Ils avaient eux aussi le visage tendu, les traits tirés.

McCabe nous salua d'un bref hochement de tête, puis se tourna vers Doyle.

« Selon votre ami, vous avez dit au concierge – son nom m'échappe – de ne toucher à rien. C'est exact ?

— Oui, inspecteur. C'est ce qu'on dit dans tous les romans policiers.

— Sur ce point, ils ont raison, Dieu merci. Je vous félicite, jeune homme. Doyle, n'est-ce pas ?

— Oui, inspecteur.

— Ça ne vous plaira guère, mais je dois vous demander, à vous et à votre ami, d'attendre ici dans le couloir. J'aurai peut-être des questions à vous poser.

— Oui, inspecteur », répondirent en chœur Doyle et Curor, avant d'aller s'asseoir sur un banc.

L'inspecteur murmura, comme pour lui-même : « On a appelé le médecin-légiste et… »

Son regard se porta soudain sur Angus, qui était penché sur le corps et se tordait les mains.

« Ah, dit McCabe. Mr Jenny, euh, McKenzie, n'est-ce pas ?

— Exact, McKenzie, monsieur.

— C'est ça. McKenzie », dit sèchement l'inspecteur, comme si le nom était à présent gravé dans sa mémoire pour l'éternité.

Angus se redressa et prit l'inspecteur par le bras.

« Voilà. Le voilà. Juste sous cette horrible cible, dit-il d'une voix chancelante.

— Oui, comme vous dites, Mr McKenzie. Une autre cible. »

L'inspecteur nous fit signe de ne pas approcher du corps et, s'agenouillant près du cadavre, examina la flèche fichée dans la gorge d'Ogilvie, puis leva les yeux vers la cible avant de regarder une nouvelle fois la flèche et de se tourner vers le fond de la salle.

« Je mettrais ma main à couper que c'est la cible que le Dr Christison a utilisée pour sa démonstration, dit-il. Et pourtant…

— Vous y perdriez la main, inspecteur », lança une voix derrière nous.

Nous nous retournâmes et vîmes Joe Bell qui se tenait à quelques pas, déroulant sa grosse écharpe.

« Rassurez-vous, inspecteur, dit mon collègue qui avait suivi le regard de McCabe. Le jeune Henshaw monte la garde droit comme un I à la porte, mais je l'ai persuadé de me laisser entrer. Il me connaît bien. Je soigne son père depuis des années. Poumons abîmés. Il fume beaucoup trop. Je dirais que cette cible est plus petite que celle dont vous parliez, inspecteur.

— C'est vrai. Elle a les mêmes cercles flous que l'autre mais, maintenant que vous le dites, je vois en effet qu'elle est plus petite.

— Vous savez, Watson, ceci pourrait avoir des répercussions chez certains de nos amis », dit Bell.

Je restai un moment interloqué, et l'inspecteur, après nous avoir jeté un long regard, secoua la tête, mystifié.

« Puisque vous êtes là, docteur Watson, ainsi que le Dr Bell, le Pr Christison est-il aussi dans les parages ? » demanda-t-il.

Je lui expliquai que je m'apprêtais à faire une démonstration de la ligature, et que je ne m'attendais pas à y voir le Pr Christison.

« Sergent, essayez de me trouver le Pr Christison, dit-il à un policier. Et demandez-lui de bien vouloir venir ici.

— À vos ordres, monsieur », répliqua aussitôt le sergent, un homme bien malingre comparé à l'inspecteur. Contournant Bell, il sortit de la salle.

« Bien. Mr McKenzie, pourriez-vous me dire exactement ce qui s'est passé ? demanda-t-il.

— Vous voulez dire ce soir ?

— Oui, mon vieux, ce soir.

— Eh bien, j'ai préparé les salles du premier étage, et je suis arrivé dans celle du Pr Christison, ici, au rez-de-chaussée. Il faut encore que je prépare toutes celles du bas. Maintenant que j'y pense, je crois bien que j'ai entendu des voix sortir de cette salle quand je suis entré dans le bâtiment.

— À quelle heure, Mr McKenzie ? demanda l'inspecteur.

— Ah, ça, j'en sais trop rien. Mais je dirais que c'était un peu avant six heures.

— Et vous êtes sûr que les voix venaient de cette salle ?

— J'en jurerais pas, vous savez, mais j'en suis à peu près sûr, inspecteur. Je suis pas non plus certain que toutes les lampes étaient allumées comme elles le sont maintenant. En arrivant, depuis la rue, j'avais l'impression que la salle était seulement à moitié éclairée. J'ai été un peu étonné en voyant toutes ces lumières quand je suis redescendu.

— Vous pouviez les voir à travers la vitre ? » demanda l'inspecteur en montrant l'épais carreau givré inséré dans la partie supérieure de la porte, et qui ressemblait à cette chose vaporeuse plantée sur une baguette que l'on vend dans les fêtes foraines.

Angus eut un mouvement de recul, comme si on l'avait frappé.

« La vitre est peut-être épaisse, inspecteur, mais mes vieux yeux peuvent encore voir la lumière à travers.

— Bien entendu, Mr McKenzie, dit l'inspecteur en lui tapant sur l'épaule. Je réfléchissais tout haut, voilà tout. Mais ce que vous dites est intéressant. Racontez-nous donc ce qui s'est passé lorsque vous êtes entré dans la pièce.

— J'étais dans le couloir de l'entrée – celui-là, dit-il en faisant un geste du pouce par-dessus son épaule. Si je me souviens bien, j'ai ouvert la porte et j'ai regardé toutes ces lumières, et puis c'est là que je l'ai vu, dit-il en montrant la forme allongée sous le drap. Je me suis dit qu'il n'avait pas bonne mine. Juste quelques secondes, pas plus, avant que j'ouvre la porte pour entrer, je suis presque sûr d'avoir entendu des pas, quelqu'un qui marchait, et puis j'ai entendu la porte du fond s'ouvrir et se refermer. C'est l'une des seules salles du bâtiment qui aient deux portes, voyez-vous.

— Alors, la porte du fond était fermée lorsque vous êtes entré par celle du couloir ?

— Pas complètement, inspecteur. Le Pr Christison la ferme généralement à clé, mais quasiment tous ceux qui sont là depuis un petit bout de temps savent qu'il garde un double de la clé sur le linteau de la porte. À mon avis, ça ne veut pas dire grand-chose.

— Ah, je vois qu'il y a une clé dans la serrure, dit l'inspecteur en s'approchant de la porte du fond. Je ne trouve rien, dit-il après avoir passé le doigt sur le dessus de la porte.

— Oui, c'est celle qu'on garde sur le linteau, inspecteur, répliqua Angus. C'est une grosse clé un peu rouillée, et on a accroché une petite ficelle blanche à l'anneau du dessus. Et qu'est-ce que vous dites de ça, là-bas ? » enchaîna-t-il en montrant le fond de la salle.

Par terre, dans l'allée centrale, était tracée une ligne à la craie, à peu près au même endroit que celle tracée par Christison avant sa spectaculaire démonstration. À côté, se trouvaient deux objets que je n'arrivais pas à distinguer.

Tout le monde ou presque tendit le cou et fit mine de se lever, mais l'inspecteur nous demanda de ne pas bouger.

Il s'accroupit, son large dos nous bloquant la vue. J'étais dévoré par l'impatience, mais j'étais aussi jaloux de sa souplesse. Mes genoux auraient crié grâce si je m'étais risqué à l'imiter.

« Oui, Mr McKenzie, je me suis moi aussi interrogé lorsque j'ai vu l'allée, dit le grand gaillard. Ici, par terre, messieurs, se trouve un morceau de craie blanche ordinaire et une fine chandelle. Je ne crois pas vous révéler un secret d'État ; si je vous en parle, c'est parce j'aurai très certainement des questions à vous poser là-dessus. Quelqu'un peut-il me dire à quoi servent ces objets ? »

Silence.

« Quoi ? Personne ? »

Bell pencha la tête sur le côté et ferma les yeux.

« Je vous suggère d'examiner la petite armoire du Pr Christison posée contre le mur du fond. Je suis à peu près sûr d'y avoir vu de la craie, et même parfois des chandelles, me semble-t-il. »

L'inspecteur se redressa comme si on l'avait piqué, et se dirigea à grandes enjambées vers le fond de la salle.

« Vous avez raison, docteur Bell. Il y a en effet plusieurs morceaux de craie et une bougie blanche. Il n'y a rien d'insolite à les trouver dans cette armoire, j'imagine ?

— Maintenant que le Dr Bell en parle, inspecteur, je me rappelle moi aussi avoir vu de la craie, des bougies et, euh... des sarbacanes, me semble-t-il, répondis-je. Non, attendez... Je suis presque sûr que les sarbacanes et les flèches sont rangées dans la grande armoire qui se trouve dans l'arrière-salle. »

L'inspecteur se rendit dans l'arrière salle et en revint portant une large sarbacane.

« Vous aviez encore raison, dit-il. Il fait un peu sombre là-dedans, mais j'ai trouvé ceci sur la grande armoire installée contre le mur », dit-il en exhibant l'objet.

Il fit un signe de tête à l'un de ses hommes, qui lui apporta un sac de toile, dans lequel il déposa la chandelle et la craie qui se trouvaient par terre, ainsi que la sarbacane.

Des bruits de pas pressés se firent entendre dans le couloir et Littlejohn, essouflé, entra dans la salle, escorté par un policier. Ce dernier tenait dans les mains un étrange mécanisme, et Littlejohn portait la grande sacoche de médecin en cuir noir froissé que lui avaient offerte ses étudiants lorsqu'il avait été nommé médecin légiste. À travers la porte ouverte, nous entendîmes la police refouler les curieux. Nombre d'entre eux étaient sans doute venus assister à la conférence que je devais donner.

Le policier tripota son chargement un instant et finit par dérouler un écran de toile attaché à quatre tiges de métal ressemblant à des colonnes de lit. Le dispositif formait une sorte de rideau dissimulant Littlejohn et l'inspecteur.

Avant de se réfugier derrière l'écran, mon collègue nous apprit qu'il était l'inventeur de ce dispositif, qui avait été fabriqué sur ses instructions par Ruff McClintock et Sandy la Suie.

Nous entendîmes le cliquetis d'instruments, puis Littlejohn se mit à se parler à lui-même, selon son habitude en pareille circonstance, avant d'entrer en conciliabule avec McCabe. Il finit par réapparaître, s'essuyant les mains avec une petite serviette.

« Angus, dit-il en examinant ses mains, l'inspecteur me dit que c'est vous qui avez découvert le corps. C'est exact ?

— Oui, monsieur, répondit McKenzie, l'air soudain effrayé.

— Selon lui, vous avez également dit que le défunt – Mr Ogilvie – avait le teint bleuté. C'est exact ?

— Oui, monsieur, absolument. Je me suis d'abord dit que c'était l'éclairage, ou quelque chose. Mais non, en y regardant de plus près, j'ai bien vu que son visage était bleu.

— Maintenant, réfléchissez bien, Angus.

— Oui, monsieur.

— Mr Ogilvie n'a fait aucun mouvement ?

— Ah, ça alors ! Je jurerais que j'ai vu le corps bouger quand je suis entré. Mais j'ai cru entendre des pas et je me suis précipité vers la salle du fond. »

Le silence était si profond que j'entendais tout le monde respirer autour de moi.

« Et vous n'avez vu personne ? demanda l'inspecteur.

— Non. Et quand je suis revenu, vous savez ce que j'ai fait ? »

Il indiqua le corps d'un mouvement de menton, le visage soudain empourpré, et grimaça un sourire coupable.

« Bien sûr que non, reprit-il. J'ai senti sa joue avec le dos de la main. Juste une seconde, inspecteur, et il était encore tiède. »

On entendit soudain quelqu'un frapper, et la porte vitrée s'ouvrit, laissant apparaître la tête d'un policier.

« Vous avez dit que vous vouliez voir le Pr Christison dès qu'il serait là, annonça-t-il.

— Bien. Faites-le entrer, Lucas. »

L'agent ouvrit la porte en grand pour laisser passer Christison. L'inspecteur s'avança à sa rencontre.

« À quoi riment tous ces secrets, inspecteur ? Je m'apprêtais à aller faire une bonne partie de… »

Apercevant le corps recouvert d'un drap allongé au sol, il eut un mouvement de recul.

« Bonté divine ! Qui est-ce ? Que s'est-il passé ici ? On m'a dit que quelque chose de grave…

— C'est Mr Ogilvie, professeur Christison, dit doucement l'inspecteur.

— Ogilvie ? Le reporter ? Est-il, est-il….

— Oui, il est mort, monsieur. »

L'inspecteur s'approcha du corps et fit signe à Christison.

« Pourriez-vous venir examiner le corps, professeur ?

— Moi ? s'écria-t-il sans le moindre enthousiasme.

— Si vous voulez bien, monsieur. »

L'inspecteur replia le drap et Christison, comme hypnotisé, montra le corps du doigt en s'écriant : « Du curare ! Mais comment…. C'est ma flèche. C'est le Pr Thompson qui me l'a rapportée d'Amérique du Sud. Il y a des années de cela.

— Vous en êtes sûr, professeur Christison ? demanda l'inspecteur. Je me posais la question.

— Je vous dirai simplement que je n'en ai jamais vu une autre semblable, nulle part.

— Merci, professeur. Le Dr Littlejohn pense également que nous avons affaire à du curare. Comment pouvez-vous être sûr que…

— Du curare ! Comment je peux en être sûr ? Laissez-moi vous dire, jeune…. Non. Je suis trop bouleversé. Demandez-lui, dit-il en indiquant Littlejohn. J'ai perdu tous mes moyens. Il est plus que compétent. Nous… nous avons eu l'occasion d'étudier ensemble divers poisons au cours des dernières années. »

L'inspecteur fit un signe de tête à Littlejohn, puis dit, en le regardant droit dans les yeux :

« C'est Angus qui a découvert le corps et, selon lui, Ogilvie avait le visage bleuté.

— Ah, voilà qui est intéressant, dit Christison en s'affalant sur une chaise.

— Que signifie cette coloration, docteur Littlejohn ? demanda l'inspecteur.

— Eh bien, comme nous l'a appris le Pr Christison au cours de sa récente conférence, le curare agit presque instantanément. Dès son injection, il provoque une paralysie des muscles, à commencer par ceux de la face. La victime ne peut plus avaler ni même bouger la tête. Il ne faut que quelques secondes au poison pour atteindre le diaphragme. Le pouls se ralentit et les poumons sont paralysés. La mort est causée par un arrêt respiratoire. Et pour répondre à votre question, inspecteur, la victime à l'agonie a le teint cyanosé.

— Ah-ha ! fit l'inspecteur en montrant Littlejohn, le regard fixé sur Christison.

— Et voilà, inspecteur, dit Christison. Excellent, Littlejohn. Je serais heureux que mes étudiants puissent en faire autant.

— S'il en est ainsi, murmura l'inspecteur, nous avons une bonne idée de l'heure du meurtre. Mr McKenzie nous a dit qu'il était arrivé quelques minutes avant six heures, et qu'il a cru entendre des voix dans l'amphithéâtre. Il est ensuite monté au premier pour préparer les salles, puis est redescendu ici. Combien de temps avez-vous passé au premier étage, Mr McKenzie ?

— Oh, bon sang ! Je dirais en gros une heure, inspecteur, à quelques minutes près.

— Alors, d'après les constatations médicales – le visage bleuté, le corps encore tiède, et l'heure à laquelle Mr McKenzie dit qu'il est entré dans le bâtiment et qu'il a découvert le pauvre Ogilvie, je dirais que le meurtre a eu lieu quelques minutes avant ou après sept heures. »

Bell, qui s'était rapproché de moi, porta soudain la main à son front et me demanda de l'aider à s'asseoir, et à Angus d'aller lui chercher de l'eau. L'inspecteur vint me prêter main-forte et Angus sortit en courant de la salle.

Bell, approchant son visage de l'oreille de l'inspecteur, lui murmura :

« Tout ce que vous dites est vrai, inspecteur, si vous faites confiance au témoin clé, dit-il en indiquant Angus. Je n'avais pas le cran de vous dire cela en sa présence.

— Docteur Bell, docteur Bell, je ne suis pas né d'hier, comme dit ma chère vieille mère, rétorqua McCabe en riant. J'espère que vous n'êtes pas froissé. »

Bell secoua la tête en souriant. Puis la situation prit soudain un nouveau tournant.

« Inspecteur, inspecteur ! Vous avez vu ça ? lança dans le couloir une voix retentissante que je reconnus comme étant celle de Doyle. Je viens de tomber dessus », dit-il.

L'inspecteur ouvrit la porte d'un geste brusque et faillit heurter Angus, qui saisit à deux mains le verre qu'il portait. De l'autre côté du couloir, Doyle montrait à Curor et à quelques policiers plantés devant un panneau d'affichage une note placardée au milieu. Ils s'écartèrent pour laisser passer l'inspecteur. McCabe examina le message quelques instants, marmonna quelque chose, puis décrocha délicatement le morceau de papier et retourna dans la salle.

Se dirigeant vers le grand bureau placé sur l'estrade, il y déposa le message et demanda d'une voix chancelante :

« Quelqu'un a-t-il remarqué ce… cette chose avant que Mr Boyle nous en avertisse ? »

Personne, apparemment, ne l'avait remarquée, ce qui n'avait rien de surprenant étant donné la quantité de notices affichées.

L'inspecteur faisait les cent pas devant le bureau. Il leva les mains dans un geste d'impuissance.

« Gentlemen, au moins sept d'entre nous ont vu ce message dans le couloir. Puisque je ne souhaite pas que la moitié de la ville en apprenne le contenu, je demanderai à tous ceux qui se trouvaient dans le couloir d'y retourner, et aux personnes qui n'ont pas eu connaissance de précédents messages anonymes de les accompagner. Mes hommes vous y rejoindront. »

Angus marmonna quelque chose, apparemment contrarié.

« L'inspecteur a un gros travail qui l'attend à présent, Angus, lui dit Bell sur un ton conciliant. Pourquoi ne pas l'aider dans sa tâche ? dit-il en faisant un léger signe de tête en direction de la porte. Oh ! Et je vous félicite pour les réparations que vous avez effectuées sur l'escalier de la maison des infirmières. Elles sont ravies. »

Angus s'éloigna, le visage fendu d'un large sourire. Littlejohn, Bell et moi-même restâmes seuls avec l'inspecteur.

« Gentlemen, nous dit-il, lisez ce message, je vous prie, et dites-moi ce que vous en pensez. »

Le message était rédigé cette fois en lettres capitales tracées à l'encre noire d'une plume épaisse sur une feuille de papier à lettres blanc bon marché. J'AI ESSAYÉ DE L'AVERTIR, AINSI QUE D'AUTRES. IL N'A PAS VOULU ÉCOUTER ! DÉSOLÉ DE N'AVOIR PAS EU LE TEMPS DE VOUS ENVOYER UNE OREILLE CETTE FOIS. SI D'AUTRES REFUSENT D'ÉCOUTER, SACHEZ QUE CE SERA BIENTÔT LE TOUR D'UNE DAME.

« Bonté divine ! Mais c'est notre vieil ami – l'homme aux oreilles. Je croyais qu'il n'en voulait qu'aux femmes – aux étudiantes, dit l'inspecteur.

— Un individu bien sûr de lui, arrogant et flamboyant, observa Littlejohn.

— Et dangereux, ajouta Bell.

— Il n'y a sans doute aucune raison de douter qu'il s'agit bien de l'auteur des premiers messages, dit l'inspecteur en regardant Bell.

— En effet. Voilà au moins une chose qu'on sait de lui.

— Exactement », lança sèchement l'inspecteur.

Il se laissa tomber sur le fauteuil pivotant qui se trouvait derrière le bureau, s'appuya au dossier et se mit à tournoyer, l'air parfaitement à son aise.

« Gentlemen, je crois qu'on en a terminé, hormis quelques précisions à demander au Pr Christison. Avez-vous des questions ou des commentaires ? »

Il nous lança un regard insistant, à moi et à Littlejohn. Puis il se tourna vers Bell, et baissa rapidement les yeux devant l'étrange sourire de ce dernier.

« Vous êtes sérieux, inspecteur ? Vous nous taquinez un peu, non ? demanda Bell.

— Je vous repose la question, répliqua l'inspecteur en évitant le regard perçant de mon collègue. Avez-vous quelque chose à me signaler ? »

Bell joignit les doigts sous son menton et sourit.

« Je me doutais que vous alliez dire cela, inspecteur. J'accepte donc de jouer à votre petit jeu. Je suis à peu près sûr, cette fois, que vous connaissez ma réponse : elle est affirmative. Parlons donc du curieux incident de la seconde flèche – ou plutôt la première, à mon avis – dans le cou.

— Mais que diable voulez-vous dire ? lançai-je.

— Je crois que l'inspecteur me comprend, mon cher Watson, ainsi que notre ami Littlejohn. Je ne peux pas dire cette fois-ci qu'il n'y a pas eu de seconde flèche au cou, car il y en a bien eu une. Et je l'ai fait remarquer au Dr Littlejohn, car j'en cherchais la trace, et je l'ai trouvée : une marque minuscule sur le côté du cou du défunt, partiellement dissimulée par les épais cheveux d'Ogilvie, par son épaisse toison rousse, dirait le Dr Littlejohn. »

J'étais bouche bée, et Littlejohn me conseilla de la refermer.

« Qu'est-ce qui vous a mis sur la piste d'une seconde…

— Voulez-vous l'expliquer, docteur Bell, ou souhaitez-vous que je m'en charge ? » demanda l'inspecteur

Bell hocha la tête et lui fit signe de poursuivre.

« Eh bien, docteur Watson, je me suis dit qu'un homme menacé par quelqu'un portant une sarbacane à la bouche, placé à huit mètres en droite ligne – j'ai mesuré la distance entre le trait à la craie et la cible – n'allait pas rester immobile et laisser le forfait s'accomplir. Et vous m'accorderez qu'un homme s'apprêtant à commettre cet acte n'est sans doute pas d'une sérénité parfaite ; de plus, Mr Ogilvie portait sa vieille pelisse – très laide mais aussi très épaisse – et son visage était la seule cible offerte au meurtrier. »

Il remarqua sans doute mon regard interloqué.

« Le meurtrier était probablement placé tout à côté de sa future victime, légèrement en retrait, et il lui a porté un coup avec la flèche empoisonnée.

— Mais resterait-il assez de poison – de curare – pour une seconde…

— Watson, Watson, me dit Bell en agitant les mains devant mon visage. Selon moi, il avait probablement deux flèches. Il y a toujours une demi-douzaine de flèches dans l'armoire de l'arrière-salle.

— C'est exact, murmurai-je. Mais le gredin prenait un risque énorme en tenant deux flèches empoisonnées dans ses mains.

— Peut-être, mais il fait très froid dehors, et les gants sont indispensables, rétorqua Bell en jetant un regard interrogateur à McCabe.

— Oui, des gants, très épais. J'y ai tout de suite pensé, dit l'inspecteur.

— Ou encore, puisqu'il a placé son message au centre d'un panneau d'affichage pour mieux le dissimuler, il aurait pu simplement poser la flèche, ou les flèches, sur le bureau, où elles seraient restées invisibles. Il n'y a que deux pas entre la cible et le bureau, reprit Bell.

— Je vais tirer cela au clair, je vous le garantis, gentlemen », intervint l'inspecteur.

Il frappa dans ses mains et alla ouvrir la porte.

« Lucas, voulez-vous bien… Où est le Pr Christison ?

— Il a dit qu'il allait aux toilettes, monsieur, répondit Lucas. Et je ne voyais pas de raison de... Ai-je eu tort, monsieur ?

— Non, non, tout va bien, mon vieux. Allez le chercher, voulez-vous ? »

Lucas revint peu après, escortant un Christison visiblement secoué. L'inspecteur l'aida à s'asseoir.

« Professeur Christison, pourrais-je vous poser une ou deux questions ? »

Le médecin hocha la tête.

« Est-il vrai que vous tracez une ligne à la craie blanche au sol pour créer l'illusion d'un tir à distance ?

— Oui, c'est un peu ça, inspecteur, répondit Christison en esquissant un faible sourire.

— Et vous vous servez toujours de craie, de craie blanche ?

— C'est exact.

— Et la chandelle ?

— Quelle chandelle ? demanda Christison.

— Celle que l'on a trouvée à côté du morceau de craie au fond de la pièce, près d'une ligne fraîchement tracée.

— J'utilise des chandelles pour toutes sortes de choses, inspecteur, mais elles servent principalement à mes expériences chimiques.

— J'imagine que quelqu'un a pris la flèche et la sarbacane dans l'armoire qui se trouve dans l'arrière-salle, dit McCabe.

— Oui, c'est probable, puisque c'est là qu'elles se trouvaient », répondit Christison.

Nous avions tous compris où l'inspecteur voulait en venir.

« Et cette armoire est solidement cadenassée ?

— Mais oui, elle l'est, répondit Christison d'une voix chancelante ; il m'est cependant arrivé d'oublier de retirer la clé, inspecteur.

— Quelqu'un d'autre a accès à cette armoire ? »

Christison se mit presque à trembler. Il nous regarda, puis leva les yeux au plafond.

« J'ai sans doute fait preuve de négligence, inspecteur, murmura-t-il. Mes assistants ont accès à cette armoire, et certains de mes collègues, au fil des années, se sont servis des produits chimiques et des médicaments qui y sont rangés.

— Quelqu'un voulant se procurer du curare dans cette armoire n'aurait besoin que d'une dose minime, n'est-ce pas, professeur ? C'est ce que j'ai cru comprendre.

— C'est exact, inspecteur, répondit Christison d'une voix à peine audible.

— Et contrairement à des cachets, ai-je raison de dire qu'on aurait du mal à savoir s'il manque *un peu* de curare ?

— C'est exact.

— Une dernière question, professeur, si vous voulez bien. »

Christison hocha la tête d'un air las.

« La cible, là, sur le mur. C'est vous qui l'avez accrochée ?

— Oui, c'est moi. Hier.

— Bien, fit l'inspecteur. Notre meurtrier n'a donc pas eu besoin de prendre le temps de l'installer. On dirait qu'il savait qu'elle était là, ou qu'il y comptait. »

Un long silence s'installa. Christison commença à se tordre les mains.

« Professeur, avez-vous utilisé la cible pour une démonstration hier ou aujourd'hui ?

— Non, pas vraiment. Voyez-vous, inspecteur, question de fierté, sans doute, il faut s'entraîner pour apprendre à se servir d'une sarbacane, et donc... »

Il se tut.

« Ah, oui. Ainsi, pour continuer à viser juste, vous.... »

L'inspecteur dévisagea Christison.

« Je m'entraîne parfois sur des cibles plus petites que celles que j'utilise pour mes démonstrations.

— Et vous vous entraînez toujours le même jour, ou les mêmes jours, professeur ?

— Oui, c'est cela.

— Aaah. Je vois. Merci, professeur Christison. Votre aide m'a été précieuse. »

Le visage du médecin était passé du gris cendre au rouge vif.

L'inspecteur se dirigea vers la porte, l'ouvrit et nous fit signe de passer. Bell sortit en premier, se retourna et, prenant Christison par l'épaule, l'accompagna vers la sortie. Avec son collègue appuyé sur lui, il avait cessé son dandinement, et Christison, pour sa part, n'avait plus rien de commun avec l'homme qui menait parfois le défilé du corps des cadets.

XIII

Une nouvelle tragédie

Si le meurtrier du jeune Ogilvie et le mystérieux auteur des lettres anonymes n'étaient qu'un seul et même individu, que pouvait-on en conclure ? Que voulait-il dire en déclarant que ce serait bientôt au tour d'une dame ? Pendant un temps, mon esprit avait été accaparé par la prochaine élection des directeurs de l'hôpital. L'auteur des lettres avait réussi sur un point : j'étais déboussolé, effrayé, et la sécurité des étudiantes me préoccupait désormais plus que jamais.

Sandy Russel, qui considérait Ogilvie comme un second fils, était effondré. Il avait perdu son propre enfant dans un affreux accident au cours d'une baignade des années auparavant, et devait à présent affronter ce nouveau drame. Bien entendu, tous les journaux d'Édimbourg consacraient de longues pages à la nouvelle, et rendaient un hommage émouvant et appuyé au jeune reporter, qui devint presque aussitôt un héros du peuple : un jeune homme pauvre – misérable, même – qui s'était fait un nom à force de talent et de travail. Sandy était trop bouleversé pour écrire une seule ligne. Quelques jours après les obsèques, il rendit visite à McCabe, comme je l'avais pressé de le faire, afin de lui demander de renforcer la protection des étudiantes.

Il déclara aussi à l'inspecteur qu'un « ami » voulait savoir pourquoi Miss Jex-Blake n'avait aucun garde du corps, et pourquoi on l'avait laissée se rendre seule à la maison des infirmières, où un maniaque posté de l'autre côté de la rue s'en était pris à elle pendant le défilé. L'inspecteur lui répondit que l'un de ses hommes, Ward, avait suivi la jeune femme jusqu'au bâtiment, puis s'était posté au pied des escaliers menant au balcon, en demandant à Miss Canaby de ne pas révéler sa présence. Avec son équipier, Lock, il avait inspecté le bâtiment avant le début du concours de tir. Il n'avait rien remarqué d'insolite avant d'entendre Miss Pechey se mettre à hurler. McCabe ajoutait, à la décharge du policier, que l'infirmière avait dit à ce dernier que Miss Jex-Blake devait se trouver sur l'estrade officielle, et qu'il n'avait entendu que les bruits de carabine avant les hurlements.

Au cours de la semaine suivante, McCabe, qui avait informé certains d'entre nous que l'enquête serait menée exclusivement par la police, interrogea tous ceux qui avaient une raison quelconque de se trouver à l'hôpital au cours de l'affreuse soirée du meurtre. Quelques-uns eurent bien du mal à se rappeler où précisément ils se trouvaient à telle ou telle heure. Je n'avais, pour ma part, cessé de consulter ma montre, m'inquiétant de l'heure tardive et songeant à la préparation de ma petite conférence.

Littlejohn, en sa qualité de médecin légiste, et sachant qu'aucune partie ne s'y opposerait, fit en sorte de repousser l'élection de deux semaines.

Sandy Russel et le *Scotsman* avaient offert une récompense pour toute information qui permettrait d'appréhender le meurtrier, et j'avais constaté avec plaisir qu'une amitié s'était nouée entre Violet Canaby et Miss Jex-Blake. Cette dernière avait fait parvenir à l'infirmière une bouillotte neuve et un duvet ayant appartenu à sa grand-mère lorsqu'elle avait appris que la mère de sa nouvelle amie souffrait depuis des années de sévères rhumatismes. Miss Jex-Blake avait également noté que Miss Canaby avait l'air pâle et fatigué, et qu'elle semblait craindre quelque chose ou quelqu'un. Je fis part de son observation à Bell, qui m'apprit qu'il s'inquiétait lui aussi pour son infirmière, qui refusait de se confier à quiconque.

Cinq jours à peine après le meurtre, nous étions tous deux en train de prendre le thé dans la salle de repos exiguë de l'hôpital.

« Elle plonge parfois dans une sorte d'hébétude soudaine, presque catatonique, me dit-il, le regard un peu triste plongé dans le vague. Et puis elle lance soudain à la ronde qu'elle *pense* qu'elle devrait parler à l'inspecteur McCabe. Elle le répète souvent, mais, jusqu'ici…

— Vous ne l'en avez pas dissuadée, j'espère ?

— Ce bon vieux Watson. Non, je l'encourage à aller le voir. J'aimerais aussi qu'elle cesse de clamer ses intentions au tout-venant, et qu'elle aille lui parler.

— Vous pensez donc qu'il y a danger ?

— Je l'ignore, Watson. Je ne sais pas ce qui se passe. Mais je ne suis pas tranquille. »

Comme si on lui avait donné un signal, Littlejohn passa alors la tête dans la porte, vit que nous étions là et vint nous rejoindre.

« Je sais que vous vous faites du souci pour votre infirmière, dit-il à Bell.

— C'est exact.

— Vous serez heureux d'apprendre que plusieurs personnes ont dit à McCabe qu'elle voulait sans doute lui parler.

— Ah, il vous a dit cela ?

— Effectivement.

— Bien. Je suis un peu rassuré, dit Bell. Et il a dit qu'il irait la voir ?

— Dès qu'il aura fini d'interroger un dernier témoin.

— Un témoin ? lançâmes-nous à l'unisson.

— C'est ce qu'il a dit, mais il emploie le terme assez librement, vous savez. »

****

Le lendemain matin, peu avant midi, je croisai Miss Jex-Blake et Edith Pechey devant la librairie située au bout d'Infirmary Street.

« Ah, docteur Watson, me lança Miss Jex-Blake. Nous comptions aller vous voir après nos emplettes. Bonne nouvelle. Miss Canaby a pris rendez-vous avec l'inspecteur McCabe ce soir à six heures. C'était l'un de ses soucis.

— À six heures tapantes, a-t-elle dit, ajouta Miss Pechey.

— Oui, je sais, répondis-je. Je me demande ce qui la tracasse.

— Bonne question, monsieur. Et elle nous a demandé, à Sophia et à moi, ainsi qu'à Meg Cargill, de l'accompagner. Nous devons la retrouver ici, à la librairie. Elle a dit qu'il était plus sûr d'avoir de la compagnie.

— C'est bien ce qu'elle a dit, renchérit Miss Jex-Blake. Et Meg est la personne idéale. Elle vaut deux d'entre nous. Deux Edith, plutôt. »

Meg Cargill était une jeune femme imposante originaire des Trossachs, et excellente infirmière. Elle était très proche de Violet Canaby.

« Je suis de garde en salle d'opération ce soir, leur dis-je. Si vous avez des nouvelles importantes que vous pouvez communiquer, je vous serais reconnaissant de passer me voir.

— Certainement, monsieur. Mais je m'étonne qu'on vous demande encore d'assurer les gardes en soirée, dit Miss Jex-Blake, perplexe.

— Je vous comprends ! rétorquai-je en riant. En réalité, je me suis porté volontaire. Le règlement de l'hôpital a changé et demande à tout le monde de faire des gardes en soirée au moins une fois par mois, selon la place occupée par chacun dans la hiérarchie. J'ai proposé mes services ce soir, car les quinze prochains jours seront pris par une fête, un anniversaire de mariage, et l'arrivée de mon beau-frère en provenance du bel État de Pennsylvanie. Le Dr Bell, tout à son honneur, a proposé de faire équipe avec moi. Il pense que je suis déçu de n'avoir encore pu lui faire partager mes idées sur la ligature, et j'avoue que c'est le cas. J'aimerais beaucoup avoir son avis. Quoi qu'il en soit, il m'a promis une oreille attentive ce soir si on nous laisse un peu de répit. Il m'accompagnera donc à l'hôpital, et je ferai de mon mieux pour pontifier devant mon seul spectateur qui, je dois dire, est un public de qualité.

— Eh bien, nous passerons vous voir en rentrant à Buccleuch Place. Nous savons que le Dr Bell est lui aussi inquiet. Violet viendra avec nous, si elle le veut bien. »

Je frissonne aujourd'hui en songeant à ces paroles inconsciemment prophétiques. Toutes trois passeraient à l'hôpital ce soir-là, que Violet Canaby le veuille ou non.

Je décidai de me rendre de bonne heure à l'hôpital afin de relire et de sélectionner plusieurs tableaux que j'avais préparés, et de jeter un œil sur un intéressant article consacré au vénérable art oriental de l'acupuncture envoyé à Pasteur par un célèbre praticien chinois expert de la médecine par les plantes, et que le célèbre savant parisien avait à son tour transmis au Pr Lister.

Je m'interrogeais sur l'état de la médecine en Chine lorsque j'entendis une voix rauque crier mon nom dans la rue. Me précipitant à la fenêtre, j'aperçus Bell et Edith Pechey, qui remontaient Infirmary Street à vive allure. Le dandinement saccadé de Bell avait disparu, et mon collègue avait l'air d'être monté sur ressorts. Ce n'était sûrement pas la perspective de ma petite conférence qui lui avait donné ce teint livide et lui avait fait accélérer le pas.

« Ah, Watson, Watson. Dieu merci, vous êtes là. Il s'est passé une chose affreuse. Nous allons devoir nous rendre en salle d'opération plus tôt que prévu.

— Mais que se passe-t-il ? lançai-je par la fenêtre.

— Assez de paroles inutiles. Chaque seconde compte. Allez chercher votre meilleure infirmière et enfilez votre tenue. Puis venez me rejoindre en salle d'opération. Je mettrai le pulvérisateur en route et vous servirai d'assistant. Miss Pechey est partie prévenir Annandale. Je crois que vous êtes tous les deux de garde ce soir. Faites vites, mon vieux, faites vites. »

Ma tête tourbillonnait, mais je connaissais Bell, et son jugement valait celui de n'importe quel médecin d'Édimbourg. Je commençai mes préparatifs de façon machinale. Je croisai le jeune Wolff, qui s'était mis en tête la curieuse idée de se spécialiser un jour en anesthésie – une notion incongrue à l'époque – et lui demandai d'aller chercher Miss Dixon, la première infirmière formée par Joe Bell.

Tous deux me rejoignirent dans la salle d'opération, et je leur demandai d'aller se laver les mains. Bell ne cessait de répéter que la saleté était notre plus grande ennemie, et l'eau et le savon nos meilleurs alliés. Nous étions, lui et moi, en partie à l'origine de l'installation d'une demi-douzaine au moins d'éviers modernes en vogue à Paris dans les salles d'opération.

Bell ne tarda pas à arriver, et esquissa un rapide sourire de satisfaction en voyant les deux personnes devant l'évier. Il commença à me raconter la terrible nouvelle par-dessus son épaule tandis qu'il se lavait les mains. Je m'approchai de lui pour mieux l'entendre.

« C'est affreux, Watson, affreux ! Apparemment, Miss Canaby venait de sortir de la maison des infirmières à Roxburg Place. Elle avait pris Drummond Street et se dirigeait vers Nicolson Street. Elle devait retrouver Miss Jex-Blake, Miss Pechey et Miss Cargill à la librairie d'Infirmary Street. C'était à deux pas. Elle arrivait au bout de Drummond Street lorsqu'un fourgon lourdement chargé de la brasserie Ballantine – s'est soudain mis à rouler tout seul. Quoique… J'en doute, à vrai dire, Watson. Quelqu'un le conduisait peut-être, maintenant que j'y pense. Il a foncé sur la pauvre fille et…

— Elle ne l'a pas entendu approcher ? demanda Miss Dixon.

— Elle était préoccupée, rappela Bell. Elle a manifestement tenté de s'écarter au dernier moment, mais son pied a glissé et… et… »

Au bord des larmes, il secoua vigoureusement la tête.

« Vieux cliché, Watson, mais je dois me reprendre. »

Le jeune Wolff s'était éclipsé discrètement pour aller chercher un verre d'eau, qu'il lui tendit.

« Merci, Wolff, merci. Cela fait du bien, dit-il en buvant à petites gorgées.

— Mais comment… comment va-t-elle ? demanda Miss Dixon d'une voix hésitante, les mains nouées sur la poitrine.

— Comment va-t-elle ? répéta Bell. Inutile de tourner autour du pot. Wolff, voulez-vous m'aider à desserrer ce clapet ? »

Il avait presque terminé d'installer l'un des prototypes du pulvérisateur à phénol de Lister. Une légère pression de la puissante main de Wolff suffit à desserrer le clapet.

« Ce n'est pas beau à voir, pas beau à voir, dit Bell d'une voix hachée. Je crois qu'il va falloir amputer les deux jambes. »

Tout le monde étouffa un cri.

« Dieu tout-puissant ! murmura Wolff d'une voix plaintive et lointaine que je ne lui connaissais pas.

— J'ai demandé à Miss Pechey de retourner à la maison des infirmières chercher des draps, me disant qu'elle serait la plus rapide. Elle l'est, et elle a aussi de la ressource. En sortant, elle est tombée sur un colporteur, qui a bien voulu transporter Miss Canaby dans sa carriole, et elle a réquisitionné deux habitués du pub pour donner un coup de main. Miss Cargill m'a vu poser des garrots des dizaines de fois, et nous les avons laissées, elle et Miss Jex-Blake, s'occuper de… Vous entendez, Watson ? Je crois qu'ils arrivent. »

L'étrange carriole qui venait de se garer dans la rue semblait fabriquée avec des planches récupérées dans toutes les poubelles. Son propriétaire faisait partie de la douzaine de colporteurs juifs que l'on voyait depuis peu circuler dans les rues de la ville. Elle était tirée par un vieux cheval, qui semblait encore bien vaillant. En me voyant, l'homme porta la main à son chapeau pour me saluer puis, après s'être incliné à plusieurs reprises, montra le jeune garçon à côté de lui. C'est alors que je le reconnus.

Wolff et un autre étudiant de troisième année du nom de McKay étaient arrivés avec un brancard. Ils aidèrent les deux « habitués » du pub – qui m'avaient l'air parfaitement sobres – à transporter Miss Canaby.

Le Dr Annandale nous avait rejoints dans la salle d'opération. Bell demanda à Miss Dixon de préparer un lit dans la salle réservée aux patients opérés.

Je vis immédiatement que les garrots avaient été efficacement posés, et Miss Canaby fut aussitôt transférée sur la table d'opération. L'amputation au-dessus du genou était clairement la seule option, et j'obtins sa permission de procéder à l'opération. J'avais le cœur brisé.

Je sursautai brusquement en examinant la blessée, et jetai un regard vers Bell, qui avait les yeux rivés sur moi. Il hocha la tête à plusieurs reprises, comme pour confirmer mon avis, puis, se prenant le visage dans les mains, se mit à pleurer. Elle était enceinte de quelques semaines, et il était bouleversé.

Je m'approchai de lui et posai ma main sur son épaule.

« Prêt ? Nous en discuterons plus tard.

— Prêt, Watson. »

Le pouls de la blessée battait faiblement, et elle était naturellement anxieuse, agitant les bras, cherchant sa respiration, agitée de frissons, l'air blême et épuisé. En procédant le plus rapidement possible, elle pourrait sans doute supporter l'opération (aucun de nous n'avait reçu de formation en anesthésie, pratiquement inconnue à l'époque).

En serrant fermement des garrots au niveau de l'aine, j'amputai d'abord la jambe droite selon la méthode de Carden, ne suturant que l'artère fémorale, avant d'envelopper le moignon d'une serviette imprégnée de solution phénique diluée au vingtième. J'amputai ensuite la seconde jambe en utilisant le procédé du Dr Spence. La blessure était plus étendue, et je ne pouvais sauver les condyles du fémur. Je suturai l'artère fémorale, puis appliquai une compresse. Défaisant le bandage de la première jambe, je suturai ensuite une ou deux larges veines qui saignaient, puis refis le pansement. Je fis de même pour la jambe gauche, avant d'ôter les garrots. J'examinai une nouvelle fois l'autre jambe et, constatant que la surface du moignon était pratiquement sèche, demandai à Bell de suturer la blessure et de poser un drain, tandis que je m'occupais de la jambe droite. L'opération se déroula si rapidement que notre patiente put rejoindre son lit moins de vingt-cinq minutes après l'arrivée de la carriole à l'hôpital. Je pouvais l'affirmer avec certitude, car les aides-soignants et les assistants avaient pris l'habitude de surveiller leur montre depuis les records établis par les célèbres docteurs Liston et Knox en salle d'opération. Accompagné de Bell, j'emboîtai le pas à Wolff, qui poussa le chariot de la blessée jusqu'à la salle isolée réservée aux cas graves.

Nous avions pris les plus grandes précautions antiseptiques. Deux moteurs avaient été utilisés pour faire fonctionner le pulvérisateur. Bien entendu, la procédure avait été accélérée par les préparatifs préalables. Miss Canaby n'était restée que brièvement en état de choc. Sa température n'était montée qu'une seule fois au-dessus de la normale.

Je dois dire ici un mot des querelles acharnées, des conflits, voire des batailles déclenchées lorsque Lister avait proposé sa théorie sur les microbes, aux alentours de 1870. Lister, selon toute apparence, n'était pas aussi soucieux de propreté que Bell, Chiene et moi-même, entre autres. Il nettoyait ses mains, celles de ses assistants et la peau de ses patients avec une solution phéniquée diluée au vingtième. Au bout de quelque temps, la peau de leurs mains devenait blanche comme un champignon. Il dédaignait l'eau savonneuse, estimant que cela détruisait les huiles naturelles de la peau, ce qui empêchait le phénol de pénétrer correctement, car ce dernier avait, semble-t-il, une affinité avec la graisse cutanée. Il avait inventé une machine qui diffusait un jet de phénol sur un membre, un dos, un cou généralement non préparé – c'est-à-dire à peine lavé – avant l'opération. Très tôt, il avait sagement remplacé les bandages au plâtre par des pansements de gaze imprégnés d'acide phénique et d'autres antiseptiques, dont il badigeonnait également la plaie.

Un dernier mot sur le sujet. Nul n'est prophète en son pays, et les gens tournèrent Lister en dérision, fermant ostensiblement les portes en sa présence afin d'« empêcher les microbes de rentrer », comme le disait mon mentor, le Dr Spence. John Chiene, qui travaillait avec Lister, ainsi que Joe Bell, furent parmi les premiers médecins d'Édimbourg à lui témoigner leur soutien.

Bell publia deux admirables articles sur le pulvérisateur, décrivant minutieusement ses avantages et ses inconvénients. « Mais la confiance dans les anesthésiques, et surtout, l'adoration précoce du fétiche antiseptique tendaient à faire d'une opération un procédé très long. Lorsqu'on avait fini de mettre en route l'engin, lorsque le pauvre membre broyé avait été nettoyé et récuré, rasé et pansé ; lorsque enfin les drains étaient placés et les sutures de différents types posées à l'endroit voulu, le chirurgien travaillait déjà depuis plus d'une heure, et le patient, grelottant, abruti par les anesthésiques et épuisé, était mis au lit pour mourir le lendemain sans que sa tension ait jamais réellement eu le temps de remonter », écrivait-il. Il se prononçait en faveur de la machine, tout en soulignant que le patient risquait l'état de choc tandis que l'on faisait monter la vapeur dans le « Puffing Billy », comme on appelait l'engin.

En sortant de la salle de soins, nous croisâmes l'inspecteur McCabe, qui avait naturellement eu vent de l'accident. L'enquête n'en était qu'à ses débuts, nous dit-il, mais il comptait mettre Miss Canby sous protection policière. « Un homme restera de garde en permanence, ajouta-t-il.

— Une enquête ? m'écriai-je. Vous voulez dire que ce n'était pas… »

Je me tus en voyant l'expression de Bell et de McCabe. Je sentis mes joues s'empourprer.

« Ce n'est ni l'heure ni l'endroit pour poursuivre cette conversation », dit rapidement McCabe.

Après s'être assuré que Wolff ne se trouvait pas dans les parages au moment de l'accident, il nous informa qu'il souhaitait nous parler dans son bureau à la première heure le lendemain.

Lorsque je lui appris que je n'avais pas non plus été témoin de l'accident, il m'adressa un de ses curieux sourires en coin.

« Ah, mais l'un des témoins a réclamé votre présence, afin que vous lui apportiez un soutien moral, docteur Watson », me dit-il en souriant.

En voyant sa mine réjouie, je me dis qu'il était « parti chez les fées », pour reprendre l'expression d'Angus ; à en juger par l'expression de Bell, je n'étais pas le seul à le penser.

Il nous demanda de passer le voir à huit heures le lendemain matin, puis nous rejoignîmes Miss Cargill, Edith Pechey et Miss Jex-Blake, qui nous attendaient avec inquiétude dans la rue. Elles furent naturellement bouleversées d'apprendre les détails de l'opération, mais elles s'y attendaient en partie. Toutes trois avaient également rendez-vous avec l'inspecteur le lendemain matin. Lorsque je m'enquis de savoir si l'une d'elles avait souhaité ma présence, elles me dévisagèrent d'un air perplexe.

Wolff se proposa d'escorter les deux jeunes femmes jusqu'à Buccleuch Place. Bell me demanda si je voulais bien venir avec lui raccompagner Miss Cargill chez elle. « C'est au coin de la rue, me dit-il, et Annandale a accepté de monter la garde pour nous. La maison des infirmières se trouve en haut de Drummond Street, ajouta-t-il, comme à part lui. Je voudrais voir le tracé suivi par cette charrette jusqu'au bas de la rue. Nous serons rapidement de retour. »

J'acceptai immédiatement. Je crois que j'étais aussi curieux et impatient que lui de retracer cette brève mais fatale course. Avant cela, j'adressai mes remerciements à Wolff.

« Vous savez vous débrouiller avec les anesthétiques, jeune homme. Je suis heureux que le sujet vous intéresse.

— Merci beaucoup, monsieur. Mais je crois qu'on pourrait trouver mieux que les mouchoirs, les serviettes, les cônes et le reste. Vous savez, je me débrouille assez bien avec les machines et les outils, et ce pulvérisateur m'a donné des idées. J'aimerais en discuter avec vous à mon retour, si vous voulez bien. Je n'en ai pas pour longtemps. Je reviendrai au pas de course. La rue monte tout le long du chemin. Excellent pour les jambes. »

Nous partîmes avec Miss Cargill en direction de Drummond Street, Bell prenant cet air qui semblait charmer les femmes et les enfants.

« Miss Cargill, quelle est la première chose qui vous revienne en mémoire à propos de cette… cette terrible tragédie ? dit-il en montrant le coin de la rue.

— Comme vous le savez, nous devions retrouver Vio… Miss Canaby à la librairie. Nous l'attendions, Miss Jex-Blake, Miss Pechey et moi-même, lorsque nous avons entendu un bruit de roulement, puis un fracas, un cri, et quelqu'un s'est mis à hurler. Je ne l'oublierai jamais. Et puis nous avons vu cet horrible fourgon. Nous n'avons pas vu le… l'impact. Le fourgon a dévalé Drummond Street, a rebondi sur le bâtiment au coin de la rue et a filé dans Nicolson Street. »

Elle s'était mise à trembler.

« Merci, lui dit Bell. Je sais combien c'est difficile pour vous. »

Après que nous l'eûmes raccompagnée à sa porte, Bell s'accroupit dans une posture bizarre pour scruter le sol.

« Les pavés ont amplifié le fracas, Watson ; et ils ont peut-être un peu ralenti le fourgon. Regardez les marques faites par les roues. Elles sont quasiment invisibles en haut de la rue. Mais ici, reprit-il en arrivant presque au bas de la rue, les chevaux ont tourné. La collision a eu lieu à cet endroit, comme le démontre malheureusement ce sang séché. L'une des roues avant s'est alors détachée, et le fourgon est allé heurter le bâtiment, comme l'a indiqué Miss Cargill, puis s'est encastré dans la charrette à grains qui se trouvait dans Nicolson Street. La roue détachée a évité bien des dégâts.

« Mais les dégâts provoqués montrent que le fourgon avait rapidement pris de l'allure, lui dis-je.

— Exact, Watson, exact. Le malfaiteur disposait d'un grand fourgon avec des tonneaux vides, et de chevaux relativement frais, ce qu'il savait parfaitement, j'en suis certain. Et on peut probablement parier sur le fait que le cocher habituel n'était pas résolu à faire un carnage.

— Vous voulez dire que quelqu'un d'autre…

— Pardonnez-moi, Watson. Échafauder des théories sans connaître les faits est une mauvaise habitude. Par tous les saints, voilà que je radote sur un malfaiteur inconnu, et je n'ai guère pris le temps de songer à cette pauvre femme si sauvagement agressée. Miss Dixon et elle, qui ignoraient tout de la médecine, sont devenues deux de nos infirmières les plus compétentes et les plus consciencieuses, et… et… »

Il se mit à sangloter, ce que je ne l'avais jamais vu faire auparavant. J'allais passer mon bras autour de ses épaules lorsqu'il se redressa soudain, me regarda droit dans les yeux et murmura :

« Je parle, je parle, et je ne vous ai même pas remercié.

— Pourquoi diable voulez-vous me remercier ?

— Vous remercier pour ce que vous êtes : le bon vieux Watson, aussi solide et fiable qu'un roc. Je vous appelle en pleine nuit, ou presque, et un mot vous suffit. Vous êtes prêt aussitôt, et vous faites preuve d'une véritable virtuosité en salle d'opération, comme à l'ordinaire. »

Je ne sus comment répondre à ce généreux compliment. Nous reprîmes sensemble le chemin de l'hôpital.

****

Les journaux s'emparèrent de la nouvelle. Le *Courant* tira même une édition spéciale. L'hôpital, le *Scotsman* et Mrs Kingsley offrirent conjointement une récompense à toute personne qui permettrait d'appréhender le ou les individus responsables de cette terrible tragédie.

Le lendemain matin, à huit heures, le plus hétéroclite groupe de personnes que j'aie jamais vu – hors d'un marché à poisson de Cowgate – était rassemblé à High Street, dans le bureau de l'inspecteur McCabe.

Edith Pechey, Miss Cargill et Miss Jex-Blake étaient assises sur des chaises installées contre un mur ; Bell se tenait près de la porte ; Clarence McDougal, le directeur des établissements Ballantine, qui fournisssaient plusieurs brasseries en spiritueux, faisait les cent pas devant la fenêtre donnant sur la rue. À côté de lui, assis lui aussi sur une chaise, se trouvait un homme maigre à la moustache tombante qui haussait continuellement les épaules. C'était le conducteur du fameux fourgon, qui ne cessait de tripoter sa molle casquette sale. McDougal lui jetait un regard noir chaque fois qu'il passait devant lui, mais l'homme gardait les yeux rivés au sol.

Assis à côté du triste conducteur se trouvaient deux hommes, sans doute les deux « habitués » du pub, toujours aussi sobres. À mon grand étonnement, j'aperçus, debout près de la fenêtre, Andrew Glavill, qui enseignait les mathématiques à l'Edinburgh Academy depuis une éternité. Deux personnes formaient pour ainsi dire la principale attraction : un colporteur au dos voûté et son jeune fils. Il s'agissait bien entendu de celui qui avait transporté Miss Canaby à l'hôpital. Il portait un long manteau de gabardine râpé, qu'il appelait un caftan, et un chapeau noir à larges bords. Il tenait la main de son fils, un petit garçon aux yeux noirs comme des olives, selon la description de Mrs Evans.

Dès qu'il me vit, le colporteur accourut pour me saluer. « Ah, docteur Vatson, me dit-il dans un épais accent. Je suis content de vous voir. »

Il remercia avec effusion McCabe de m'avoir fait venir et, me regardant droit dans les yeux, ajouta d'une voix forte (en me faisant à coup sûr rougir) : « Il a des mains d'or, le Dr Vatson, des mains d'or. » McCabe, à n'en pas douter le plus patient et le plus courtois des policiers de toute l'Écosse, lui dit alors qu'il savait qu'il lui ferait plaisir en me demandant d'être là.

Je ne cessais d'observer Bell. Ses yeux s'étaient écarquillés et il avait haussé les sourcils en voyant le colporteur se précipiter vers moi.

« Nous avons beaucoup de témoins à entendre, mesdames et messieurs, nous dit McCabe. Laissez-moi donc faire rapidement les présentations. En écoutant les divers récits de la terrible tragédie qui s'est déroulée hier, des détails vous reviendront peut-être sur ce qui s'est passé.

Il nous présenta le conducteur du fourgon, un dénommé Sedley, ainsi que les deux habitués du pub, Daniel Whicher et Donald Cleary. Le colporteur s'appelait Benjamin Leites, et son fils Abraham. « Ah, inspecteur, son nom est Avram », corrigea immédiatement le père.

Les présentations terminées, McCabe s'approcha de Sedley, suivi d'un policier tenant un carnet de notes.

« Mr Sedley, j'ai cru comprendre, lors de ma visite au pub Rutherford, que vous y avez vos habitudes, n'est-ce pas ?

— Je ne vous suis pas, inspecteur.

— On m'a dit que, lorsque vous terminez votre travail de bonne heure, vous garez votre fourgon à l'extrémité de Drummond Street, sous le grand hêtre, et vous avez un gamin – ou quelqu'un – qui le surveille pendant que vous allez rejoindre vos acolytes au pub. Je ne vais pas trop vite, Mr Sedley ?

— Non, monsieur. Oui, monsieur, j'ai effectivement mes petites habitudes, je veux dire. »

McDougal lui lança un regard assassin.

« Ha ! Elle est bien bonne ! s'écria soudain une voix. Il a ses petites habitudes. »

C'était Glavill, qui frappa dans ses mains et ajusta sa cravate en caquetant de rire. Son minuscule pince-nez semblait tressaillir sur son nez crochu.

McCabe s'approcha de lui et le menaça d'un doigt.

« Une autre éclat de votre part et je vous garde ici jusqu'à ce que le gardien vienne nettoyer mon bureau.

— Navré, inspecteur. Mais je n'ai pas souvent l'occasion de rire à l'Academy. Je vous demande pardon, Mr Sedley.

— Bien. À présent, Mr Sedley, pourriez-vous nous dire ce qui s'est passé hier lorsque vous êtes arrivé au pied du hêtre ? demanda McCabe.

— Au pied du hêtre, oui. Eh bien j'ai garé mes chevaux, Haut et Bas. Il était… voyons… Il devait être cinq heures et demie, à peu près, et…

— Un instant, Mr Sedley, coupa l'inspecteur. Vous êtes allé de haut en bas ? Que voulez-vous dire ?

— C'est le nom de mes chevaux, Haut et Bas, répondit Sedley en piquant un fard. Je les ai baptisés moi-même. »

Glavill se frappa la cuisse en poussant un rire qui ressemblait à un braiement. Cette fois-ci, tout le monde l'imita, y compris l'inspecteur. Tout le monde, excepté McDougal.

« Vous avez beaucoup d'imagination, Mr Sedley, répliqua McCabe.

— L'un est beaucoup plus grand que l'autre, c'est tout, lança l'inconsolable McDougal. Il a autant d'imagination qu'un haggis rassis.

— Mr McDougal..., roucoula l'inspecteur en posant la main sur son épaule. Ce n'est pas facile pour lui. Soyons indulgents. Continuez, je vous prie, dit-il à Sedley.

— Voyons. Je suis resté là un moment à regarder le rupin... le gentleman vêtu d'un beau manteau à col de fourrure. Il tournait autour de l'arbre, les mains derrière le dos, sauf quand il regardait sa montre.

— De quoi avait-il l'air ?

— Qu'est-ce que vous voulez dire ?

— Il était grand, costaud ? Vous avez remarqué quelque chose de précis, comme une barbe, une cicatrice, un boitement ?

— Aaah ! Il avait l'air plutôt costaud, surtout dans ce manteau avec de la fourrure au col et... ah oui... il avait – comment on appelle ça, déjà ? dit-il en portant les doigts au menton.

— Un bouc ? suggéra l'inspecteur.

— C'est ça ! Un bouc. Il ressemblait à une chèvre, si vous voulez tout savoir, dit-il en éclatant d'un rire soudain.

— Et ensuite ?

— Ensuite, la petite Nancy Bartlett – son père tient le bar à Rutherford – est arrivée en sautillant. À cette heure-là, il y a souvent un jeune gars dans le coin, mais là, je ne l'ai pas vu. Le type l'a arrêtée et lui a demandé si elle voulait bien aller voir à la maison des infirmières si une certaine Miss Boxer était là. On n'oublie pas un nom pareil.

Nancy a vite fait l'aller-retour et a dit que l'infirmière ne devait pas arriver avant au moins une demi-heure. J'entendais tout ce qu'elle disait sans problème. Elle parle fort, d'une voix grinçante. Et puis il lui a donné un petit quelque chose pour le service, qu'il a dit. C'est là qu'il s'est approché de moi.

« "Je m'appelle Tolliver, qu'il m'a dit. Je subodore que vous envisagez d'aller faire une visite au pub." Il parlait sacrément bien.

« "Mer… Mince alors ! que je lui ai répondu. Vous lisez dans mes pensées ! C'est justement ce que je me disais.

« — Eh bien, j'ai au moins une demi-heure devant moi ; j'attends la sœur de mon frère, une infirmière qui habite ici, et j'adore les chevaux. Mon frère en élève, d'ailleurs. Je serai ravi de les surveiller pendant votre absence." Voilà ce qu'il m'a dit.

« "C'est pas très régulier, patron", que je lui ai dit, ou quelque chose d'approchant. "Comment je peux être sûr que vous n'allez pas…" Il me laisse pas terminer. "Filer avec votre fourgon ? Vous croyez que j'ai envie de conduire cette antiquité ? J'aime les chevaux, voilà tout. C'est pour cette raison que je rends visite à mon frère. À dire vrai, si je n'avais pas vu la semaine dernière un gamin s'occuper de vos chevaux pendant que vous étiez au pub, je n'aurais pas mentionné le sujet. Pourquoi ne pas me faire ce petit plaisir ? Voilà deux billets pour aller vous amuser chez Rutherford, et je surveillerai vos chevaux.

« — Sacrée proposition", que je lui ai répondu. Mais, pour tout vous dire, je commençais à avoir soif ; en plus, il savait que je demandais à ce gamin de garder mes chevaux et tout. "D'accord, que je lui ai dit ; je vais peut-être aller prendre un bocal chez Rutherford, comme dit Cleary – il est irlandais." Et je suis parti, en lui disant de surveiller Haut et Bas. Il adorait leurs noms. »

Un silence accueillit ce récit.

« Et vous n'avez pas revu ce gentleman au col de fourrure ?

— Non, et je l'avais jamais vu avant, juré, craché. »

McDougal renifla dédaigneusement.

« Avez-vous remarqué un colporteur de l'autre côté de la rue ?

— Ce gars-là, vous voulez dire ? Celui qui parle bizarrement ?

— Mr Sedley, dit l'inspecteur d'un ton froid et posé ; un sage a dit un jour : certains hommes hésitent, quelques-uns bafouillent, et le savoir humain s'en trouve diminué lorsque d'autres ouvrent la bouche. Je vous ai demandé si vous aviez vu cet homme ?

— Oui, monsieur, il était là, souffla Sedley, les yeux grands comme des soucoupes.

— Merci. »

McCabe se dirigea vers le colporteur.

« Vous êtes prêt à répondre à quelques questions, Mr Leites ?

— Si je peux, répondit l'homme dans un murmure.

— Bien. Vous vous installez souvent à Drummond Street ?

— Oui, monsieur.

— Et vous étiez à peu près à mi hauteur de la rue hier, lorsque Mr Sedley est arrivé ?

— Oui, j'étais là depuis cinq heures de l'après-midi. C'était bien calme avant toute cette histoire.

— Et vous avez vu le gentleman au manteau prendre la place de Mr Sedley.

— J'ai trouvé ça un peu bizarre, mais tout s'est passé comme il a dit.

— Dites-nous, je vous prie, ce que vous avez vu après le départ de Mr Sedley.

— Ha. L'homme au manteau est resté assis à regarder la rue pendant un quart d'heure, à peu près. Et puis, il s'est redressé brusquement en voyant une dame sortir de la maison des infirmières. Il a fouetté les chevaux, qui ont démarré au galop et se sont mis à descendre la rue à toute allure. J'ai même pas pu ouvrir la bouche, tellement j'avais peur. J'ai fini par pousser un *geshrei* –

pardon, un cri ; la dame s'est retournée et a vu les chevaux arriver sur elle, mais trop tard. Elle a été renversée par le fourgon. Affreux. Oi, c'était affreux, affreux.

— Et le gentleman ? Où était-il ?

— Je n'en sais rien. J'avais trop peur pour la dame, et je regardais vers le bas de la rue.

— Votre garçon était avec vous ?

— Bien sûr.

— Vous voulez bien que je l'interroge ?

— Avramchick, dit-il en se tournant vers son fils ; tu veux bien répondre à quelques questions ? »

Le gamin secoua la tête.

« Inspecteur, il faut que vous lui demandiez. Allez-y. »

McCabe s'approcha du garçon en souriant.

« Abraham, toi aussi tu as vu le fourgon descendre la rue ?

— Oui. Il faisait beaucoup de bruit. Il a accéléré et il a fait un écart en direction de la dame qui marchait dans la rue. Je crois que j'ai vu l'homme sauter du fourgon du coin de l'œil. »

Il parlait comme s'il avait toujours vécu à Édimbourg.

« Tu n'as pas vu l'homme après qu'il a sauté ?

— Non, monsieur. C'est ça qui est drôle. Il a sauté à terre et il a disparu. Pour moi en tout cas. Je regardais le fourgon qui dévalait la rue. »

Un nouveau silence accueillit ses paroles. Par l'une des fenêtres du fond, j'aperçus ce qui devait être le fatal fourgon, sur lequel était inscrit : *George Ballantine & Son, 30 North Bridge Street. Thés, bières & sherry*. La roue avant gauche qui s'était détachée était accrochée à l'arrière.

L'inspecteur s'approcha de Daniel Whicher.

« Mr Whicher, vous m'avez dit que vous avez vu le conducteur, le rupin, comme disait Mr Sedley, sauter du fourgon ?

— Oui, monsieur.

— Où étiez-vous précisément à ce moment-là ?

— Je sortais du pub. J'ai vu le fourgon faire une embardée, l'homme sauter presque au même moment.

— Qu'a-t-il fait ensuite ?

— C'est bizarre, hein, Don ?

— Ouais. Le type a sauté par terre, s'est mis à courir, il a trébuché, et puis il a filé par les grilles du vieux bâtiment de l'université. On le regardait, lui, et on n'a pas vu l'infirmière se faire renverser. Hein, Dan ?

— Exact, Don. On n'a rien vu du tout. On a entendu la dame hurler, et on s'est retournés. La première chose qu'on a vue, c'est le fourgon qui rebondissait sur l'immeuble en bas de la rue, pas vrai, Don ?

— Merci à tous les deux, lança McCabe, mettant un terme au Dan-Don interminable. Ah, une dernière chose : Mr Sedley se trouvait au pub à ce moment-là ?

— Oui, répondirent en chœur les deux hommes.

— Mmm. Je vois. »

Je me levai pour me rapprocher de Bell, tandis que McCabe se tournait vers Glavill.

« Mr Glavill, vous vous êtes présenté ici hier soir et avez déclaré au sergent Dundas que vous vous trouviez à Cowgate hier lorsque ce tragique événement a eu lieu. Exact ? »

L'inspecteur n'avait pas besoin d'en dire plus. Glavill était fort désireux de parler.

« Oui, monsieur. J'étais à Cowgate, je descendais la rue, un peu au-dessus de Robertson Close. J'ai vu un grand gaillard portant un manteau noir arriver en courant en haut du Close. Il a regardé au bas des marches – il y en a bien une centaine – et il les a dévalées quatre à quatre. Je n'ai jamais vu personne descendre un escalier aussi vite. Je me disais que quelqu'un était à sa poursuite. Arrivé en bas, il a filé comme une flèche. »

Bell se pencha vers moi.

« 87, Watson, 87, me dit-il dans un souffle.

— 87 quoi ? demandai-je en haussant les sourcils, totalement perplexe.

— 87 marches, murmura-t-il.

— Venons-en à présent à votre curieux rôle dans cette affaire, Mr McDougal, si vous le voulez bien, dit l'inspecteur.

— Oui.

— D'après ce que m'ont dit deux autres témoins, lorsque vous êtes arrivé hier à Drummond Street, le fourgon se trouvait encore garé sous l'arbre, n'est-ce pas ?

— Oui. Laissez-moi vous résumer : en dépassant le pub, j'ai vu le fourgon sous l'arbre, et un inconnu assis sur le siège du cocher. J'ai immédiatement rebroussé chemin, me disant que Sedley était au pub. Voyez-vous, il demande souvent à mon neveu de dix ans – Robbie Tomkins, le fils de ma sœur – de le remplacer sous l'arbre. Le gamin fait des commissions pour tout le monde ; il suffit de demander. Il connaît la ville comme sa poche. Le Dr Bell a parfois utilisé ses services, comme moi, d'ailleurs. J'ai fini par tirer les vers du nez à mon neveu. J'ai couru au pub, et j'ai découvert Sedley déjà bien imbibé, affalé sur une banquette. Et puis j'ai entendu un raffut de tous les diables. C'était le fourgon qui dévalait la pente. Je me suis précipité dehors, et j'ai vu le fourgon faire une embardée sur la gauche et se diriger droit vers la pauvre femme au bas de Drummond Street. Je crois que vous savez le reste. Laissez-moi vous dire que je ne suis pas très fier de moi non plus, conclut-il en lançant un regard assassin à Sedley.

— Merci, Mr McDougal. Ce qui veut dire, mesdames et messieurs, que notre mystérieux inconnu a sans doute sauté par-dessus la petite barrière derrière le bâtiment de l'université, et coupé vers Infirmary Street, avant de dévaler l'escalier de Robertson's Close jusqu'à Cowgate, dit l'inspecteur. Si tout cela était prévu d'avance, il a monté son coup de main de maître. »

Le reste du groupe n'ayant pas grand-chose de plus à lui apprendre, l'inspecteur nous congédia au bout d'une heure et demie. Alors que tout le monde s'apprêtait à partir, Bell s'approcha de Cleary, Whicher et Benjamin Leites, et les remercia de l'assistance qu'ils avaient fournie à Miss Canaby. Pour un homme parfaitement à l'aise en toutes circonstances, je le trouvais un peu hésitant au moment de parler au colporteur. Il raconta à ce dernier que son propre père, son arrière-grand-père et son fils étaient tous prénommés Benjamin.

Mr Leites lui fit un sourire qui plissait sa barbe et tout son visage ridé.

« Tant que ça ? Mais c'est un beau nom, n'est-ce pas ? Il vient de la Bible. Chez moi, à Dahlhinev, mon *shtetl* – mon village, près de Vilna, on m'appelait Benyomin, dit-il en accentuant la deuxième syllabe.

— Je croyais que vous veniez de Pologne, Mr Leites, lui dis-je, un peu surpris.

— Vilna était suffisamment terrible, docteur. Quel besoin de la Pologne ?

— Vilna était en Pologne ou en Lituanie ? demanda Bell.

— Six mois en Russie, six mois en Pologne, répondit le colporteur en souriant.

— Vous parlez plusieurs langues, alors ?

— L'hébreu, le yiddish, le russe et je connaissais déjà un peu de *litveshe Sprach* – de lituanien – à l'âge d'Avram. Il n'y a que l'anglais qui reste bancal. Ma langue – comment dit-on, déjà ? –, ma langue fourche tout le temps. »

Nous n'eûmes pas le temps de lui répondre. Les dames vinrent nous demander si nous retournions à l'hôpital. En les voyant s'approcher, le colporteur alla immédiatement se coller contre le mur en serrant son fils contre lui. Leur adressant un énergique salut, il leur dit qu'il était heureux de les revoir dans des circonstances plus agréables. « N'est-il pas étrange qu'un poste de police soit un meilleur endroit pour se rencontrer qu'une rue de votre merveilleux pays ? » leur dit-il.

Il leur souhaita cent vingt ans de bonne santé, et annonça qu'il devait retourner au travail. En partant, il tourna la tête pour nous dire qu'il allait faire un *refooeh* (un terme hébreu, comme je l'appris plus tard, que je retranscris de mon mieux), pour le complet rétablissement de Miss Canaby.

« Eh bien, ça alors ! lança Miss Pechey après qu'il fut parti. Nous allons vivre les cent prochaines années en excellente santé ; plus même, si l'on compte à partir d'aujourd'hui. »

Elle nous demanda ensuite si nous retournions à l'hôpital.

« Miss Cargill doit aller prendre sa garde, mais Sophia et moi-même aimerions solliciter votre permission pour quelque chose, docteur Watson.

— Faites-donc, si vous y tenez », répliquai-je en riant.

Je vis avec satisfaction un vrai sourire éclairer le visage de Bell.

« Eh bien, dit-elle, l'inspecteur – après avoir beaucoup hésité, je dois dire – a accepté que nous nous installions pour travailler, Sophia et moi, au bout du couloir, à côté de la chambre de Miss Canaby ; à condition que vous le vouliez bien, puisque vous êtes son médecin. Nous éviterons de la déranger et de troubler les soins, et ce serait un excellent moyen d'étudier. Et ce serait en même temps une sorte de veille.

— Mmm. Eh bien, je vais justement voir comment elle va, avec le Dr Bell. Pourquoi ne pas nous attendre dans la salle de repos ?

— Très bien.

— Maintenant, c'est à moi de vous demander quelque chose, dit Bell, l'air pensif.

— Faites.

— Comme vous le savez, Miss Canaby avait sans doute quelque chose d'important à dire à l'inspecteur à propos de la mort d'Ogilvie. Savez-vous ce qui la préoccupait ? »

Les trois femmes se regardèrent.

« Elle s'était beaucoup confiée ces derniers temps, finit par dire Miss Jex-Blake. Elle avait commencé à nous raconter son enfance à Cowgate. Des choses de cette nature. Une fois, elle s'est mise à parler de Mr Ogilvie, puis nous a dit que ce n'était sans doute pas le bon moment. Mais sachez que l'inspecteur nous a demandé la même chose hier soir.

— Je l'en félicite, dit Bell. Il m'a également posé une question similaire. J'ignore ce qu'elle avait à dire, mais c'était sans nul doute extrêmement important.

— Watson, j'ai une question complètement différente à vous poser, et vous êtes sans doute le mieux à même d'y répondre, me dit Bell en se balançant d'un pied sur l'autre, un peu mal à l'aise.

— Oui ?

— Pourquoi le colporteur s'est-il écarté quand nous nous sommes approchés ?

— Pourquoi, en effet, balbutiai-je. Il avait sans doute ses raisons de…

— Allons, allons, Watson, me tança Bell. Ne vous défilez pas. Je crois que vous ne voulez pas…

— J'avais oublié à qui j'avais affaire, le coupai-je en le regardant du coin de l'œil. Très bien. Je vais vous l'expliquer de mon mieux, mais souvenez-vous que vous m'y avez forcé, dis-je en faisant mine d'être irrité.

— Nul besoin de jouer la comédie, rétorqua Bell.

— Laissez-moi tenter de vous expliquer. J'ai cru comprendre, d'après mes conversations avec Mr Leite et mon père – qui est par ailleurs un excellent connaisseur de l'hébreu – que les juifs pratiquants refusent de serrer la main de la plupart des femmes – notamment des étrangères – parce que... Oh, bon sang ! dis-je en lançant un regard implorant à Bell.

— Je navigue en eaux inconnues, Watson, me dit-il, et j'ignore où vous voulez en venir.

— Mon cher Bell, l'eau est si profonde que je perds moi-même pied. À bien y réfléchir, ce que je vais vous dire va peut-être remettre en question tous les préjugés et théories que nous avons entendues depuis un ou deux ans sur ce qui est tabou, ou trop délicat pour être abordé en présence d'un public "mélangé", c'est-à-dire composé d'hommes et de femmes.

— Tout ce préambule parce que votre ami colporteur a parlé d'un shibboleth, Watson ?

— Tout ceci trouve sa source dans un livre qui vous est cher – la Bible. Cela vous gênerait-il, mesdames, que je vous dise ce qui troublait cet homme ?

— Bonté divine, s'écria Miss Jex-Blake. J'ignore ce qu'en pensent les autres, mais je suis tout ouïe. Allez-y. »

Je lançai un regard à Bell, qui leva les mains en signe d'abdication.

« Je suis peut-être un peu vieux jeu, Watson, mais je ne suis pas si puritain que cela, savez-vous.

— Très bien. Voilà ce qu'il en est : un juif pratiquant ne serrera pas la main d'une femme parce qu'elle est peut-être impure, pour reprendre le langage utilisé par les traducteurs. En d'autres termes, elle a peut-être ses menstrues. Voilà, je l'ai dit. »

Silence.

Puis Miss Jex-Blake frappa soudain dans ses mains.

« Vous noterez qu'il n'y a eu aucun coup de foudre, aucun éclair, et qu'aucun de nous n'a rougi, si je ne m'abuse.

— Ce que vous avez dit à propos du langage est très intéressant, dit Miss Pechey.

— C'est mon père qui me l'a fait remarquer, dis-je. Il n'était pas opposé à la pratique – la Loi, si vous voulez – mais au langage employé.

— Watson, je crois que vous êtes un petit cachottier. Vous menez une double vie, dit Bell en posant la main sur mon épaule.

— Au contraire, répliqua Miss Jex-Blake. Miss Canaby, qui se ralliait peu à peu à notre camp, nous a dit que Mr Ogilvie avait l'intention d'écrire un article sur ce même colporteur. Rappelez-vous que c'est lui qui s'est trouvé pris dans l'attaque lancée contre nous par les étudiants. Il vénère jusqu'à la poussière de vos chaussures, docteur Watson. Il semblerait que le Dr Watson et le Dr Annandale soignent discrètement et gratuitement nombre des fidèles de la synagogue de Graham Street.

— Watson, Watson, roucoula mon collègue. Je ne cesse de m'émerveiller. Votre corps et votre cervelle recèlent des profondeurs et des pépites qui vont bien au-delà des ressources de la plupart des mortels de notre belle ville. »

Les dames nous quittèrent pour se rendre dans la salle de repos, et nous poursuivîmes notre chemin jusqu'à la salle des opérés, où nous fûmes accueillis par Miss Dixon, qui nous informa que la « patiente » (Littlejohn et Bell avaient donné aux infirmières une excellente formation) n'avait montré aucun signe de choc ; quoique encore très faible, elle était parfaitement consciente de ce qui s'était passé, et avait « un tout petit peu » repris le moral. Mary Anderson, nous dit-elle, avait recruté plusieurs femmes de Cowgate pour veiller sur Miss Canaby, suscitant un afflux d'offres de service. Mais un rapide examen révéla que celle-ci ne serait guère en état de recevoir des visiteurs avant au moins deux jours.

Me prenant par le bras, Bell m'entraîna dans le couloir. Nous nous assîmes sur un vieux banc en lattes de bois.

« Watson, auriez-vous la bonté d'écouter certaines de mes élucubrations et de me dire si vous pouvez m'aider à tirer les choses au clair ?

— Volontiers, répondis-je, mais il s'est passé tant de choses en si peu de temps que la tête me tourne un peu.

— Exactement, dit-il. C'est extrêmement agaçant. Tout d'abord, si c'est l'auteur des lettres qui a tué Ogilvie, quel rapport cela a-t-il avec les deux premiers messages ? Et n'oublions pas non plus que l'avertissement placé sur le panneau d'affichage était certainement de sa main. Et que penser de cette mise en scène avec le tisonnier plié et la cible accrochée au-dessus de la tête de Miss Jex-Blake ? Ensuite, quel est le dénominateur commun entre l'agression du jeune Ogilvie et celle de Miss Canaby ? Et cela, Watson, m'amène au sujet dont nous devons discuter, vous et moi. Vous savez sans doute de quoi je parle.

— Je ne le sais que trop, mon bon ami.

— Ce bon vieux Watson : un véritable phare au milieu des récifs et des écueils de ce monde troublé.

— Vous me surestimez, mon cher. Voulez-vous commencer, ou souhaitez-vous que je le fasse ?

— Je voudrais pouvoir dire "Après vous, mon cher Watson", mais c'est à dessein que j'ai évoqué l'attitude du colporteur en présence des femmes – je sais très peu de choses sur les immigrants juifs, mais j'ai lu leur Livre – afin, ... disons, de voir si je pouvais aborder… eh bien, certains sujets délicats en présence d'un public mélangé. Voyez-vous, je suis souvent troublé lorsque je dois évoquer certains sujets délicats avec les infirmières.

— C'est également mon cas, naturellement.

— Je n'en doute pas. Et vous savez quoi, Watson ? J'ai été élevé dans l'idée qu'une femme qui a des relations hors mariage est irrémédiablement perdue. Mais je suis à présent d'un avis différent, et ce n'est pas… ce n'est pas parce qu'elle a failli être tuée. »

Je passai mon bras autour de ses épaules, et pris une grande inspiration pour refouler mes larmes.

« Et vous avez sans doute une idée de l'identité du… de…

— De l'individu, Watson ? J'ai une quasi-certitude et, sans vouloir vous offenser, je suis aussi quasiment certain que l'idée vous a traversé l'esprit, mais que vous l'avez écartée.

— Alors, c'est, c'est… Si c'était le jeune Ogilvie, c'est une véritable tragédie. Un mort et une blessée grave, tous deux si jeunes.

— Une tragédie, comme vous dites, Watson. J'avais les yeux rivés sur lui lorsque Littlejohn a pratiqué cette autopsie devant nous. Il ne l'a jamais quittée des yeux, et on sentait son inquiétude. Il allait vers elle lorsqu'elle a failli s'évanouir pendant la procédure. Vous vous souvenez ? Elle avait déjà assisté à des douzaines d'autopsies, sans ressentir le moindre malaise. Mais, ce jour-là, son corps n'était plus le même. Vous me suivez ? Vous comprenez ce que je veux dire ?

— Parfaitement, mais je suis effondré. Et vous… vous la connaissiez mieux qu'aucun d'entre nous.

— Je croyais la connaître, mais elle est parvenue, ainsi qu'Ogilvie, à me donner le change. Je n'ai pas su interpréter leurs petites querelles.

— Il est vrai qu'ils se disputaient souvent, répliquai-je.

— Oui, mais je crois que c'était pour tromper les autres. Ogilvie s'apprêtait en effet à écrire un article – il a même parlé d'un livre – sur la profession médicale, sur la pauvreté qui règne à Cowgate, et sur la situation des infirmières. Il avait toujours à la main un petit carnet lorsqu'il était avec elle, comme s'il allait l'interviewer pendant des heures.

— Attendez-moi. Je vais dire aux jeunes femmes que Miss Canaby ne sera pas en état de recevoir des visites avant un ou deux jours. »

Il hocha la tête et je m'éloignai. Les femmes comprirent et acceptèrent ma décision, ajoutant qu'elles n'avaient pas le cœur à travailler. Miss Jex-Blake persuada sa compagne qu'une visite aux sœurs de Mary Anderson pourrait leur remonter le moral. « Voyons quels progrès elles ont fait, dit-elle. Si elles parviennent à vendre nos idées aussi bien que leur poisson, tout n'est peut-être pas perdu. »

Bell nous regarda en souriant et murmura :

« Des harengères qui se mettent à pêcher des hommes ; quel beau retournement de situation, n'est-ce pas, Watson ?

— Et vous osez vous moquer de mon sens de l'humour ? » rétorquai-je.

XIV

L'élection et l'horreur qui s'ensuivit

Pendant quatre jours, seuls Bell et moi-même rendirent visite à Miss Canaby, qui se remettait peu à peu. Je l'informai des derniers événements, et lui proposai d'envoyer un agent chercher l'inspecteur. Elle n'arrivait pas à croire que ce qui lui était arrivé était le résultat d'un acte délibéré. C'est son regard qui me posa la première question : elle voulait savoir, je crois, si nous avions découvert son « état ». Nous parvînmes, me semble-t-il, à communiquer parfaitement sans prononcer un mot, même si je n'en suis plus très sûr aujourd'hui.

Puis, dans un déferlement de paroles, en versant quelques larmes, elle dit qu'elle avait de la chance d'être en vie. Plongée dans ses pensées, elle n'avait remarqué ni le fourgon ni le conducteur en descendant Drummond Street. Elle aurait dû éprouver de la honte, disait-elle, mais ce n'était pas vraiment le cas. Jamie lui avait demandé de l'épouser (son nom revint sans cesse dans la conversation ce jour-là), mais elle hésitait : sa mère malade, où vivraient-ils, sa mère vivrait-elle avec eux, etc. Jamie s'en souciait moins, et voilà : voilà ce qui lui était arrivé. Elle répétait la phrase comme une litanie.

Une infirmière arriva en hâte pour nous dire que l'inspecteur était dans le couloir et qu'il demandait si…

« Mais oui, Nancy, dites-lui de venir », dit la voix dans le lit.

L'inspecteur entra dans la chambre avec un magnifique bouquet de fleurs, dont une infirmière le débarrassa avant d'aller chercher un vase. Miss Canaby commença à le remercier, mais il l'interrompit en levant la main, disant qu'elles venaient de Miss Jex-Blake et de Miss Pechey, qui attendaient au bout du couloir.

« Ah, elles sont venues, elles aussi, dit la blessée. Je suis contente. Elles ont été très bonnes avec moi et maman. »

McCabe lui demanda s'il pouvait l'interroger, avec mon autorisation. Il lui posa à peu près les mêmes questions que nous avions déjà soulevées, Bell et moi, concernant le fourgon et le conducteur, etc. Elle lui apprit surtout que tout le monde à la maison des infirmières savait qu'elle avait rendez-vous avec lui le soir fatal ; Jeanie Dixon et Meg Cargill avaient même tenté de la dissuader d'y aller seule.

« Ce qui m'amène à vous demander pourquoi vous vouliez me voir.

— Je vais vous le dire, inspecteur, répondit-elle en avalant quelques gorgées d'eau. Curieusement, c'est maintenant plus facile pour moi. Mais j'aimerais que vous demandiez à Miss Jex-Blake de venir, si vous voulez bien. C'est une phrase qu'elle a prononcée une fois qui m'a rappelé quelque chose qui préoccupait aussi Jamie depuis un bout de temps.

— Miss Jex-Blake, dites-vous ? demanda l'inspecteur en haussant les sourcils.

— Oui, Miss Jex-Blake. Miss Pechey est la bienvenue, elle aussi. »

Bell et moi étions, j'en suis sûr, aussi surpris et curieux que McCabe, qui sortit de la pièce et revint promptement en apportant deux chaises pliantes, accompagné des deux visiteuses.

Les effusions terminées, et Miss Canaby ayant remercié les jeunes femmes pour les fleurs, l'inspecteur lui indiqua d'un signe de tête qu'il était prêt à l'écouter.

« J'ai dit à l'inspecteur que c'est vous qui m'aviez donné l'idée de lui parler, commença-t-elle en regardant Miss Jex-Blake. Ou plutôt, quelque chose que vous avez dit.

— Dieu du ciel ! Moi ? s'écria Miss Jex-Blake.

— Oui, c'est ce que vous avez dit à propos d'Henry Gibson qui pourrait, je crois, nous aider à découvrir qui a… qui l'a tué – je veux dire Mr Ogilvie, dit-elle d'une voix tremblante. Oh, tué, quel affreux mot ! ajouta-t-elle en se resaisissant.

— Je suis navrée, chère Violet, mais je ne crois pas connaître cet Henry Gibson, répondit Miss Jex-Blake, très perplexe. Êtes-vous sûre que…

— Si, si, vous le connaissez. Vous m'avez parlé de lui le jour où nous nous sommes rencontrées ; je crois que c'était ce jour-là. C'est ce Norvégien qui écrit des pièces de théâtre. Un dramaturge, avez-vous dit. Henry Gibson.

— Ah ! Vous n'êtes pas loin, répondit Sophia dans un grand éclat de dire en prenant la main de la blessée. Il s'appelle Henrik Ibsen, et ce nom sonne en effet comme Henry Gibson. Je vais vous écrire son nom, dit-elle en sortant un crayon et du papier de son sac.

— Et ce Mr Ibsen, qu'a-t-il à voir avec toute cette affaire ? demanda l'inspecteur.

— Eh bien, Jamie était absolument fasciné par ce que nous racontait Miss Jex-Blake sur Ibsen – c'est bien ça ? – et sa notion de moralité bourgeoise. Il ne cessait de dire : "On pourrait l'appliquer à bien des gens dans cette belle ville, n'est-ce pas ?" Il a même dit un jour : "Attendez un peu que j'écrive mon livre sur les médecins de cette ville." Comme s'il avait des révélations à faire. Il n'arrêtait pas d'en parler le soir de la réunion organisée par Mr Russel ; avec tous ces… ces médecins qui étaient là ce soir-là, autour de lui.

— Mmm. Intéressant, dit Bell en joignant les doigts devant sa poitrine.

— C'est en effet intéressant, renchérit l'inspecteur. Mais qu'est-ce que cela signifie ? Qu'est-ce que cela nous apprend ?

— Il en parlait sans arrêt : les médecins, les banquiers, les avocats et les autres, et il citait parfois des noms, reprit Miss Canaby d'une voix somnolente. Mes souvenirs s'emmêlent, et j'ai la tête un peu lasse. Pourrais-je me reposer un moment, docteur Watson ? Quand j'aurai les idées plus claires, j'aimerais demander à Miss Jex-Blake ce que cet Ibsen voulait dire précisément. Et puis je crois que j'aimerais aussi vous parler, inspecteur, si vous voulez bien. Parfois, j'ai l'impression de savoir où Jamie voulait en venir. Je crois… je crois… »

Elle s'endormit avant de terminer sa phrase, encore sous le coup des sédatifs.

Nous sortîmes dans le couloir. Les deux jeunes femmes nous informèrent qu'elles allaient retrouver Sandy Russel et Mrs Kingsley pour une « réunion stratégique ». Miss Jex-Blake ne perdait pas de temps, comme on dit.

L'inspecteur nous demanda, à Bell et à moi-même, s'il pouvait nous parler après avoir dit un mot à ses sentinelles. Bell nous conduisit dans une autre chambre, où McCabe se mit à arpenter la pièce, comme à son habitude. Puis il nous demanda « très franchement » ce que nous pensions de cette étrange référence à Ibsen et à la morale bourgeoise.

« Il m'est venu une idée sur le moment, lorsque j'ai entendu Miss Jex-Blake faire ce rapprochement entre Ibsen et la morale bourgeoise, répondit Bell. Et puis, pfftt, elle m'est sortie de l'esprit.

— C'est un peu ce qui m'est arrivé, à moi aussi, dit l'inspecteur d'un air pensif. Entre autres choses, nous semblons être les seuls, vous et moi, à connaître un détail concernant le jeune Ogilvie et Violet Canaby, dit-il en nous lançant un regard en coin.

— Et comment avez-vous obtenu cette information, si je peux me permettre ? demanda Bell.

— Ah, docteur Bell, c'est bien la première fois que vous me décevez. Je pensais que vous aviez compris.

— Ha ! Mrs Murchison, qui s'occupe de la vieille Mrs Canaby, s'écria Bell en sursautant. Son fils David est l'un de vos meilleurs policiers. C'était lui, votre messager, n'est-ce pas ?

— Exact. Vous avez vu juste, comme d'habitude.

— Je me demande s'il existe un lien entre les menaces reçues par les étudiantes et ces deux agressions, intervins-je.

— C'est très étrange, dit Bell. J'essaie de me rappeler ce qu'Ogilvie disait à propos du corps médical lorsque je suis arrivé au *Scotsman* ce soir-là. J'ignorais alors qu'il avait fait des commentaires impromptus *avant* la réunion de Sandy. Si je me souviens bien, il a parlé de népotisme ; du fait que nous sommes tous les médecins les uns des autres ; et il a parlé de ceux qui vont soigner les habitants de Cowgate. J'ai oublié quelque chose ?

— Je ne crois pas, répondis-je. La discussion sur le népotisme m'était sortie de la tête.

— Nous avons enquêté sur un homme qui a été vu aux alentours du hêtre à plusieurs reprises, dit l'inspecteur. Tout ce que nous avons réussi à apprendre sur cet individu, c'est qu'il est de grande taille et robuste, ou de petite taille et de poids moyen. Personne ne se souvient d'un bouc.

— Non, dit Bell, les yeux fermés. Votre homme n'aura pas deux fois la même apparence. Il revêt sans doute de multiples identités. »

Les jours précédant l'assemblée générale des bienfaiteurs de l'hôpital (l'élection), la ville était en effervescence. Il y avait bien longtemps que je n'avais constaté pareille fébrilité. Chacun avait choisi son camp, ce qui ne laissait pas d'être intéressant, puisque, peu de temps auparavant, les étudiantes comptaient bien peu de soutiens. À présent, des légions de partisans exigeaient qu'on les traite équitablement. Des réunions étaient organisées tous les soirs par les deux parties. La quasi-totalité des lettres publiées par les journaux de la ville, ainsi que la plupart des éditoriaux, portaient sur l'élection. Mon compte rendu de cet épisode s'inspire en grande partie des articles parus dans le *Scotsman*.

Le jour dit, il faisait un froid de chien, mais le soleil mettait un peu de baume au cœur. Peu avant midi, la chambre du Conseil fut peu à peu envahie par une foule compacte. À treize heures, le Lord Provost, Mr William Law, prit une mesure inédite en annonçant qu'en raison de l'affluence, l'assemblée se tiendrait à la cathédrale. Quelqu'un cria qu'il fallait pour cela obtenir le consentement exprès des commissaires ecclésiastiques. Apercevant Mr David Smith, qui présidait cette haute assemblée, le Lord Provost lui demanda son avis.

Mr Smith fit part de son embarras, et dit que les décisions susceptibles d'être prises lors de la réunion convenaient mal à un lieu de culte comme St Giles. Il suggéra le Queen Street Hall, ou Parliament House, ou encore le siège de la police, sans doute plus propices à ce type de discussion (rires).

Mr Duncan M'Laren, membre du Parlement, se leva alors pour dire qu'il suffisait de consulter le texte du décret de 1860 pour constater que l'autorisation des commissaires eccléciastiques n'était nullement requise. Il conclut sa longue péroraison en disant : « Prendre les choses par le bon côté, certes, mais je ne vois pas pourquoi la question des soins aux malades et aux blessés parait un sujet dégradant pour une église presbytérienne » (tonnerre d'applaudissements).

Au terme d'interminables débats, après avoir plusieurs fois suggéré d'ajourner l'assemblée, Mr Hugh Rose proposa de passer au vote afin de savoir si l'on tiendrait la réunion dans l'ancienne cathédrale St Giles, rebaptisée High Church of St Giles, un imposant édifice situé de l'autre côté de High Street. La décision fut adoptée, et des centaines de personnes traversèrent la rue jusqu'à l'église. Il fallut quelques minutes pour trouver les clés, et les passants s'étonnèrent de voir une telle foule devant St Giles un mardi. Une fois tout le monde installé à l'intérieur, le Lord Provost se félicita de la florissante santé du public. Le révérend qui prêchait régulièrement dans l'édifice aurait aimé recevoir quotidiennement pareille congrégation, ajouta-t-il (rires).

Sandy Russel, assis entre Miss Jex-Blake et moi-même, se pencha soudain vers la jeune femme en s'écriant : « Juste ciel, ma jeune dame ; savez-vous que vous êtes sans doute la première femme à prendre la parole à St Giles depuis le scandale causé par Jenny Geddes en 1637 ?

— Qui était Jenny Geddes ? demanda-t-elle.

— Ah, vous ignorez bien des choses sur notre bonne ville, répliqua Sandy en prenant un fort accent, afin sans doute de la mettre à l'aise. Je vais faire preuve de diplomatie. Charles Ier voulut imposer le rite anglican à St Giles, ce qui mit en fureur cette Jenny Geddes, au point qu'elle lança son tabouret à la tête du doyen, un certain Hanna, en qui elle voyait le représentant du roi, en criant que personne n'allait lui dire comment prier Dieu.

— Bravo ! s'écria Miss Jex-Blake.

— Vous n'auriez pas apporté un tabouret, par hasard ? demanda-t-il sur le ton de la plaisanterie.

— Non, mais je suis sûre qu'il aurait pu être fort utile. »

Après la lecture du procès-verbal de séance et l'exposé de la situation financière de l'hôpital, le Lord Provost annonça le premier sujet à l'ordre du jour, le plus important de la réunion, dit-il. Il proposa une liste de six directeurs, dans laquelle figurait le Pr Masson. Le Dr Halliday Douglas proposa une autre liste comprenant deux noms cités dans celle du Lord Provost, ainsi que ceux des Dr Littlejohn et Wood. Les lignes de front étaient tracées.

Le Dr Douglas prit la parole. Le tressaillement de sa moustache rousse le faisait furieusement ressembler à l'oncle Pumblechook de Dickens. Il se lança dans une harangue sans queue ni tête qui, malgré sa logique défectueuse, coûta sans doute quelques votes aux étudiantes. « Durant les vingt ou trente dernières années, les liens entre l'hôpital et l'école de médecine [mystère impénétrable pour la plupart du personnel, à mon sens] se sont resserrés, et il serait aujourd'hui bien inconsidéré de prendre la moindre mesure susceptible de nuire, à quelque degré que ce soit, à la prospérité et au rayonnement de cette grande institution » (acclamations, cris, sifflets).

« Ces remarques servent de préambule à la question de la formation médicale des femmes. Je suis incapable d'aborder le sujet sous son aspect général, mais j'aimerais soulever un point important. Je suis heureux de voir le Dr Christison parmi nous, parce que ce sont ses paroles qui m'ont rappelé que l'assemblée des directeurs de l'hôpital endosserait une lourde responsabilité en prenant des décisions qui mettraient en péril la prospérité de la prestigieuse école de médecine d'Édimbourg (acclamations, bruyants sifflets).

« Je suis déjà persuadé que les cours mixtes sont néfastes. Quant aux visites mixtes en salles de soins [nouvel épouvantail], il ne peut en être question.

« Comment ne pas tenir compte de la pétition, des souhaits de cinq cents étudiants en médecine, pour une poignée d'étudiantes dont nous ne savons rien ? »

Il se rassit au milieu des vivats, des cris et des hurlements. Nombre d'étudiants commençaient manifestement à se laisser aller.

Mr Christopher Douglas, l'éminent juriste, apporta son soutien à la liste du Dr Douglas.

Mr Thomas Reid (Bank of Scotland) demanda la parole : « Le sujet qui nous préoccupe ne porte pas sur la différence homme/femme, mais sur des principes (murmure d'approbation). La décision prise récemment concernant ces jeunes femmes était tout aussi injuste que peu judicieuse (murmure d'approbation). Ces messieurs ont outrepassé leurs fonctions. »

Il était de ceux, poursuivit-il, qui s'opposaient farouchement à l'utilisation de l'hôpital au profit de l'enseignement (rires, sifflets, bruits de canne). Certains estimeraient sans doute que c'était indispensable, mais il était d'un avis contraire (rires et sifflets). Il ne voyait pas pourquoi ceux qui se destinaient à la médecine devaient être formés grâce aux subsides librement accordés par les habitants. On pouvait presque dire, observait-il, que s'attendre à ce que le corps médical soutienne ce mouvement (la pétition des femmes demandant à être admises en tant qu'étudiantes de plein droit) revenait à demander à des criminels de se juger eux-mêmes (rires).

Mrs Kingsley se leva et prononça un assez long discours percutant ; le comité directeur devait considérer les remarquables résultats obtenus jusqu'ici par les étudiantes, et les succès remportés par les femmes médecins dans d'autres pays, dit-elle. Puis, baissant son menton patricien pour jeter un regard noir par-dessus ses demi-lunes à un large groupe de jeunes gens assis à sa droite, elle évoqua la pétition des cinq cents étudiants : « J'ai vu quantité de jeunes gens arpenter Nicolson Street, Infirmary Street et Drummond Street à la recherche de soutiens. Ils ressemblaient à des rats quittant le navire, tout en essayant d'attirer les autres à bord en les cajolant, en insistant, et en usant sans doute de coercition. Je suis secrétaire honoraire du comité en faveur des femmes médecins, ajouta-t-elle en brandissant une épaisse liasse de papiers ; j'ai reçu de tous les coins de l'Écosse et de l'Angleterre des lettres m'assurant que le sujet est de la plus haute importance pour un grand nombre de femmes. J'ai également recueilli entre six et sept mille signatures sur notre pétition, et tous ceux que la question intéresse feraient bien de se souvenir que nous pouvons nous aussi jouer au petit jeu des chiffres. Je conclurai en rappelant que l'hôpital fonctionne en grande partie grâce aux dons de bienfaiteurs, dont beaucoup sont des femmes. Il est parfaitement légitime pour les femmes de demander l'accès aux études médicales » (applaudissements).

Je découvris plus tard que peu de gens étaient au courant de l'immense campagne récemment mise sur pied en faveur des étudiantes, hormis l'inspecteur McCabe, dont l'épouse était apparemment l'un des piliers du mouvement à Édimbourg.

Le Dr Christison prit brièvement la parole pour déclarer qu'il était « absolument hors de question que les femmes étudient la médecine » et plaida pour maintenir le *statu quo*. « Ce pays ne veut pas de femmes médecins. Elles auraient un effet néfaste sur la médecine en tant que profession scientifique ; en outre, le cerveau et l'organisme féminins sont, par nature, à de rares exceptions près, mal adaptés aux exigences de la pratique médicale et chirurgicale. »

Il conclut en disant que la présence de femmes dans les amphithéâtres indisposait « bon nombre » d'étudiants ; mais surtout, ajoutait-il, « qu'en pensent les parents et tuteurs de nos étudiants ? Beaucoup d'entre eux nous ont écrit, à moi et à mes collègues, pour protester contre cette mesure ».

Ce fut ensuite au tour du Dr Laycock. Son point de vue était connu, dit-il ; il l'avait exposé à quantité de personnes, dont Miss Jex-Blake. « Les femmes sont de plus en plus nombreuses à se méprendre sur leur position dans le monde, poursuivit-il en consultant un petit papier qu'il tenait à la main ; leur travail est généralement médiocre, et elles n'ont en aucun cas la force requise pour pratiquer la médecine. Je le répète : aucune femme digne de ce nom ne sait comment sont faits les jeunes gens ; si elle le sait, c'est répréhensible », etc. (applaudissements, sifflets).

Puis il ouvrit une petite sacoche en cuir souple dont il sortit deux feuilles de papier. Brandissant l'une d'elles, il lança : « Je prie les bienfaiteurs de l'hôpital de me permettre de lire deux brèves déclarations émanant de deux des plus éminentes personnalités médicales de notre époque : le Dr William Jenner et le Dr Joseph Lister. Ce dernier déclare : "Je suis opposé à la présence conjointe d'hommes et de femmes dans nombre des cours requis pendant les études de médecine. J'estime que c'est une erreur et une inconvenance, et je l'interdirais catégoriquement à ma fille." Selon le témoignage de plusieurs de ses collègues, lorsque la prestigieuse université de Londres examinait cette question, le Dr Jenner a déclaré, en levant les bras au ciel, qu'il n'avait qu'une unique fille chérie, et qu'il préférerait la voir dans sa tombe que l'autoriser à suivre des études telles que la médecine. Je fournirai volontiers les noms de ces collègues à ceux qui me le demanderont » (applaudissements, cris).

La personne suivante était assurément celle que la plupart attendait : Sophia Jex-Blake.

« Que n'ai-je entendu ici aujourd'hui ! Si les femmes font telle chose, c'est une inconvenance ; si elles suivent tel cours, elles ne sont pas dignes d'être considérées comme des femmes. Ces commentaires, comme nous le savons, ont été faits par des hommes. Un autre, le Dr Augustus Gardner, éminent gynécologue américain, nous dresse le tableau paternaliste du peu d'aptitude des femmes pour la médecine. Je cite : "Les femmes sont en particulier dégoûtées par la médecine, habituées qu'elles sont à la douceur et aux aspects plaisants de l'existence. On les préserve en permanence du spectacle des horreurs de la vie." Ce sont de fortes paroles. Et un rédacteur du *Buffalo Medical Journal* ajoute : "Si je devais inventer, dans un esprit de malveillance, le plus grand sort que l'on puisse jeter aux femmes, si je voulais les priver de protection masculine et les rendre aussi répugnantes et repoussantes pour les hommes que possible, je soutiendrais la réforme qui prétend faire d'elle des médecins."

« Enfin, ceci, tiré d'un texte sur l'obstétrique datant de 1848 : "Elle [la femme] possède un crâne presque trop petit pour l'intelligence et juste assez grand pour l'amour."

« Mesdames et messieurs, les femmes n'ont pas la vie facile à notre époque, et ces déclarations émanant d'hommes prétendument éduqués ne leur rendent pas la tâche plus aisée. Je voudrais que le public comprenne que notre exclusion des salles de soins de l'hôpital n'est pas une mesure isolée, ni la décision réfléchie de juges impartiaux, mais un maillon d'une longue chaîne d'actes qui ont tous la même origine et visent le même but. Lorsque je suis arrivée à Édimbourg, il y a près de deux ans, j'ai pris l'initiative d'aller voir la plupart des professeurs et des plus éminents médecins. À quelques exceptions près, j'ai été reçue avec grande courtoisie, même si mes vues n'étaient pas toujours partagées. Mais il y eut bien quelques exceptions. Je rendis visite au Pr Laycock. À l'issue de notre entretien, nous étions tombés d'accord sur un point : aucune femme digne de ce nom ne devait songer à assister à ses cours » (rires, cris appelant le silence).

Le Pr Christison intervint :

« My Lord, je vous demande, au nom de mon collègue, de faire cesser ces insinuations à son encontre ("Silence !", brouhaha).

— Je ne crois pas que Miss Jex-Blake se soit livrée à des insinuations, répondit le Lord Provost.

— Je proteste, mais je m'incline, dit Christison.

— Nous nous sommes efforcées, à grands frais, d'organiser des cours séparés d'anatomie, reprit Miss Jex-Blake ; on nous a dit à de nombreuses reprises que nos efforts étaient vains. Confrontées à l'impossibilité absolue d'obtenir des cours réservés portant sur l'intégralité du programme, nous avons demandé à suivre les cours ordinaires. Certains professeurs étaient prêts à nous accepter, mais l'éternelle phalange d'opposants a alors brandi l'argument de l'inconvenance, sachant qu'elle parviendrait à rallier l'opinion publique, qui se serait déclarée en notre faveur si on lui avait exposé la véritable question : éducation ou absence d'éducation ?

« Certains des membres du comité, parmi les plus respectés et les plus savants, ont noblement protesté contre l'injure qui nous était faite. Ils se sont insurgés en vain, car ils ignoraient ou ne pouvaient dévoiler les machinations qui se tramaient, les armes qu'on allait utiliser. Cinq semaines durant, nous avons côtoyé, en cours d'anatomie pratique, le plus exigeant de tous, nos collègues masculins, qui se sont comportés posément, avec courtoisie, sans le moindre excès ; et le Dr Handyside m'a assuré qu'il n'avait jamais connu pareil calme que depuis que nous étions arrivées dans son amphithéâtre.

« Puis eut lieu la réunion du comité directeur. J'ignore quelles influences s'exercèrent alors, mais le comportement des étudiants changea du tout au tout, et le calme et la politesse laissèrent place à l'impertinence et à la grossièreté. Puis vint le jour de cette déplorable émeute, où les grilles de l'hôpital se refermèrent sous notre nez, et où nous fûmes couvertes de boue et d'immondices des pieds à la tête ("Quelle honte !").

« Je dois à la vérité de dire que certains étudiants, qui ont l'âme trop noble pour se laisser manipuler comme de misérables marionnettes (huées et sifflets), vinrent à notre rescousse. Je n'irai pas jusqu'à affirmer que les émeutiers suivaient des ordres, mais je ne peux non plus rejeter totalement la notion que cet épisode infâme n'aurait jamais eu lieu si nos opposants n'avaient été persuadés qu'ils pouvaient compter sur de solides alliés au sein du comité directeur de l'hôpital.

« Ce que je sais, c'est que les étudiants présents ce jour-là à Surgeons' Hall n'étaient pas les seuls responsables de l'émeute. Je sais que l'assistant du Pr Christison était l'un des meneurs (sifflets, "Silence !"), et que le langage qu'il a utilisé ne pouvait être entièrement imputable au fait qu'il était éméché, à ce qu'il m'a dit. Je ne dis pas que le Pr Christison savait qu'il se trouvait là, ni qu'il approuvait sa présence ; je crois en revanche que son étudiant n'aurait pas été là s'il avait pensé que le Dr Christison s'y serait farouchement opposé.

— My Lord, j'en appelle à vous, intervint Christison. Ces allégations concernant mon assistant sont inadmissibles dans ce genre d'assemblée (murmure d'approbation), puisque la personne mise en cause n'est pas là pour se défendre et confirmer ou non ces dires. Je suis convaincu qu'aucun gentleman présent aujourd'hui n'aurait parlé en ces termes d'un absent.

— Si le Pr Christison préfère…, commença Miss Jex-Blake.

— Je ne demande qu'une chose, la coupa Christison : que l'on cesse d'utiliser ce langage.

— Je ne vois pas de quel langage vous parlez, rétorqua le Lord Provost. Elle a simplement dit qu'à son avis…

— À son avis, le gentleman était éméché, lança Christison.

— Rayez le mot "éméché", dit le Lord Provost.

— J'ai dit que c'était l'excuse invoquée pour justifier sa conduite, reprit Miss Jex-Blake. Si le Dr Christison préfère m'entendre dire que son assistant a employé ce langage alors qu'il était parfaitement sobre, je retirerai l'autre hypothèse (rires). Je souhaite seulement souligner que notre exclusion n'était pas le résultat d'une décision unanime prise par un jury impartial s'efforçant d'appliquer la même loi à tous, mais l'œuvre de juges farouchement partisans.

« Notre vrai crime n'est pas de vouloir entrer à l'hôpital d'une manière ou d'une autre, mais de ne pas avoir renoncé à nos ambitions, à notre objectif de carrière. Aujourd'hui, des femmes s'arrachent à leurs confortables foyers pour soigner des soldats victimes de toutes sortes de blessures. D'autres sont formées dans les grands hôpitaux londoniens afin de prendre en charge des salles entières de patients, hommes ou femmes ; en tant que soignantes, elles sont en contact avec de nombreux étudiants en médecine au bloc opératoire ou en salle de soins. Je ne pensais pas que l'on pouvait remettre en cause la présence de femmes à l'école de médecine. »

Plusieurs personnes, pour la plupart des étudiants, réclamèrent alors le passage au vote.

Le Pr Christison demanda le silence. Il espérait, dit-il, s'être toujours conduit en gentleman avec tous ses interlocuteurs, qu'ils partagent ou non ses vues, et s'il avait froissé quelqu'un, il en était navré. (Cette déclaration allait sans doute lui rapporter quelques voix, me dis-je.) Il termina en disant que le Dr Bennett souhaitait dire quelques mots.

Dès que ce dernier prit la parole, je compris qu'il faisait fausse route. Il commença par invoquer, entre autres, Florence Nightingale et la reine qui, dit-il, n'étaient pas entièrement convaincues de l'intérêt d'avoir des femmes médecins. Personne ne pouvait nier le grand talent de certaines femmes écrivains, et la littérature était indubitablement un domaine où les deux sexes luttaient à égalité, dit-il en citant l'exemple des sœurs Brontë et de George Eliot.

Miss Jex-Blake, qui bouillait intérieurement depuis le début de la réunion, commença à montrer des signes de détresse pendant le discours de Bennett et demanda à prendre la parole, en promettant d'être plus brève.

« Notre petit groupe a déjà suffisamment de soucis, et je ne souhaite pas y ajouter en calomniant Miss Nightingale. Je dois cependant dire ce que je sais de ce célèbre personnage, qui s'est toujours opposé à l'idée de femmes médecins. Voici ce qu'elle a déclaré dans une lettre récemment reprise dans le *Times* : "Je demande instamment à mes sœurs d'éviter le jargon des 'droits' des femmes, qui les pousse à imiter les hommes en tous points, et notamment à rejoindre les professions libérales telles que la médecine, tout simplement parce que les hommes le font."

Je ne souhaite aucunement ternir son image ni amoindrir ses mérites, mais je dois souligner que c'est seulement à l'âge de trente-trois ans, lorsque son père décida de lui verser une rente de cinq cents livres, qu'elle put prendre son indépendance et suivre une formation d'infirmière. Avant cela, mes chers amis, elle était non seulement esclave des conventions et prisonnière de la notion singulière que ses parents se faisaient de ses obligations envers eux, mais aussi entièrement dépendante de leur bon vouloir financier. ("Vote !", "Vote !").

« Je terminerai en disant que la reine veut elle aussi prolonger le *statu quo* dans nos écoles de médecine ; quant à Charlotte Brontë, écrivain de grand talent, elle a découvert à sa grande surprise après avoir épousé en 1854 le vicaire de son père, Mr Arthur Nichols, que ses droits d'auteur et ses royalties revenaient désormais à son mari. Je dirai donc qu'il est parfaitement chimérique d'affirmer, comme l'a fait le Dr Bennet, que les femmes sont en tous points les égales des hommes. »

Le savoir de Miss Jex-Blake et sa maîtrise des faits impressionnèrent l'assistance tout autant, sinon plus, que toutes ses autres déclarations. À peine fut-elle assise que l'on procéda au vote. La proposition du Dr Halide Douglas remporta cent voix, contre quatre-vingt-seize pour celle du Lord Provost. Sur les trente médecins autorisés à voter, cinq étaient favorables à la cause des femmes. Jamais elles n'avaient été plus proches du but, dont quatre voix seulement les séparaient.

Mr Blyth, membre du haut clergé, demanda que l'on recompte les voix, ce qui fut accordé. Des scrutateurs furent nommés, et la réunion allait se conclure lorsque le révérend professeur Charteris, qui avait déjà été rappelé à l'ordre à plusieurs reprises, avança une autre proposition réclamant, au nom des bienfaiteurs de l'hôpital, l'admission immédiate des femmes. La proposition, soutenue par un autre médecin, sir James Coxe, faillit être adoptée lors du vote.

À la surprise générale, une autre femme demanda à prendre la parole. Il s'agissait de Mrs Nichols, une charmante vieille dame connue de tous, incarnation de la féminité écossaise, comme la décrivit par la suite un reporter.

Elle souhaitait, dit-elle, poser une question qui ne concernait pas seulement les étudiantes, mais toutes les femmes s'interrogeant sur le caractère des hommes qui allaient être seuls chargés de soigner la prochaine génération, puisque l'on voulait interdire aux femmes d'exercer la médecine. Si les étudiants inscrits à l'hôpital ne pouvaient envisager d'un œil serein la présence de femmes à leurs côtés, possédaient-ils l'esprit scientifique et la pureté d'esprit requis pour officier dans les salles réservées aux femmes durant les opérations et les soins de nature délicate ?

La question posée par cette dame courageuse déclencha les huées, les rires et les sifflets d'un groupe d'étudiants. Lorsque Miss Jex-Blake se leva pour corriger un professeur qui affirmait qu'elle avait renoncé à suivre des études de médecine en Amérique (mensonge éhonté), elle fut prise à partie par les étudiants qu'elle avait qualifiés de marionnettes. Abandonnant toute retenue, ils se mirent à pousser des cris et des beuglements, à lui lancer des pois secs, malgré les protestations et les remontrances de Christison et de quelques notables municipaux et religieux.

« Vous passez les bornes ! lança le vénérable Pr Blackie, spécialiste en grec et latin, qui s'était précipité pour protéger la jeune femme. On peut maintenant dire que vous avez livré combat contre les bêtes à Éphèse », lui dit-il.

C'est sur cette observation que se conclut officiellement la réunion, à quatre heures et demie.

Les huées et les bombardements de pois n'étaient pas la dernière avanie réservée à Miss Jex-Blake. Avant que la semaine soit écoulée, Mr Craig, l'assistant du Dr Christison, porta plainte contre elle pour diffamation. Je n'oublierai jamais sa réaction en apprenant la nouvelle.

« Nous n'avons pas encore atteint ce havre de paix où le méchant ne peut plus semer le trouble, où le voyageur las trouve le repos. Oh, comme on a envie de se tourner vers le mur en murmurant les paroles d'Élie : "Seigneur, prenez ma vie, car je ne vaux pas mieux que mes pères."

— Je suis heureux que vos camarades ne soient pas là pour voir votre découragement, lui dis-je. C'est auprès de vous qu'elles viennent chercher de l'aide et de l'espoir, vous savez.

— Oh, docteur Watson, je suis un peu lasse, il est vrai, mais nullement découragée. Je n'ai pas encore commencé à me battre, comme disait le célèbre capitaine de marine John Paul Jones. Nos adversaires croient que les femmes n'ont pas la force physique et mentale requise pour supporter les rigueurs du métier de médecin. Mais regardez combien d'obstacles ils dressent devant nous. Comme les anciens Hébreux, nous devons bâtir notre temple en tenant l'épée dans une main, et la truelle dans l'autre. Il nous faut étudier aujourd'hui une science, et demain affronter un procès. Passer un examen un jour, plaider notre cause un autre. Passer la nuit auprès d'un patient au dispensaire, puis consacrer la journée suivante à contrer la dernière manigance inventée par le corps médical pour nous interdire l'accès aux études.

— Bon sang ! m'écriai-je. Vous venez sans doute de faire votre meilleur discours, mais en plein air devant un auditoire absent.

— Au moins, l'air qu'on y respire est pur et non vicié.

— Je crois que le Dr Littlejohn serait d'un autre avis ! Mais ne cédez pas à l'amertume, même si la tentation est certainement grande.

— Bien sûr. Vous avez raison, pardonnez-moi. Quelques-unes d'entre nous pourraient-elles rendre visite à Violet Canaby ? Son moral n'est pas au plus haut en ce moment, et on nous empêche de la voir. Ne serait-elle pas aussi bien chez elle, à présent ?

— Peut-être, mais ses pansements doivent encore être changés régulièrement, et l'inspecteur estime qu'elle est sans doute plus en sécurité à l'hôpital pour l'instant. Prenez patience : vous aurez bientôt l'occasion de revoir son visage souriant, comme le dit Miss Dixon à tous ses visiteurs frustrés qui veulent voir sa patiente. »

J'aurais mieux fait de tenir ma la langue. Peu après minuit, l'hôpital m'envoya un messager, accompagné de l'un des hommes de McCabe. Il s'était produit un affreux événement. Encore à moitié endormi, je les regardais se balancer d'un pied sur l'autre, et leur visage tiré me confirma que la situation était grave.

Je posai la main sur l'épaule du jeune messager.

« Stafford, lui dis-je en le regardant droit dans les yeux. Je vois que vous êtes bouleversé. Dites-moi ce qui est arrivé. »

Il ouvrit la bouche, mais sa voix s'étrangla. Il lança un regard implorant au policier.

« Votre patiente, monsieur, l'infirmière que nous protégions ; on l'a étouffée avec un chiffon imbibé de chloroforme », murmura l'homme les yeux baissés, en tripotant gauchement son casque.

Il avait parlé d'une voix à peine audible, et je ne voulais pas croire ce que je venais d'entendre. Il suffisait pourtant de voir leurs visages.

« Très bien. Laissez-moi enfiler quelques vêtements et je vous suis immédiatement. »

XV

Henry Gibson et le meurtre bourgeois

Je m'habillai à la hâte en disant à ma femme que j'ignorais quand je serais de retour, et sortis précipitamment de la maison. Je m'arrêtai net en voyant l'attelage de Bell.

« L'inspecteur avait bien dit que vous seriez surpris, dit le policier. Apparemment, l'infirmière de garde, en découvrant… en découvrant le meurtre, car c'est bien le terme, a aussitôt envoyé chercher le Dr Bell qui, dès son arrivée, a demandé, avec l'inspecteur McCabe, qu'on vous envoie sa voiture. »

Je saluai Collingwood, le cocher de Bell, qui marmonnait sans cesse : « C'est terrible, c'est terrible. » Puis, dans un claquement de langue, il fit démarrer ses chevaux, Major et Minor.

Bell attendait à la sortie de la chambre, l'air lugubre, le regard au sol. L'inspecteur se tenait à ses côtés, s'efforçant de le réconforter.

« Votre collègue a refusé d'entrer avant que vous soyez là, monsieur, me dit McCabe, sans quitter Bell du regard. Il n'en avait pas le courage, mais il a dit aussi qu'il était plus correct de vous attendre. »

Très ému, je m'approchai de Bell et lui prit les mains. Nous n'étions ni l'un ni l'autre enclins aux épanchements, mais je sentis ses mains serrer très fort les miennes tandis qu'il me remerciait d'un regard embué de larmes.

Se redressant soudain, il se tourna vers McCabe.

« Allons-y. Je suis prêt », dit-il doucement.

En rentrant dans la chambre, l'odeur reconnaissable entre toutes du chloroforme nous prit à la gorge. Violet Canaby était allongée sur le lit, le visage pâle, mais tranquille. À côté d'elle, sur une petite table de chevet, se trouvait un gros chiffon roulé en boule.

Bell montra le chiffon d'un signe de tête en lançant un regard interrogateur à McCabe, qui lui confirma qu'il s'agissait bien de l'instrument qui avait causé la mort.

« Miss Dixon l'a posé là quand elle a découvert le corps, dit l'inspecteur. C'est la seule chose qui ait été déplacée, j'en suis certain. Ce chiffon est sans doute très ordinaire, mais il a peut-être un usage précis. C'est pourquoi je voulais que vous le voyiez tous les deux.

— Il vous rappelle quelque chose, Watson ? me demanda Bell.

— Non, désolé. C'est un tissu épais, et sans doute très absorbant, idéal pour commettre cet acte.

— L'inspecteur va nous dire ce qu'il sait mais, avant cela, je voulais vous signaler, Watson, que Miss Dixon se sent responsable de la catastrophe, parce que l'intrus a agi pendant qu'elle était allée chercher du thé pour elle-même et pour le policier qui montait la garde.

— Je croyais qu'il devait y avoir deux policiers, répondis-je.

— C'est exact, monsieur, dit l'inspecteur, mais l'un d'eux est allé se restaurer, et le coupable en a profité. Les deux hommes sont en faction à partir de huit heures du soir, et l'un va généralement manger vers minuit. Miss Dixon s'en veut parce qu'elle est allée chercher son thé alors qu'il ne restait qu'un seul policier de garde.

— Alors le... le coupable n'aurait pu arriver à meilleur moment, dis-je.

— Exactement. Laissez-moi vous dire ce qui s'est passé, d'après ce que m'a raconté Martin. Miss Dixon était partie depuis un instant à peine lorsqu'un médecin – ou quelqu'un qui portait une tenue de médecin – est sorti de la petite salle d'examen qui se trouve au bout du couloir. Il poussait un petit chariot rempli de flacons, de seringues et d'instruments, et s'est dirigé vers la chambre comme s'il était attendu. Quand Martin, l'agent de faction, l'a arrêté, il a sorti un papier, un ordre, a-t-il dit, signé du Dr Watson, lui demandant d'administrer à minuit à la patiente sa dose de sédatif. Au besoin, il devait également effectuer une seconde saignée, mais très brève.

— La saigner ! Une seconde fois ! Jamais on ne l'a saignée, m'écriai-je malgré moi. C'est insupportable. C'est ignoble. Cette personne a-t-elle donné un nom ?

— Il a dit qu'il était le Dr Annandale, répondit McCabe. Nous avons vérifié, et découvert que le Dr Annandale était à cette heure-là occupé à planifier, avec une demi-douzaine de collègues... attendez, voilà mes notes : à planifier le dîner du Circulation Club. On peut dire que cet individu a pris ses précautions : lorsque Miss Dixon est arrivée dans la cuisine, elle a cherché en vain la théière qui se trouvait toujours dans un coin bien précis. Après bien des recherches, on a fini par la découvrir tout en haut d'une étagère au fond de la pièce.

— Cela ne sert sans doute pas à grand-chose, mais votre homme a-t-il pu décrire cet individu ? demanda Bell.

— Il était voûté, dit l'inspecteur en vérifiant ses notes. Il mesurait sans doute plus d'un mètre quatre-vingts, avait une barbe grisonnante, portait d'épaisses lunettes et plissait sans arrêt les yeux.

— Un déguisement peut dissimuler bien des choses, mais la taille de l'homme est intéressante, dit Bell.

— En effet, renchérit McCabe. Diriez-vous qu'il fait partie du corps médical, puisqu'il semble connaître les procédures de l'hôpital ?

— Mmm », fit mon collègue.

Il me demanda mon avis d'un regard, en haussant le sourcil.

« C'est certainement plausible, dis-je, mais j'imagine qu'un individu malin, poussé aux dernières extrémités, pourrait…

— Et observateur, ajouta Bell.

— Et observateur…, acquiesçai-je. L'individu n'avait pas nécessairement besoin de se faire passer pour médecin, mais l'endroit est rempli d'assistants, de membres du personnel, d'étudiants, que sais-je. Celui qui a fait cela a forgé ma signature, connaît Annandale, et parle nonchalamment de sédatif à administrer à minuit, alors que le traitement n'a pas été réellement prescrit.

— Pas réellement prescrit ?

— Ces deux derniers jours, Miss Canaby était surtout déprimée, expliquai-je. Je l'avais autorisée à prendre quelque chose pour soulager la douleur ou l'aider à dormir, mais cette courageuse jeune femme m'avait dit qu'elle avait vu bien trop de médicaments lorsqu'elle travaillait. »

L'inspecteur regarda Bell comme pour avoir confirmation.

« Watson a plus ou moins fait le tour de la question, inspecteur, dit mon collègue en hochant la tête et en agitant la main. Cependant…

— Cependant ? demanda l'inspecteur d'une voix traînante.

— Cependant, je ne cesse de songer aux admonestations d'Ogilvie, qui soupçonnait un membre du corps médical d'on ne sait pas trop quoi, et aux paroles de Miss Canaby. Watson m'a également dit qu'elle revenait sans cesse à la notion de morale bourgeoise d'Ibsen. C'était…

— Cela devenait une obsession chez elle, continuai-je. Ces derniers jours, elle ne cessait de dire qu'elle pensait savoir où Ogilvie voulait en venir. Mais elle voulait en être absolument certaine. Une fois, une seule fois – c'était hier, en fait –, elle a écarquillé grand les yeux en me regardant et a littéralement sifflé entre les dents : "monstrueux". J'en ai eu la chair de poule.

— Où cette tête brûlée d'Ogilvie voulait-il en venir ? Que savait-il ? » demanda McCabe comme s'il se parlait à lui-même.

Bell leva les bras au ciel puis joignit les mains contre sa poitrine.

« Ils savaient tous les deux quelque chose, inspecteur, et ils savaient aussi qu'ils jouaient avec le feu. On les a obligés à se taire, mais je fais travailler mes méninges. D'autres… mais je ne veux pas échafauder d'hypothèses sans davantage d'informations. Je m'étais attaché à cette jeune fille, à peine femme encore, comme si elle avait été ma propre fille. Et je ne resterai pas les bras ballants alors que… »

J'avoue que je commençais à m'assoupir, et je serais tombé de ma chaise si Bell ne m'avait retenu.

« Mais il est très tard, inspecteur, n'est-ce pas ? Je suis en colère, et enclin à me laisser aller à un sentiment que j'ai toujours jugé primitif : la soif de vengeance. Pouvons-nous nous parler demain dans votre bureau, lorsque j'aurai terminé mes visites ? Vous pouvez compter sur moi pour vous prêter main forte dans cette enquête.

— Excellent ! dit l'inspecteur en tendant la main à Bell. À quelle heure voulez-vous venir ? demanda McCabe.

— Onze heures vous conviendrait-il ?

— Très bien.

— Parfait. Watson, si vous êtes libre à cette heure-là, j'aimerais savoir ce que vous a dit Miss Canaby ces derniers jours. Chaque fois que je lui rendais visite, elle dormait ou voulait me parler de mes deux filles. Elle s'était aussi attachée à Miss Jex-Blake. Ah, une dernière chose, inspecteur. Je crois que je viendrai accompagné d'un auxiliaire demain. Vous n'y voyez pas d'inconvénient ?

— S'il fait l'affaire, il sera le bienvenu.

— Venez, Watson, Collingwood va nous ramener. Je lui dirais bien de nous chanter une petite berceuse, mais cette tragédie l'a bouleversé, lui aussi. Sa famille vit depuis des années dans la même rue que les Canaby. Lister lui a appris sa chanson favorite. N'ayez pas l'air aussi surpris, inspecteur. Ils ont tous les deux un bel organe. »

Nous restâmes longtemps éveillés, ma femme et moi, après que Collingwood m'eut déposé devant ma porte. Elle ne cessait de se tordre les mains en répétant : « Ce misérable ne peut en aucun cas être médecin, quelqu'un que nous connaissons, l'un de nos amis. »

Quant à moi, je me disais à présent qu'il pouvait s'agir de n'importe qui à Édimbourg.

Le lendemain, vers dix heures trente, après en avoir terminé en salle d'opération, je m'apprêtais à me rendre au poste de police lorsque je croisai le jeune Doyle, qui me demanda la permission de m'accompagner.

« Le Dr Bell m'a appris que vous deviez aussi vous y rendre. Après m'avoir demandé si j'aimerais vivre l'aventure de ma vie.

— Aaah !

— Savez-vous ce qu'il a en tête, docteur Watson ?

— Je crois le savoir, mais…

— Mais il devrait me le dire lui-même ? C'est cela ?

— Si vous continuez ainsi, vous êtes à coup sûr l'homme de la situation. Oui, il préférerait sans nul doute vous l'apprendre lui-même.

— Il m'a dit que ça m'irait comme un gant, et il n'utilise pas souvent ce genre de langage.

— Vous venez de me convaincre que vous êtes bien celui qu'il nous faut.

— Ma foi, vous piquez ma curiosité, tous les deux », répliqua-t-il.

En entrant dans le bureau de l'inspecteur, nous vîmes que Bell et le sergent Dundas étaient déjà là. McCabe présenta une nouvelle fois le sergent, puis dévisagea Doyle un instant, avant de se tourner vers Bell.

« Il s'agit sans doute de votre…

— De mon auxiliaire, exactement, inspecteur, le coupa Bell. En temps ordinaire, je l'aurais prévenu à l'avance et lui aurais demandé ce qu'il en pensait, mais je sentais que j'allais avoir besoin de quelqu'un pour prendre des notes, transmettre des messages, me rendre de menus services. Je voulais voir sa réaction, ainsi que la vôtre, inspecteur, lorsque j'aborderais le sujet devant vous. »

Il informa alors le jeune homme sur un ton solennel qu'il allait tenter d'aider l'inspecteur à résoudre les étranges énigmes posées par les meurtres d'Archibald James Ogilvie et de Violet Canaby.

« Si l'inspecteur n'y voit pas d'inconvénient, vous me servirez de seconde paire d'oreilles et d'yeux, et j'aimerais aussi que vous collectiez les faits que nous pourrons découvrir. Qu'en dites-vous ? N'oubliez pas que vous avez d'autres obligations, notamment vos cours, vos travaux.

— Vous savez bien que je meurs d'envie de participer à ce genre de chose, répondit le jeune homme en clignant furieusement des yeux. Bon sang, je ne sais pas quoi vous dire d'autre.

— Pendant que vous reprenez vos esprits, je vais décrire vos talents à l'inspecteur. Ce jeune homme est un excellent étudiant ; peut-être pas absolument brillant, mais il possède certaines qualités qui nous seront sans doute plus utiles. Il sait tenir sa langue, on peut lui faire une confiance aveugle, et il adore nos petites séances sur l'examen clinique. Selon ses amis, il a lu la plupart des œuvres de Poe et de Gaboriau. Je ne sais si c'est ou non un avantage de votre point de vue. Au besoin, il peut courir à la vitesse d'un lévrier et, par-dessus tout, inspecteur, il a une très belle écriture, aussi claire et nette que du cristal. Qu'en pensez-vous ? Fait-il l'affaire, pour reprendre votre expression ?

— Je m'étais moi-même dit qu'il ferait un excellent auxiliaire, en effet. Et puisqu'il connaît déjà nombre des détails de cette affaire, je crois qu'il est tout indiqué. Il nous permettra sans aucun doute de gagner un temps précieux. »

Doyle gratifia l'inspecteur d'un large sourire, tandis que ce dernier désignait le sergent Dundas d'un geste ample.

« Et le sergent Dundas s'occupera exclusivement de cette affaire jusqu'à ce qu'elle soit résolue. Il sera mon auxiliaire à moi. Certains détails lui sont aussi familiers, et il ne ménage pas ses efforts. Il est en outre doté d'un esprit imaginatif, ce qui ne pas le cas de nombre de prétendus détectives.

— Excellent, inspecteur, s'écria Bell. Je vous rejoins en tous points.

— Ah, vous avez donc réfléchi à l'art du détective, docteur Bell ?

— Le Dr Littlejohn et moi-même avons amplement eu l'occasion d'y réfléchir en tant que médecins légistes. On nous a souvent consultés sur toutes sortes de crimes et délits.

— En ce qui nous concerne si tragiquement aujourd'hui, laissez-moi tout d'abord vous demander ceci, inspecteur : quel lien voyez-vous entre les lettres, les sinistres souvenirs adressés aux étudiantes et les deux meurtres ?

— D'abord, je suis persuadé que nous avons affaire au même individu, mais j'ai beau réfléchir, je ne vois aucun lien. L'homme – nous sommes sans doute tous d'accord pour dire que c'est un homme – est hardi, audacieux et arrogant. Le sergent Dundas m'a dit qu'il pensait... Mais pourquoi ne pas nous faire part de vos hypothèses, sergent ?

— Eh bien, j'ai dit à l'inspecteur qu'on avait affaire à quelqu'un qui ressemble beaucoup à certains de nos pires voyous. Ce sont de vrais vandales, sans scrupules, mais très malins, et je suis sûr qu'ils cherchent à nous narguer en disant : "Regardez un peu comme on est malins."

— Mmm, c'est intéressant, sergent, dit Bell. Je me disais justement que notre homme mystère tient en effet à se faire remarquer.

— Et j'ai dit aussi à l'inspecteur que c'était sans doute une perte de temps, mais qu'on devrait essayer de retrouver le manteau que ce type portait.

— Nous avons commencé à enquêter discrètement de ce côté-là, observa l'inspecteur.

— Excellent, excellent ! lança Bell d'une voix forte, en s'animant soudain. J'ai été fasciné par ce manteau dès que votre ami Sedley l'a mentionné, inspecteur.

— Mon ami, comme vous dites. Si ce manteau se trouve toujours ici, chez quelqu'un qui a le moindre lien avec cette affaire, nous le trouverons. Vous pouvez y compter.

— Il m'est venu une étrange idée, inspecteur, remarqua Bell. Le témoignage apporté par Mr McDougal ici même a allumé quelques étincelles dans mon cerveau. Ce sera sans doute en pure perte, mais je crois que je vais faire appel une fois encore aux services du jeune Tomkins. Si je découvre quoi que ce soit de significatif, je vous ferai signe. Pour l'instant, je me demande quel lien il peut y avoir avec ce Mr Ibsen – ou Henry Gibson, comme vous voulez — et cette sinistre affaire, et je revois sans cesse cette fine bougie posée à côté du trait à la craie tracé dans la salle de Christison. Je voudrais bien savoir ce que tout cela signifie. »

McCabe se leva de son siège et, enfilant son manteau, nous demanda de rester en contact. « Prévenez-moi s'il se passe quoi que ce soit », dit-il.

Nous sortions du bâtiment lorsque Doyle demanda à Bell s'il voulait qu'il fasse venir le jeune Tomkins à son bureau.

« Ah, vous savez où dénicher le gamin ?

— Ces derniers temps, il passe le plus clair de ses journées du côté du pub Rutherford. C'est un peu son quartier général, on dirait. Je crois que j'arriverai à le trouver, monsieur.

— Bravo ! Vous voyez, Watson, j'ai pris un excellent départ. Mon auxiliaire est à l'affût. Doyle, je serai au cabinet de consultation lorsque vous aurez trouvé le jeune Tomkins. »

Le rouge monta aux joues de Doyle, qui remercia Bell d'un sourire avant de partir d'un bon pas en direction de Drummond Street.

« Mmm, murmurai-je. Il n'aura sans doute aucun mal à dénicher ce gamin. Cette injonction d'ouvrir l'œil lui a été martelée depuis son arrivée par certains des meilleurs…

— Vous me gênez, Watson, coupa mon compagnon.

— J'allais dire par certains des meilleurs habitués de Rutherford's. »

Il passa son bras autour de mes épaules, en esquissant la grimace qui passait chez lui pour un large sourire.

Quelques rues plus loin, nous croisâmes Mrs Kingsley, plongée dans une discussion animée avec McCabe et une femme qui se tenait près d'une bassine accrochée à un trépied, du type de celles utilisée par l'Armée du salut (nouveau nom de l'East London Revival Society). Elle nous présenta Mrs Twining, ou plutôt le major Twining, selon les usages en vigueur dans l'Armée du salut, une femme maigre d'un certain âge portant une tenue modeste mais agréable à l'œil. Mrs Kingsley, quant à elle, était très élégamment vêtue.

« Voulez-vous apporter votre contribution au Comité pour la formation médicale des femmes, messieurs ? Cet argent sera sans aucun doute très utile à Miss Jex-Blake pour payer les frais de son procès.

— J'ai entendu dire que plusieurs avocats, dont John Traynor, ont proposé de la défendre gratis », dit Bell.

J'ignorais ce détail.

« Je n'ai jamais vu d'affaire plus ridicule, lança dédaigneusement Mrs Kingsley. Une femme déclare qu'elle a entendu dire qu'un jeune homme était éméché, et on la poursuit pour diffamation. C'est grotesque ! C'est elle qu'ils cherchent à diffamer, si vous voulez mon avis.

— Et comment se déroule votre collecte ?

— Pas au mieux pour l'instant, répondit le major Twining. Mais j'espère, comme pour l'Armée – l'Armée du salut – que nos effectifs et nos fonds ne tarderont pas à augmenter.

— Le frère de Miss Jex-Blake a proposé de payer la moitié des frais d'avocat, mais elle a refusé toute aide financière. Je ne crois pas qu'elle ait bien saisi les graves conséquences que pourrait avoir ce procès », dit Mrs Kingsley.

Elle nous quitta en annonçant qu'elle se rendait à la première réunion de la société au Waverley Hotel, réunion qui promettait d'être « grandiose ».

Je jetai quelques billets dans la bassine en disant à McCabe et à Bell que je contribuais pour nous trois, apaisant ainsi leurs éventuels scrupules moraux ou professionnels.

« Il n'aurait pas pu nous soulager de nos consciences plus efficacement avec un scalpel, dit McCabe.

— Bien dit, rétorqua Bell. Nous parviendrons bien un jour à vous réformer, Watson. Et si vous voulez bien pardonner ma curiosité, inspecteur, je dirais que vous examiniez Mrs Kingsley avec un intérêt inhabituel.

— C'était évident à ce point ? répliqua l'inspecteur en riant. Elle était sur son trente et un. Je croyais qu'elle se rendait à un bal.

— Oh, sa tenue n'était pas si élégante, rétorqua Bell. Ce n'était pas ce qu'Angus appellerait une "robe à aller à la messe deux fois le dimanche".

— Vous l'avez bien observée ? demanda l'inspecteur.

— Oui, je l'ai remarqué.

— Comment appelleriez-vous cela ?

— Inspecteur, vous allez regretter d'avoir posé la question, car vous allez avoir droit à tous les détails, grommelai-je.

— Bien au contraire, Watson. Simplement les faits. C'était une tenue de voyage de couleur bleu-gris en cachemire épais, me semble-t-il. J'ai compté huit – je dis bien huit – plissés de la même matière fixés sur le devant par des boutons de nacre gris perle. Elle possédait aussi un… – comment appelle-t-on cela ? – un col retourné en cachemire gris-bleu avec un nœud multiple en gros grain. Mais ce sont les manches qui ont attiré votre attention, inspecteur. Des manches étroites en cachemire à larges manchettes. Je ne sais plus comment on appelle cela.

— Ça alors ! Rien ne vous échappe, siffla l'inspecteur.

— La ceinture lui a échappé, répliquai-je.

— Ah, c'est vrai. Bravo, Watson, dit Bell. Elle portait une ceinture en corde de soie bleu-gris, me semble-t-il.

— Eh bien, ce qui m'a interpellé, c'est que Mrs Kingsley a dit à son amie, Mrs... ou plutôt le major Twining – j'aime assez ce "major" – qu'elle partait à Glasgow juste après la réunion. Directement de l'hôtel Waverley à la gare, a-t-elle dit. Elle m'a d'ailleurs demandé à quelle fréquence les trains partaient pour Glasgow. Mais d'où vous vient cette science des tenues féminines ? C'était impressionnant.

— Non, inspecteur. Je suis veuf, et j'ai deux filles extraordinairement précoces, si je puis dire. Elles sont captivées par la mode féminine. En les accompagnant faire leurs emplettes, j'ai appris bien des choses sur les tenues féminines. J'ignorais tout ou presque du sujet avant... avant la mort brutale de ma femme, et j'ai décidé de devenir en quelque sorte un expert en la matière, pour ménager mon orgueil, mais aussi ma bourse.

— Je continue à dire que c'était impressionnant, répliqua McCabe. À propos, qui croyez-vous donc qu'elle va voir à Glasgow ?

— Je regrette de ne pouvoir vous aider, en l'occurrence.

— Charles Darwin en personne.

— Le diable incarné, s'il faut en croire Angus, dis-je en riant.

— Eh bien, que dites-vous de ça, Watson ? demanda Bell.

— Je dirais que le terrain de jeu vient de s'élargir considérablement, répondis-je.

— Grands dieux ! s'écria Bell. Je suis entouré de gens qui parlent par métaphores.

— D'après les journaux, Darwin a fait ses études de médecine ici, n'est-ce pas ? demanda l'inspecteur.

— D'après les journaux et tous ceux qui comptent, inspecteur, répliqua Bell. Le jour où il a assisté à sa première opération – sans anesthésie à l'époque –, il est sorti en courant de la salle, et a même quitté précipitamment l'école. Son estomac en était tout retourné.

— Si vous me pardonnez cette petite plaisanterie, il a lui-même retourné quelques estomacs une trentaine d'années plus tard en publiant son livre.

— Vous êtes un véritable feu d'artifice aujourd'hui, Watson. »

****

Les obsèques de Miss Canaby au cimetière de Dean se déroulèrent dans une grande tristesse. La vaste majorité des infirmières de l'hôpital semblaient être là, ainsi que cinq des étudiantes et des douzaines d'amis. La plupart des médecins avec lesquels elle avait travaillé étaient également venus : Littlejohn, Bell, Bancroft, Bennett, Balfour, Stoddart. Sa pauvre mère, à qui l'on avait enfin appris la tragique nouvelle, quitta son lit de malade pour assister aux funérailles, soutenue par ses deux fils.

Le mercredi suivant débuta le procès de Miss Jex-Blake. Le temps était froid et gris, ce qui était sans doute approprié. Le procès, présidé par Lord Mure, se déroulait cette fois au tribunal.

J'avoue que je fus incapable d'en comprendre les ramifications juridiques, et j'épargnerai les détails à mes lecteurs. Je me bornerai à dire que l'avocat de Miss Jex-Blake l'avait convaincue qu'elle ne pouvait démontrer la véracité de ses affirmations, puisqu'elle n'avait jamais vu Mr Craig. En déclarant qu'elle avait entendu dire que le jeune homme était éméché, elle s'était donc, en quelque sorte, rendue coupable de diffamation.

En Écosse, le choix du juge est laissé au plaignant, et l'avocat de Craig, Mr Shand (annobli par la suite), opta pour Lord Mure, notoirement hostile à la cause des étudiantes. Craig lui-même n'assista pas au procès. Même l'observateur le plus impartial aurait noté que Mr Shand manipulait le juge ; lorsque (pour tenter enfin d'établir la vérité) on demanda aux étudiants présents lors de l'émeute de confirmer de simples faits (« Mr Craig était-il présent ce jour-là ? »), l'avocat ordonna à ceux-ci de ne pas répondre aux questions. « Telle que l'affaire nous a été présentée, force est de présumer la fausseté des accusations portées par Miss Jex-Blake », déclara en conclusion Lord Mure au jury.

Au bout d'une demi-heure de délibérations, les jurés déclarèrent l'accusée coupable, mais n'accordèrent qu'un sou de dommages et intérêts au plaignant.

On apprit plus tard que le jury avait pris cette décision après s'être assuré auprès du greffier qu'elle n'entraînerait pas une condamnation aux dépens de Miss Jex-Blake. Cependant, le greffier semblait ignorer que le juge jouissait d'un pouvoir discrétionnaire en la matière, et Miss Jex-Blake fut condamnée à payer une amende de plus de neuf cents livres.

Elle n'eut cependant pas à sortir un sou de sa poche. Mrs Kingsley et Sandy Russel lancèrent une collecte par le biais de leurs journaux respectifs, et l'argent afflua de toutes parts : Charles Darwin, le Lord Provost d'Édimbourg (William Law), les ouvriers de la ville, qui versèrent six livres, ainsi que Louisa Stevenson, la cousine de l'écrivain, qui remplaça bientôt Mrs Kingsley au poste de secrétaire du comité. La somme réunie s'élevait au total à plus de trois mille livres et, ironiquement, le surplus fut déposé à la Bank of Scotland par Miss Jex-Blake ; le fonds, qu'elle avait baptisé « Phoenix », était destiné, disait-elle, à élever sur les cendres de la dissension le premier hôpital pour femmes d'Édimbourg.

Une semaine environ après ce détestable procès, Miss Jex-Blake me montra une lettre qu'elle avait reçue de Miss Stevenson :

> Chère Miss Jex-Blake,
>
> Je suis chargée par quelques amis – dont certains vous sont connus – de solliciter votre permission afin de régler les dépen-

ses que vous encourez à la suite de la décision prise par la Cour, décision qui nous paraît contraire au droit et à l'équité. Nous ne pouvons que vivement déplorer l'agitation qui a conduit à cette action en justice. Cependant, je suis sûre que, comme d'autres, vous estimez que les révélations apportées par ce procès ont accru l'intérêt et la sympathie à l'égard de votre cause.

Quant à Robert Louis Stevenson, il avait écrit à sa cousine : « Vous savez sans doute quel bel accueil certains étudiants ont réservé l'autre jour aux droits des femmes. Les étudiantes furent huées, sifflées, bousculées jusqu'à ce que la police et un groupe d'étudiants irlandais interviennent. Je garde un point de vue neutre sur le sujet. Je suis convaincu que Miss Jex-Blake et les autres étudiantes sont l'avant-garde d'une noble armée de pionnières, de nouveaux Christophe Colomb, que sais-je. »

En définitive, les femmes avaient remporté, semble-t-il, une sorte de victoire à la Pyrrhus, et rallié un surcroît d'adhésion à leur cause.

Mais quinze jours plus tard se produisit une autre tragédie.

VXI

Qui sème le vent...

La semaine suivante fut extraordinairement chargée, et je dus même passer mon samedi en salle d'opération. Le lendemain, dès la fin du cours que je donnais aux étudiantes le dimanche, Bell apparut sur le pas de ma porte, accompagné du jeune Doyle. Miss Jex-Blake m'avait dit qu'elle lui avait parlé à deux reprises au cours de la semaine, et qu'il voulait la voir une nouvelle fois ce jour-là. J'avais donc avancé mon cours afin que Bell puisse se rendre aux deux services dominicaux de l'église Saint-George.

« Vous me mettez dans l'embarras, Watson, me lança-t-il. Vous êtes tellement prévenant que vous me mettez dans l'embarras, et je vous suis très reconnaissant. »

Il semblait penser, maintenant que Violet Canaby et Ogilvie n'étaient plus là pour nous aider, que Miss Jex-Blake avait peut-être entendu quelque chose, qu'elle pourrait éclaircir le mystère de la « morale bourgeoise » et permettre ainsi de démêler toute l'affaire. Tandis qu'il s'était isolé avec elle, Doyle me raconta comment il avait parcouru la ville avec Bell et le jeune Tomkins. « Pas besoin de journal pour savoir ce qui se trame quand on a ce gamin avec soi, me dit-il. Avec ses camarades de Cowgate, il va absolument partout et voit tout. Savez-vous qu'il passe autant de temps que Littlejohn dans les égouts ?

— Avez-vous la moindre idée de ce que cherche Bell, ou l'information est-elle confidentielle ?

— Oh ! je suis sûr qu'il ne songerait pas à vous cacher quoi que ce soit, monsieur, répondit-il sans hésitation, en me réchauffant le cœur. Je crois qu'il est toujours sur la piste de l'introuvable Henry Gibson, ajouta-t-il dans un sourire. »

Avant de partir, Bell consulta son petit carnet.

« Si vous êtes libre mardi prochain à quinze heures, Watson, j'aimerais beaucoup que vous assistiez à la petite conférence que je donne aux infirmières. Si vous vous rappelez, Miss Canaby comptait venir, et vous avez eu l'obligeance de commencer les préparatifs avant que… juste avant. Nous allons lui dédier cette séance, bien que j'ignore encore sous quelle forme. J'ai dit aux étudiantes qu'elles étaient les bienvenues, étant du même sexe ; et je suis heureux de vous apprendre que certains de leurs collègues masculins seront également là. Jusqu'ici, personne ne s'est offusqué de la présence d'étudiants mâles dans un cours destiné à des femmes. »

J'étais un peu surpris de cette invitation. Mais les surprises n'avaient pas manqué ces derniers temps, et je n'y prêtai guère attention.

Le mardi, en sortant de mon cours de chirurgie clinique, je croisai Caird et Curor, qui avaient été chargés par Bell de me rappeler le séminaire qu'il devait donner aux infirmières dans le vieil amphithéâtre. Je haussai les sourcils. « Bien grande salle pour un simple séminaire, non ? ne pus-je m'empêcher de demander.

— Oui, monsieur. Le Dr Bell se doutait que vous seriez étonné. Apparemment, toutes les infirmières qui ne sont pas indispensables en salles de soins seront présentes. Beaucoup d'entre nous – des étudiants, je veux dire, seront là aussi, ainsi que des médecins avec qui Miss Canaby travaillait, des membres de la famille, des amis et quelques autres, a-t-il dit.

— Ah, je vois. Très bien. Je vais me laver les mains et je vous rejoins. »

En entrant dans l'amphithéâtre, je vis que mon collègue n'avait pas chômé. J'aperçus aussitôt ma femme, assise à côté de son grand voyageur de frère, interne à l'hôpital de Philadelphie, qui était arrivé la veille à Édimbourg. L'un de nous n'était pas à sa place, me dis-je. Bell me vit hésiter, me sourit et me fit signe de m'asseoir à côté de ma femme.

Il prononça quelques paroles émouvantes sur Miss Canaby, qui avait grandi dans une extrême pauvreté, et fit l'éloge de sa douceur et de sa passion pour son métier ; il évoqua aussi son sens de la famille, racontant comment elle avait endossé une grande partie des responsabilités familiales après la mort de son père, et retraça son étourdissante évolution intellectuelle et professionnelle.

D'un regard et d'un haussement de sourcil, je demandai en silence à ma femme les raisons de sa présence. Elle ne daigna pas me répondre.

Bell conclut par une anecdote que je ne connaissais pas. Miss Canaby refusait de croire à la fameuse histoire des vieilles « harpies » (expression utilisée par Littlejohn pour désigner les infirmières de l'époque) dont avaient hérité Bell et Littlejohn lorsqu'ils avaient décidé de se pencher sérieusement sur la formation des infirmières ; celles-ci, en majorité d'âge mûr (pour ne pas dire plus), s'étaient portées volontaires afin d'avoir accès à la pharmacie de l'hôpital. Pour remédier à cette situation et lutter contre la somnolence induite par la prise de drogue, les prédécesseurs de Bell et de Littlejohn les avaient autorisées à boire trois verres de bière par jour, avec des résultats tout aussi désastreux. Bell et Littlejohn, secondés par Miss Canaby et Miss Dixon, avaient instauré un système de pauses pendant lesquelles on servait du thé et de délicieux scones préparés par Mrs Canaby, depuis baptisée « la boulangère la plus occupée de Blackfriar's Street ».

Puis vint mon tour. Bell décrivit à l'assemblée les soins que j'avais prodigués (son expression) à Miss Canaby à son arrivée à l'hôpital. Il loua mes compétences et mon professionnalisme. Déjà sans doute écarlate d'embarras, je fus particulièrement touché lorsqu'il raconta comment je m'étais efforcé de réconforter et de soulager la jeune femme après son opération. Il me demanda de me lever, et je reçus les applaudissements de l'assemblée. Jamais tomate n'aura rougi autant que mes joues.

Bell nous informa ensuite qu'il avait, avec l'aide du Dr Littlejohn, établi le matin même un fonds de secours destiné à la famille Canaby, qui avait déjà recueilli plus de quatre-vingts livres.

Puis, se dirigeant vers un tableau portable, il prit une baguette munie d'un embout de caoutchouc et, baissant les yeux, murmura :

« Messieurs, j'ai usé deux badines identiques sur le dos des infirmières. Je vous conseille de bien vous tenir. Celle-ci est réservée aux hommes. »

Approchant un grand tabouret, il s'assit en laissant pendre une jambe à terre et se mit à trier les notes qu'il tenait à la main.

Il n'était sans doute jamais plus serein que lorsqu'il jouait son rôle d'enseignant. Son visage prenait souvent une expression à la fois songeuse et radieuse, comme s'il était en transe. Il leva soudain les yeux, regarda son public.

« Nombre d'entre vous s'intéressent aux soins à apporter aux enfants qui ont des troubles alimentaires, dit-il. Souvenez-vous qu'un enfant ressemble à un animal lorsqu'il s'agit de décrire la maladie. Il aura bien du mal à vous dire où il a mal. L'infirmière doit traquer le moindre symptôme : appétit, sommeil, fièvre, frissons, sueurs. Vous aiderez immensément le médecin si vous avez observé comment l'enfant se nourrit. Certains aliments étranges seront appréciés et peut-être bénéfiques, tandis que le menu ordinaire est rejeté. Par exemple, les enfants souffrant de diarrhée sévère ont parfois envie de vieux fromage moisi, dont la consommation produit des effets très positifs. Et on peut se demander si les microbes contenus dans le fromage ne détruisent pas le bacille de la tuberculose.

« Par ailleurs, vous savez combien j'attache d'importance à l'observation des plus petits détails. Les détails comptent. Vous ne vous attirerez pas la sympathie d'une jeune fille pieuse en accrochant une seringue sur un crucifix. »

Il évoqua ensuite les dernières théories contradictoires concernant les divers antiseptiques, et conclut en rappelant l'examen portant sur la procédure de salle d'opération, qui devait se tenir deux semaines plus tard. L'auteur de la meilleure copie serait récompensé par une grouse écossaise, le plus noble gibier qui soit. Il comptait bien, quant à lui, en rapporter trois ou quatre dans sa besace la semaine suivante.

« Doyle faisait l'éloge de votre belle carabine américaine, dit-il en se tournant vers Wolff, assis sur le côté. Vous ne seriez pas disposé à la prêter, par hasard ?

— Oh ! j'ai laissé beaucoup de gens s'en servir, mais elle est restée dans mon pays. Vous pourriez me l'emprunter si je l'avais apportée, monsieur. C'est une belle pièce, et je ne songerais même pas à vous parler de ma note d'examen. Mais je voulais vous demander votre avis – à vous ou au Dr Watson – sur quelque chose. Ça me tracasse depuis un bout de temps, dit le jeune homme, qui était devenu un étudiant des plus appliqués.

— Qu'est-ce qui vous préoccupe ? demanda Bell.

— Cela concerne le Dr Oliver Wendell Holmes, le médecin américain, monsieur.

— Ah, c'est donc vous qui avez glissé son article sous ma porte ?

— Oui, monsieur. Sauf votre respect, voyez-vous, quelqu'un m'a parlé de votre femme…

— Ne vous inquiétez pas, dit Bell en posant la main sur l'épaule du jeune homme. Je peux en parler, maintenant. D'ailleurs, le Dr Handyside m'a également montré cet article. Oui, ma femme est morte de fièvre puerpérale – la fièvre de l'enfantement – en donnant naissance à notre quatrième enfant.

— C'est ce que je voulais vous demander. Le Dr Holmes pense que les médecins et les infirmières qui côtoient les femmes – les accouchées – transportent la maladie sur leurs vêtements, leurs mains, et contaminent tout ce qu'ils touchent. Je crois qu'il a raison. Qu'en pensez-vous ?

— Croyez-le ou non, Wolff, nous avons examiné la question, Watson et moi, lorsque Handyside nous en a parlé. Avec les recherches menées par Lister et les découvertes de Pasteur, nous pensons tous les deux que nous sommes à la veille de spectaculaires avancées médicales.

— Ce qui me chiffonne, monsieur, c'est qu'il a publié cet article il y a bien longtemps, et tout le monde lui a ri au nez, surtout ici, si je peux me permettre.

— Je ne peux guère vous contredire, Wolff. Vous avez parfaitement raison. »

Le jeune Doyle faillit lever la main avant de prendre la parole.

« Vous savez, c'est Holmes qui a suggéré de baptiser "anesthétique" et "anesthésie" le nouvel antidouleur et son usage. C'est aussi un sacrément bon poète, si vous voulez mon avis. Je me souviens aussi que Dickens a fait des pieds et des mains pour aller le voir à Harvard lors de son voyage en Amérique.

— Dickens ? fis-je, très étonné.

— Oui, Mr Dickens était fasciné par l'affaire Parkman. Un meurtre avait été commis à Harvard en... voyons... vers 1850, je crois, et le Dr Holmes avait servi d'expert légiste. Je ne me souviens plus si c'est le Dr Holmes ou quelqu'un d'autre qui a dit que le mot "anesthésie" sonnait comme un nom de princesse russe.

— Mais vous pensez qu'il avait raison ? insista Wolff.

— Il avait raison à l'époque, et la situation n'a pas changé, répondit Bell en serrant les dents.

— Ce que j'ai du mal à comprendre, dit Doyle, c'est pourquoi tout le monde a immédiatement remplacé l'éther par le chloroforme pour soulager les douleurs de l'enfantement dès que le Dr Simpson l'a inventé – ou plutôt s'est mis à l'utiliser.

— Vous connaissez vos classiques, Wolff ? lui demandai-je.

— Oui, je crois. L'éther a tendance à irriter les poumons et provoquer une toux lorsqu'on l'inhale, et il en faut une grande quantité durant l'accouchement. Il faut en général bien plus de temps pour mettre au monde un enfant que pour amputer une jambe.

— Et n'oubliez pas que son odeur désagréable et persistante dérangeait beaucoup les femmes pendant le travail.

— Pourquoi l'Église écossaise s'opposait-elle tant à l'usage du chloroforme par le Dr Simpson ? demanda Wolff.

— Ah. C'est presque cocasse, répondis-je. Voyez-vous, de nombreux membres du clergé – pas tous – estimaient que soulager la douleur, notamment celle de l'enfantement, était contraire à la volonté divine telle qu'elle est exposée au verset 6 du troisième chapitre de la Genèse. Mais Simpson, fort heureusement, connaissait pas mal la Bible, comme dirait Angus. Il fit simplement remarquer que le verset 6 du chapitre 2 nous racontait la première opération jamais pratiquée, à savoir l'ablation d'une côte d'Adam, qui avait auparavant été plongé dans un profond sommeil.

— Et qu'en a pensé le clergé ?

— Pas grand-chose, répondit Bell. Ce n'est que lorsque la reine Victoria eut recours au chloroforme pour la naissance de son huitième enfant que le vent tourna, pour ainsi dire.

— La reine s'est faite le champion de l'anesthésie. Bon sang ! s'écria Wolff.

— Nous aurions naturellement aimé savoir ce qu'en a dit la reine, mais elle apprécia indubitablement les effets de l'anesthésie, et nombre de ses loyales sujettes furent ainsi persuadées de l'imiter au moment de donner naissance, dit Bell.

— Et ce que l'on connaissait sous le nom d'analgésie chloroformée intermittente fut rebaptisé "chloroforme à la reine" », ajoutai-je.

C'est alors qu'Henderson, le grand gaillard qui servait d'assistant à Joe Bell, fit irruption dans la salle et accourut vers moi en gesticulant, hors d'haleine, le regard hébété.

« Dieu merci, je vous trouve, docteur Watson. Le Dr Christison m'a dit que vous seriez sans doute ici. Le Dr Clarkson a fait une chute dans les Salisbury Crags. On le conduit en salle d'opération en ce moment même. Il voulait savoir si vous seriez assez bon pour…

— Bien sûr, bien sûr, le coupai-je. Allons-y », dis-je en faisant signe à Bell de me rejoindre.

Tout le monde était très agité. Nous nous dirigeâmes en hâte, Henderson, Bell et moi, vers la salle d'opération. Clarkson et Christison pratiquaient régulièrement l'escalade, et connaissaient bien les Salisbury Crags, s'aventurant parfois dans des sites plus difficiles. Ils s'efforçaient sans cesse de convaincre des néophytes, des non-initiés, comme ils disaient, de les accompagner. Christison, qui trouvait souvent des recrues parmi sa brigade de cadets, et se flattait volontiers de ses talents de grimpeur, n'hésitait pas à affirmer qu'il n'était qu'un amateur comparé à Clarkson. « Il grimpe comme un singe », disait-il.

Les Salisbury Crags sont l'un des plus splendides sites d'Édimbourg, qui en compte beaucoup. On a dit qu'ils ressemblaient à une tiare encerclant l'extrémité est de la ville, car ils brillent d'une belle couleur orangée par les après-midi ensoleillés. Au milieu se dresse leur sommet, haut d'une centaine de pieds. Curieusement, comme l'avait souvent fait remarquer Christison, c'est le seul endroit que l'on peut escalader. Les Crags redescendent ensuite majestueusement jusqu'à la base du fameux Arthur's Seat, un volcan éteint de huit cents pieds dont le nom, apparemment, ne vient pas du roi légendaire, mais d'une déformation du gaélique *Ard-na Saigheid*, qui signifie « sommet (du vol) des flèches ».

Christison, le visage défait et le teint gris, nous attendait devant la salle d'opération. Il m'adressa un faible sourire, me prit les mains et murmura : « Merci, Watson, merci d'être venu. Mais vous arrivez trop tard, mon vieux, trop tard. Il est… » Sa voix s'étrangla. « Cela ne sert plus à rien. C'est fini.

— Henderson, voulez-vous aller chercher un verre d'eau pour le Dr Christison, demandai-je, avant d'aider mon collègue à s'asseoir. Aurez-vous la force de répondre à quelques questions ?

— Oui, oui, je crois.

— Vous escaladiez tous les deux les Crags ?

— Nous n'étions pas ensemble. Je suis arrivé au pied des falaises il y a environ une heure. J'attendais deux cadets de la brigade lorsque j'ai aperçu son corps sous des buissons. Il avait brisé plusieurs grosses branches en tombant, mais il avait sans doute déjà heurté la roche à de multiples reprises. C'était affreux, Watson, affreux. Je n'oublierai jamais cet horrible spectacle. Son cœur battait encore, mais il respirait à peine. J'ai aussitôt songé au jeune Davey, je vous l'avoue. »

J'avais eu la même pensée. Davey était le fils de Clarkson, un jeune homme en troisième année de médecine, qui avait péri avec deux amis dans un accident de bateau trois ans auparavant. Le père n'était plus que l'ombre de lui-même depuis lors.

Je me rappelais aussi que, peu de temps après, abandonnant son florissant cabinet de médecine générale, il s'était spécialisé en neurologie, une branche relativement nouvelle, avec un succès mitigé. Ces deux ou trois dernières années, il avait plongé dans la morosité.

« A-t-il dit quelque chose ? eus-je la présence d'esprit de demander.

— Hein ? Dit quelque chose ? C'est notre lieutenant qui est allé vers lui le premier, et il a entendu… Harrington, qu'a-t-il dit, au juste ? »

Un jeune homme au teint cireux, visiblement bouleversé, le visage plongé entre ses mains, se redressa sur sa chaise.

« Le Dr Clarkson a respiré profondément, puis a murmuré : "J'ai été un imbécile", et puis il a repris une inspiration. C'est tout ce qu'il a dit.

— Comment interprétez-vous cela ? demanda Christison. Pensez-vous qu'il… qu'il s'est donné la mort ?

— Pour le moment, on peut l'interpréter de bien des façons, répondis-je. Quant à l'hypothèse d'un suicide, je n'ai pas de commentaire à faire dans l'immédiat.

— Je vous félicite, Watson, fit une voix derrière moi. L'homme était particulièrement abattu depuis un an ou deux, mais il nous faut d'autres données. Apparemment, le suicide est bien une possibilité, dit Bell en posant légèrement la main sur mon bras.

— Ne devrions-nous pas appeler la police ? demandai-je, en me souvenant brusquement que le jeune Doyle ne cessait de poser la même question durant la réunion organisée par Sandy.

— Elle sera bientôt là, répondit Bell. L'une des infirmières est allée la chercher. Quelqu'un a-t-il prévenu sa femme ? Je n'y ai pas songé dans toute cette agitation.

— Oui, l'un de mes cadets est parti la chercher, répondit Christison. Cette tragédie va l'anéantir. »

Deux jours plus tard, je me retrouvai une nouvelle fois parmi une nombreuse délégation de professeurs de médecine sur le long chemin menant au cimetière de Dean, où le pauvre Clarkson fut inhumé. Christison avait eu raison : sa veuve était inconsolable.

La semaine suivante, je vis peu Bell, ou McCabe, d'ailleurs. Chaque fois que je croisais mon collègue, il était accompagné de Doyle, qui était occupé à griffonner dans son petit carnet. Les étudiantes présentèrent une nouvelle requête afin d'obtenir l'accès aux salles de soins, et furent de nouveau défaites par diverses manœuvres, parfois à la limite de la légalité. Sandy Russel, frustré que l'on n'ait pas encore arrêté l'assassin d'Ogilvie, s'en prit à la police, tout en prenant soin d'y mettre les formes. Il rédigea également un brillant article sur l'agression de Violet Canaby et les obstacles qu'elle avait dû surmonter pour devenir infirmière.

Deux jours après les funérailles, je compris qu'il se passait quelque chose en voyant Bell se diriger d'un pas vif vers le dispensaire déserté, Doyle à son côté. Quelques minutes plus tard, dans le vestibule de l'hôpital, je croisai McCabe, accompagné du sergent Dundas. Il prit un air déconfit lorsque je lui demandai s'il cherchait Bell. Lui laissant à peine le temps d'esquisser un sourire penaud, je l'informai que mon collègue se trouvait au dispensaire, et que je serais heureux de l'y conduire, puisque c'était sur mon chemin.

Dans la pénombre du dispensaire désert, Bell et Doyle étaient en train de consulter des papiers, sans doute les notes qu'ils avaient amassées. Bell vint nous accueillir à la porte.

« Ah, inspecteur ! Ravi que vous ayez pu venir aussi vite. Excellent. Et Watson est là. Un atout supplémentaire, à n'en pas douter. »

Je ne pus réprimer un mouvement de recul, quelque peu irrité par cette remarque que je jugeai gratuite.

Son visage se figea, il laissa tomber ses notes sur une chaise, et me prit par les épaules.

« Mon cher ami, je suis navré d'avoir été si cavalier. Pardonnez-moi. Les résultats de l'enquête de l'inspecteur et les données que nous avons rassemblées, Doyle et moi, semblent indiquer que nous nous rapprochons de notre gibier. Je disais à Doyle en venant ici que je voulais réexaminer l'analyse balistique que vous nous avez fournie lorsque notre tireur a visé Miss Jex-Blake. Mais asseyez-vous, je vous en prie.

— Ce ne sera sans doute pas nécessaire, docteur Bell, dit l'inspecteur. Le sergent Dundas a mené des recherches approfondies et a fini par obtenir une description de l'homme qui a acheté le fusil Henry-Martini. Mais, si je peux me permettre, comment diable avez-vous su que nous approchions de notre gibier, comme vous dites ?

— Ah, inspecteur. Je sais qu'au cours des dernières semaines, vos... vos agents ont surveillé mes activités. De notre côté, nous vous avons observé à distance, de manière indirecte.

— Vous nous avez placés sous surveillance ! s'écria McCabe en éclatant d'un grand rire. Et qui donc avez-vous chargé de suivre notre piste ?

— Qui donc ? Disons simplement que ce sont des personnes qui, me disais-je, nous conduiraient immanquablement à la solution de cette terrible affaire. Je vous recommande de prêter attention à certains gamins des rues, au jeune Tomkins et à ses amis en particulier. Rien ne leur échappe, ils connaissent tout le monde, vont partout, et sont invisibles dans la foule. Ils se fondent dans le décor grisâtre.

— Oui, effectivement », murmura l'inspecteur.

Je rongeais mon frein, et Bell s'en aperçut.

« Je vais vous expliquer mon raisonnement dans une seconde, Watson, me dit Bell sur un ton conciliant. Voyez-vous, inspecteur, plus je réfléchissais aux "meurtres Henry Gibson", comme les a baptisés Doyle, plus je me disais qu'Ogilvie essayait de nous dire qu'un bon bourgeois respectable avait peur de tomber en disgrâce, ou d'être rattrapé par les péchés qu'il avait commis, si vous voulez. Mais j'avoue que j'étais totalement perplexe. Comment démêler cette curieuse affaire ? De toute évidence, Ogilvie et Miss Canaby savaient que quelqu'un à Cowgate avait quelque chose à se reprocher. C'est à cela qu'Ogilvie faisait allusion, et le meurtrier les a fait taire tous les deux. Je me suis alors rappelé qu'Ogilvie faisait souvent appel aux services des gamins des rues pour porter des messages, dénicher des informations, etc. Et j'ai aussi compris que je faisais fausse route : d'autres personnes à Cowgate connaissaient également les déplacements de notre anxieux meurtrier. Ogilvie voulait dire que notre Mr X voulait sauver la face, ménager sa réputation.

— Ergo, vous avez fait appel aux services du jeune Tomkins et de son équipe pour obtenir des renseignements.

— Ergo, Watson, en effet. »

Je n'avais jamais vu mon ami d'aussi belle humeur. Il murmura quelque chose d'une voix inaudible, avant d'ajouter :

« Mais, avant de continuer, écoutons ce que l'inspecteur a à nous dire.

— Je vous dirai tout d'abord que je trouve fascinante votre idée de faire appel aux gamins de Cowgate, dit McCabe. Maintenant, laissez-moi vous raconter ce que faisaient mes hommes.

J'ai d'abord placé sous surveillance certaines personnes que je considérais comme suspectes, et nous avons obtenu des résultats. L'une d'elles a réussi à semer mes hommes quelques heures avant l'agression de Miss Canaby, et je me suis alors dit qu'on tenait notre coupable. N'est-ce pas, sergent ?

— Je pensais qu'on allait le prendre la main dans le haggis, comme dit ma chère mère, répliqua Dundas en souriant.

— Mais il nous manquait encore des preuves, reprit l'inspecteur. Et puis nous avons eu un coup de chance. Un employé de l'armurerie où notre suspect a acheté le fusil s'est souvenu que celui-ci avait une petite verrue sur le dos de la main droite. Croyez-le ou non, nous n'avons pas réussi à voir sa main. Il porte toujours des gants, ou bien garde les mains dans ses poches ou glissées sous sa redingote. »

Comme Bell, j'avais sursauté en entendant mentionner la verrue.

« Ce bon vieux Watson, qui remarque tout.

— Vous connaissez donc tous les deux quelqu'un qui a une verrue sur le dos de sa main droite ? demanda l'inspecteur.

— Mmm, oui, murmura Bell.

— Si j'en juge par votre petit sourire, vous n'êtes pas mécontent de notre suspect ?

— Vous avez raison, inspecteur. Comme c'est intéressant : nous poursuivions le même gibier.

— En effet. Et nous avons suivi votre conseil, docteur Bell. Nous sommes allés examiner le sol au sommet des Salisbury Crags.

— Vous avez trouvé quelque chose ?

— Une bague de cigare, sans doute abandonnée par le suspect. Elle semblait neuve, et se trouvait sans doute là depuis peu.

— Bravo.

— Bonté divine ! m'écriai-je. Pourquoi donc évitez-vous donc si soigneusement de nommer ce… cette canaille ! Le déroulement des événements me donne le tournis. Et vous, vous restez assis là, parfaitement calmes…

— Watson, Watson, me coupa Bell d'une voix apaisante. Vous préféreriez nous voir scruter le sol à la loupe à la recherche d'empreintes, comme l'inspecteur LeCoq ? Gaboriau peut se permettre de faire agir ainsi son détective, mais au sommet des Crags, sur un sol sec, vous découvrirez bien peu d'empreintes. Vous savez, Watson, je ne vous ai jamais vu aussi contrarié. L'inspecteur, me semble-t-il, veut être absolument sûr. N'est-ce pas, inspecteur ?

— Exactement.

— J'imagine que vous avez commencé par vérifier la taille de l'individu ?

— Parfaitement. Cela nous a beaucoup aidés.

— Où se trouve-t-il en ce moment ? J'ai appris qu'il était parti de chez lui en voiture hier.

— Il allait chercher sa femme dans leur maison de campagne, près de Granton. Je ne sais si vous connaissez ce détail, mais elle avait emmené avec elle Mrs Clarkson pour tenter de la réconforter.

— Non, je l'ignorais. C'est intéressant, n'est-ce pas, Watson ? répondit Bell.

— Effectivement. Dans vingt-quatre heures, nous pourrons jeter notre filet. J'espère qu'il ne commettra pas de folie d'ici là.

— Vous êtes peut-être trop optimiste, inspecteur, mais je l'espère aussi. Vous l'avez sans doute placé sous surveillance rapprochée ?

— Nous surveillons toutes les voitures, tous les trains, et des équipes gardent l'œil sur les docks en permanence. D'autres hommes sont postés aux alentours de la gare Waverley sous divers déguisements. Ils sont plus nombreux que les employés du chemin de fer. Il ne nous reste plus qu'à faire preuve de diligence et de patience.

Les deux policiers prient ensuite congé. La journée du lendemain s'annonçait mouvementée, prédit Dundas avant de partir.

Notre principal suspect avait sans doute des raisons de rester à la campagne au-delà des vingt-quatre heures annoncées par l'inspecteur. Mais McCabe, en collaboration avec la police locale, était en contact avec un fournisseur d'un certain John McIver, qui habitait à deux maisons du suspect. Le jeune homme apportait régulièrement du charbon et du bois, et savait donc plus ou moins qui était à demeure.

Le surlendemain – je me souviens de cette journée aussi bien que du baptême de mon fils –, notre suspect décida de rentrer à Édimbourg, et les étudiantes présentèrent une nouvelle requête afin d'obtenir l'accès aux salles de soins (précisant qu'elles solliciteraient au préalable l'autorisation des médecins concernés).

Le temps était froid et venteux. L'air semblait envahi par le brouillard et la fumée, et l'odeur de charbon à moitié brûlé remplissait les poumons. Je me préparais à quitter l'hôpital lorsque Bell me dit que le sergent Dundas nous avait conviés à assister ce soir-là à la mise en place de la souricière. McCabe avait appris qu'un domestique de Mr X s'était renseigné le matin même à la gare Waverley sur les horaires des trains d'Inverness en soirée.

« Vous voulez en être, Watson ? me demanda-t-il en me jetant un regard en coin.

— Bon sang ! Bien sûr ! répondis-je aussitôt.

— Ce bon vieux Watson ! Très bien. Nous devons nous retrouver derrière la maison d'une certaine Mrs Darnell, au 32, Ann Street, à cinq heures et demie. Cette dame habite juste en face du suspect, comme vous le savez. On nous a dit d'éviter Ann Street, et de passer par Upper Dean Terrace. Voulez-vous que je passe vous prendre un peu après cinq heures ? Ah, j'oubliais : McCabe a dit qu'il nous fera peut-être accompagner par l'un de ses fantassins. »

Je hochai la tête en signe d'acquiescement.

Je sortis de chez moi cinq minutes en avance, très fébrile. Je n'avais rien fait de tel auparavant. Je vis bientôt arriver Bell, accompagné d'un des hommes de McCabe. L'inspecteur ne voulait prendre aucun risque, même avec nous.

McCabe nous accueillit à la porte arrière de la fameuse maison, où une domestique nous fit entrer. Cette dernière était la seule occupante qui restait, la famille ayant été persuadée d'aller passer la soirée chez des parents à Oxford Terrace.

Avec sa mâchoire carrée, elle avait tout du sergent instructeur. Elle nous regarda nous essuyer interminablement les pieds sur les petits tapis et paillassons qu'elle nous avait fournis. Mrs Helen Darnall, la maîtresse des lieux, faisait partie du comité en faveur des étudiantes dirigé par Mrs Kingsley.

« Ne vous approchez pas trop des fenêtres, nous dit l'inspecteur. On verra sans doute mieux du fond de la pièce, de toute façon. »

Nous nous trouvions dans un grand salon plongé dans l'obscurité qui sentait fortement l'encaustique. L'odeur commençait à envahir mes narines lorsqu'une voiture s'arrêta de l'autre côté de la rue. Le cocher se hâta d'aller aider Mrs X à descendre, avant de s'occuper des bagages. Étrangement, nous n'avions toujours pas prononcé de nom, ce qui me mettait mal à l'aise.

L'épouse du suspect, une imposante femme presque aussi grande que son mari, portait un long manteau rouge qui semblait luire dans la clarté du réverbère, et une capeline dissimulant en partie son visage. Son mari était vêtu d'un pardessus ajusté et une écharpe blanche un peu ridicule qui pendait sur sa poitrine.

Après des gesticulations interminables – il discutait apparemment le prix de la course –, le suspect suivit sa femme à l'intérieur de la maison.

« Ah, l'animal a du sang froid, dit l'inspecteur. Il n'a même pas jeté un coup d'œil autour de lui. Son insouciance le perdra. »

Le cocher se mit à ajuster le harnais de son cheval, en battant des pieds sur le pavé pour se réchauffer. Avions-nous choisi cette maison pour éviter une longue attente dans le froid ? L'homme de McCabe, qui se tenait près du sergent Dundas, sembla lire dans mes pensées.

« Vous voulez attendre qu'il ressorte, inspecteur ? demanda-t-il.

— Patience, mon vieux, patience. Si je ne me trompe, notre gibier sait non seulement que nous sommes sur ses traces, mais aussi que nous ne tarderons pas à sortir des buissons. Je crois qu'il est de la race des papillons de nuit : il a envie de quitter l'obscurité pour se jeter sur la flamme.

— Intéressant, inspecteur », murmura Bell.

De la lumière jaillit soudain de l'autre côté de la rue. La porte venait de s'ouvrir. L'épouse, les mains emmitouflées dans un manchon, cria aigrement au cocher qu'elle était prête. Elle portait encore son manteau rouge et son chapeau démodé qui dissimulait ses yeux. La voiture s'éloigna lentement dans Ann Street. Les lumières du premier étage s'éteignirent. En levant les yeux vers la seule pièce illuminée, nous vîmes à plusieurs reprises la silhouette du suspect se dessiner derrière les rideaux. Il semblait très agité et ne cessait de faire les cent pas.

Soudain, l'inspecteur me bouscula en poussant un cri. Je faillis aller heurter le manteau de cheminée.

« Quels imbéciles nous sommes ! criait-il. Il nous a eus encore une fois. Bon Dieu ! Ce n'est pas lui là-haut, et ce n'est pas elle qui est montée en voiture. Et moi qui parlais d'insouciance ! Vite, Dundas, allons prendre les trois voitures au bas de la rue. Allons-y, allons-y, mon vieux ! »

Il ordonna à trois de ses hommes de traverser la rue en hâte et d'appréhender tous les occupants de la maison. Il nous fit signe de ne pas les suivre.

« Ce n'était pas lui ? Ce n'était pas elle ? Que diable voulait-il dire ? » demandai-je faiblement dans l'obscurité.

Mais il ne restait plus que Bell et moi dans la pièce, et mon ami se frappait le front à grands gestes en gémissant.

« Il a raison, il a raison. Nous avons été dupés par un homme qui sait ménager ses effets, Watson. Un véritable artiste, et un boucher, de surcroît. Oh, comme nous avons été aveugles ! Je ne me pardonnerai jamais. »

Il dut m'expliquer, comme à un enfant de cinq ans, que le mari avait troqué son manteau contre celui de sa femme, en y ajoutant son chapeau et son manchon.

« Et pour faire bonne mesure, ajouta-t-il alors que nous sortions dans la rue, il a même changé de voix. »

****

« Où allons-nous, maintenant ? demandai-je à mon compagnon. À la gare ?

— Prêt à continuer, hein, Watson ?

— Autant aller jusqu'au bout, voilà ma devise.

— Excellent, Watson. Nous trouverons une voiture au bout d'Upper Dean Terrace. Vous voulez donc assister à la capture du renard ?

— Pas spécialement. Je veux juste le voir derrière des barreaux. »

Nous sautâmes dans un cabriolet, et Bell demanda au cocher de se rendre au plus vite à la gare Waverley.

« On n'entend que ça, ce soir, grommela l'homme, un type morose qui avait le regard triste d'un chien de chasse. Vite, vite, vite. Et on arrive à peine à voir quelque chose dans cette purée de pois. Et tous les pingouins veulent aller à la gare. Faut croire qu'ils donnent des billets gratis. »

Malgré ses récriminations et le brouillard ambiant, l'homme nous conduisit rapidement à notre destination. Alors que nous roulions à tombeau ouvert dans Princes Street, je cherchais dans ma poche de l'argent pour payer la course, lorsque je me rendis compte que quelque chose clochait. La voiture s'arrêta avant de pouvoir tourner dans la rue escarpée menant à la gare. Un cordon de police empêchait les curieux d'avancer. La foule de policiers et de voitures encombrant la pente dissimulaient au regard le maëlstrom en contrebas.

Alors que nous tentions de comprendre ce qui s'était passé, Dundas arriva vers nous au pas de course, écartant la foule en aboyant : « Attention ! Reculez ! Reculez ! Vous n'avez pas vu l'ambulance de la police ? » nous demanda-t-il en nous apercevant.

Nous lui répondîmes que nous venions d'arriver.

« On l'a envoyé chercher il y a dix minutes. Il y a un docteur en bas. Il allait prendre le train de Londres. Je crois que l'inspecteur ne sera pas mécontent de vous voir.

— Mais que s'est-il donc passé ? demandai-je d'une voix impatiente.

— La justice divine, si vous voulez mon avis, mais n'allez pas raconter ça à l'inspecteur. C'est lui, dit-il avec emphase. Et si ce n'était pas la justice divine, je ne sais pas ce que c'était. Manifestement, il est sorti de la voiture au moment où une autre dévalait la pente. Il a été écrasé. Sacrée histoire. »

Il demanda à des policiers de dégager la voie dès que l'ambulance serait là.

« Vous voulez dire que c'était...

— Ouais, notre lascar en personne. »

Renonçant à conserver un air digne, nous suivîmes d'un pas chancelant Dundas, qui nous fit franchir le cordon de police. Nous retrouvâmes enfin McCabe, qui se tenait à côté du médecin penché sur un corps allongé sur le pavé. Quelqu'un lui avait mis un manteau sous la tête. Le Dr Andrew Bancroft, toujours vêtu de sa grotesque robe rouge, gisait là, grimaçant et saignant abondamment. La capeline et le ridicule manchon de sa femme, trempés de sang, se trouvaient à côté de lui. Bell, une ceinture d'homme à la main, s'approcha du blessé en me demandant si le garrot improvisé posé sur sa jambe me paraissait adéquat.

Je fus soulagé de constater que McCabe semblait heureux de nous voir. Il nous présenta au Dr Campbell, un petit homme mince au visage de furet, qui parut soulagé de nous laisser prendre la direction des opérations. Un murmure s'éleva parmi la foule, annonçant l'arrivée de l'ambulance.

Tandis que deux infirmiers ouvraient les portes de l'hôpital ambulant, McCabe fit un signe de tête en direction du corps allongé.

« Quel est votre avis ? » nous demanda-t-il.

Bell s'agenouilla à côté du blessé. Il me regarda, et leva un doigt, puis deux.

« Il va certainement perdre une jambe, inspecteur ; peut-être les deux. Qu'en dites-vous, Watson ? » me demanda-t-il.

Le blessé fut placé sur un brancard et installé à bord du véhicule, qui fit demi-tour dans un grincement devant la gare et remonta la pente en bringuebalant, avant de disparaître dans Princes Street.

« Les journaux vont en faire leurs choux gras, à moins que je ne parvienne à les en dissuader, dit l'inspecteur. Regardez-les avec leurs carnets et leurs crayons. Ils sont déjà sur la ligne de départ. Vous savez quoi ? Je vous serais très reconnaissant de me rejoindre à l'hôpital, disons dans deux heures. J'ai beaucoup de choses à régler là-bas. Vous voulez bien ? »

Bell me regarda. Je hochai la tête.

« Bien sûr, inspecteur, dit mon collègue.

— Est-ce que vous connaissez un coin tranquille ? demanda le grand gaillard, visiblement secoué par tout ce qui s'était passé.

— Le bureau d'Angus me paraît idéal, répondis-je en souriant. Il ne peut contenir plus de quatre personnes à la fois, c'est-à-dire trois si vous êtes de la partie.

— Très bien, répondit McCabe. Je vous enverrai chercher lorsque je serai prêt. Je vous remercie vivement. Voyez-vous, il reste quelques points que je n'arrive pas à éclaircir. Mais le principal, c'est que nous en avons fini avec ces bizarres lettres anonymes et ces terribles assassinats, Dieu merci. »

XVII

Une fin et un commencement

Le bureau d'Angus avait la même odeur que le salon de Mrs Darnall. J'étais arrivé à notre petite réunion en brûlant d'impatience, car je ne disposais encore que de demi-vérités évanescentes, et je n'arrivais pas à démêler la situation.

McCabe, assis à califourchon sur une chaise, prit la parole.

« Tout d'abord, comme vous le savez sans doute, le Dr Chiene a amputé une jambe. Bancroft a perdu beaucoup de sang, mais il se remettra. Je voulais vous dire, docteur Watson, que c'est votre ami qui m'a mis sur la piste, notamment sa brillante idée d'employer quelques-uns des gamins crasseux qui courent nos rues du matin au soir. Mais je vous laisse raconter l'histoire, docteur Bell.

— Le Dr Watson la connaît déjà en partie, mais voilà : tout d'abord, il fallait que je retrouve ce qu'Ogilvie cherchait à tout prix à crier sur les toits d'Édimbourg, ce qui le tracassait, ce à quoi il faisait allusion. Puis Watson a reconnu qu'il n'avait pas bien saisi tous les propos tenus par Ogilvie au cours de la réunion de Sandy. C'est alors que je me suis souvenu que ce dernier avait embauché une secrétaire dactylographe. Nul besoin de faire un effort de mémoire. Il me suffisait d'obtenir une copie de la transcription des débats.

« En examinant les déclarations des uns et des autres, j'ai soudain remarqué qu'Ogilvie critiquait beaucoup mes collègues qui, selon lui, ne consacraient pas assez de temps aux bonnes œuvres, pas assez de temps, par exemple, aux habitants de Cowgate. Mais il disait aussi le contraire.

— Pardon, mais je ne suis pas votre raisonnement, lui dis-je.

— Il ne s'agit pas de raisonnement, Watson. Je veux simplement dire que nous avons mal interprété ses paroles. Il essayait de nous dire que certains d'entre nous passaient trop de temps à Cowgate. C'est alors que je me suis rappelé une chose qu'il m'avait confiée l'année précédente.

— Que vous avait-il dit ?

— Simplement ceci : lui et moi étions sans doute les deux seuls à Édimbourg à savoir que les gamins des rues sont une véritable mine d'informations. Il les embauchait pour surveiller les activités de certains de nos collègues, sans doute parce qu'il soupçonnait quelque chose et avait eu vent de certaines informations.

— Et qu'a-t-il découvert ?

— Entre autres que Bancroft passait beaucoup de temps à Cowgate, et qu'il visitait notamment les masures où vivaient des jeunes femmes aux mœurs libres, dirons-nous. Il avait compris que nombre d'entre elles devaient être enceintes, et avait saisi sa chance. Il pratiquait sans aucun doute des avortements, entre autres choses. J'espère que vous me suivez toujours, Watson ; si Littlejohn était là, il vous ferait remarquer que vous êtes bouche bée.

— Billevesées, rétorquai-je. D'où tirez-vous tout cela ? Il y a une semaine, vous vous demandiez vous aussi ce à quoi Ogilvie faisait allusion.

— Et je l'ai découvert, Watson ; ou plutôt, ce sont nos gamins au visage barbouillé qui l'ont découvert. Ogilvie conservait ses carnets dans un tiroir de la cuisine de la vieille Mrs Canaby. Depuis deux ou trois ans, ces petites fripouilles lui rendaient de menus services, ainsi qu'à sa fille.

— Tout cela est fort bien, mais comment ont-ils su où chercher ?

— Un peu de patience, Watson. Vous le saurez. Voyez-vous, Mrs Canaby parlait sans arrêt aux gamins du précieux carnet que Miss Canaby voulait cacher à tout le monde. Comme Angus, elle se disait qu'Ogilvie allait faire tomber les pouvoirs de la ville avec sa seule plume.

— Et elle leur a remis le carnet ? » demandai-je, incrédule.

Bell faillit piquer un fard.

« Je ne sais si je dois m'en vanter, mais ils m'ont dit qu'ils me l'obtiendraient.

— Mais si ce que vous dites est vrai, c'est monstrueux, balbutiai-je.

— Il y a pire, mon cher.

— Que pourrait-il y avoir de pire ? dis-je d'une voix forte.

— Ah, Watson, Watson. Comme je l'aurais dit à l'inspecteur si je m'en étais alors souvenu, un bon détective doit avoir une bonne imagination, car c'est ce qui permet de faire coller les faits qui résistent.

« Voyez-vous, je suis persuadé que Bancroft se permettait également quelques libertés avec les jeunes femmes de Cowgate, et je suis presque sûr que Violet Canaby l'a consulté pour…

— Pour confirmer son état, le coupai-je.

— Exactement. Elle était quasi certaine que Bancroft garderait le silence, car il se doutait que les deux jeunes gens étaient sur sa piste. Elle ne pouvait savoir qu'il s'en prendrait à eux, ni jusqu'où il était prêt à aller.

— Dieu tout-puissant ! dit l'inspecteur, estomaqué.

— La morale bourgeoise n'était pas sa seule préoccupation, on dirait.

— Si vous faites allusion à des scrupules de conscience, je crois qu'on peut écarter cette hypothèse, dit Bell.

— Il y a quelque temps, vous m'avez dit que vous aviez eu la puce à l'oreille en examinant le bureau du Pr Christison, dit McCabe à Bell. Que vouliez-vous dire ?

— Eh bien, voyez-vous, j'étais très intrigué par la bougie et la craie découvertes à côté de la théâtrale ligne à la craie tracée par le meurtrier d'Ogilvie, probablement après avoir commis son acte. Ce que je me suis alors dit, c'est qu'il connaissait de toute évidence la salle de cours de Christison ; il a probablement pris à tâtons de la craie dans l'armoire qui se trouve dans ce couloir mal éclairé. C'est en revenant dans la salle pour tracer la ligne qu'il s'est rendu compte qu'il avait également emporté une bougie. Mais il a interrompu son travail lorsqu'il a entendu Angus – ou quelqu'un d'autre, approcher dans le couloir.

— Je ne comprends pas ce que vient faire ici cette bougie, dis-je.

— Ah, mais c'est la clé de l'énigme, Watson. Bancroft souffrait d'astéréognosie, d'une incapacité à distinguer les objets au toucher. Même Ogilvie en a parlé pendant la réunion de Sandy.

— Bonté divine ! m'écriai-je en me frappant le front. Et Bancroft était soigné par Clarkson.

— Exactement, répondit Bell. Il devait se dire, plus ou moins consciemment, que Clarkson finirait par découvrir le pot aux roses.

— Mais puisqu'il était prêt à accompagner Bancroft sur les Crags, il ne se doutait encore de rien, interrompit McCabe.

— Je crois que Bancroft a agi un peu trop précipitamment, répondit Bell. Clarkson avait bien d'autres soucis. Mais comment diable saviez-vous qu'ils partiraient tous les deux en escalade, inspecteur ?

— Je ne le savais pas. Pas vraiment, répliqua McCabe avec un étrange sourire. J'ai sans doute fait preuve d'un peu d'imagination en demandant à mes hommes de suivre Bancroft et le Dr Christison, ainsi qu'un autre suspect, docteur Bell. Cette canaille de Bancroft nous a semés à l'aube, le jour même où il avait manifestement réussi à convaincre le Dr Clarkson de l'accompagner. Le majordome de Clarkson nous a dit que Bancroft l'avait persuadé qu'il était le seul à pouvoir lui enseigner l'art de l'escalade.

— C'était donc ça. Il a joué sur la flatterie, ce qui est souvent efficace. Je me posais précisément la question. Et comment a-t-il réussi à vous semer, inspecteur ?

— J'ai compris quand je l'ai vu monter en voiture vêtu de cette robe rouge. L'homme aimait se déguiser, et il avait même un certain talent pour cela. À propos, la bague de cigare que l'on a trouvée au sommet des Crags était de la marque Tavista. Sa préférée.

— Elle aurait pu être jetée là par quelqu'un d'autre, dis-je, un peu surpris.

— Oui, on y a pensé, bien entendu. Mais il y avait toutes les chances que ce soit son cigare. Il avait sans doute besoin de se calmer les nerfs.

— Il y a un autre détail qui me tracasse, dit Bell. Pourquoi avez-vous crié "Ce n'est pas lui, ce n'est pas elle" quand Bancroft est monté en voiture avec son extravagante robe rouge ? Que vouliez-vous dire ?

— Ah, fit l'inspecteur en souriant. J'ai soudain compris que ce n'était pas la femme de Bancroft qui était rentrée avec lui de la campagne. Il était terrifié par elle, ou du moins redoutait qu'elle ne découvre ses coupables activités. Et c'est peut-être comme cela que s'est enclenchée cette terrible affaire. Il est revenu avec son majordome, Staley. Et c'est Staley que nous avons vu faire les cent pas à l'étage. C'était un leurre.

— Une chose est sûre, dis-je. L'homme ne manque pas d'imagination.

— Absolument, Watson, renchérit Bell. Nombre de criminels sont très doués en ce domaine. Une dernière question, inspecteur : comment Bancroft s'est-il fait renverser ?

— Ah, il s'est montré un peu trop malin. Selon deux témoins, il a sauté de la voiture et s'est mis à courir vers la gare, mais il s'est pris les pieds dans son ample robe rouge. Il tentait de reprendre son équilibre lorsqu'une autre voiture est arrivée et l'a renversé.

— Et qui conduisait cette voiture ? demanda Bell.

— Qui ? Vous voulez savoir qui ?

— C'est une simple question. Je suis curieux de connaître l'identité du cocher.

— Sauf votre respect, monsieur, toutes vos questions sont aussi simples que les mots croisés du *Times*. »

Il sortit son carnet et tourna plusieurs pages.

« Cooksey, Johnny Cooksey, dit-il.

— Aha ! fit Bell.

— Que voulez-vous dire ?

— Oh, c'est sans doute insignifiant, inspecteur. Mais il se trouve que Johnny Cooksey est le frère d'Annette Cooksey.

— Je n'ose vous poser la question : qui est Annette Cooksey ?

— L'une des femmes de Cowgate que Bancroft… voyait régulièrement.

— Et vous pensez… vous pensez…

— Je ne pense rien, inspecteur. Absolument rien. Pour l'instant, je préfère d'ailleurs ne plus penser à rien, dit Bell dans un soupir.

****

Les journaux tirèrent tout le parti qu'ils purent de la tragédie de la gare Waverley. Ils étaient cependant bien en peine d'expliquer la tenue extravagante de Bancroft, et l'inspecteur avait fait de son mieux pour empêcher les fuites. « Il est prêt à parler. Il n'attend que ça. Il va vider son sac. Quand on racontera tout à la presse, la ville sera en ébullition. »

Les journaux annonçaient également qu'une énième requête (la dernière) présentée par les étudiantes pour accéder aux salles de soins allait être examinée par le Sénat de l'université la semaine suivante. La plupart des jeunes femmes étaient soulagées de savoir que l'auteur des messages anonymes ne pourrait plus nuire, mais elles ne connaissaient, elles aussi, que les plus vagues détails. Malgré tout, Miss Jex-Blake était furieuse que Bancroft (que l'on n'appelait plus que le criminel) se soit servi d'elles pour faire diversion. À cela, ses camarades avaient rétorqué qu'elles devaient toutes s'estimer heureuses d'être saines et sauves.

L'inspecteur avait vu juste. Dans les jours précédant l'examen de la requête des jeunes femmes par l'université – un mercredi, me semble-t-il –, le sergent Dundas arriva à l'hôpital pour nous dire que Bancroft était prêt à parler. Sa femme, rentrée de la campagne, était sous le choc et terrifiée. Elle avait demandé à l'inspecteur de lui envoyer des hommes afin de rapporter la malle pleine de costumes au théâtre de Dalkeith. Elle ne supportait plus de la voir, et comptait quitter Édimbourg. McCabe lui avait autorisé dix minutes d'entretien avec son mari. Elle partirait ensuite.

« Son mari pourrait avoir pris quelques menus objets dans les armoires du Dr Christison, et elle voudrait que quelqu'un vérifie ce qui appartient à l'hôpital. Et puisque le Dr Christison est occupé – il doit prononcer le discours acula… non… esculapien, quel nom ! –, l'inspecteur se demandait si vous ou le Dr Bell pourriez y aller. Il voudrait aussi que vous lui veniez avec deux solides étudiants pour descendre la malle. Le théâtre va envoyer une voiture, mais le cocher, qui est aussi le gardien, a plus de soixante-dix ans. »

L'inspecteur nous retrouverait là-bas à midi, si nous étions libres. La maison de Bancroft étant proche de la mienne, je me dis que j'avais le temps de rentrer déjeuner. Bell demanda à Doyle, qui continuait à le suivre comme son ombre, de trouver un collègue pour l'aider à descendre la malle.

Une heure plus tard, nous fûmes accueillis par McCabe en personne, en tenue de ville. Doyle avait recruté Wolff, le plus solide gaillard de tous. Bell et moi fouillâmes une vieille boîte en fer pleine de bric-à-brac, tandis que les deux étudiants descendaient une énorme malle cabossée de l'étage. Nous y trouvâmes une flèche conservée dans un petit flacon, et deux seringues. C'étaient les seuls objets provenant de la collection de Christison.

« Inspecteur, avez-vous retrouvé le manteau au col de fourrure ? demanda Bell.

— Mais bien sûr ! s'exclama McCabe en claquant des doigts. Bien sûr, il pourrait se trouver dans la…

— Non, il n'est pas dans la malle, dis-je doucement. Ma femme l'a trouvé ce matin. »

Tous les regards, pour le moins incrédules, se tournèrent vers moi.

« Ah, je ne suis plus le seul à être bouche bée. Voyez-vous, je me suis rappelé qu'il était l'un des principaux acteurs amateurs du théâtre. Connaissant l'endroit comme sa poche, il avait pu y cacher le manteau. Les gens du théâtre disent qu'il ne leur appartient pas.

— Bon sang, dit l'inspecteur. Je suis vraiment… ravi.

— Vous voulez dire étonné, inspecteur, n'est-ce pas ? demandai-je.

— Sauf votre respect, docteur Watson, même le cochon aveugle trouve parfois le gland, comme on dit chez nous, lança Wolff. Mais vous êtes loin d'être aveugle, bien entendu.

— Un petit reproche déguisé en compliment, me semble-t-il », murmura Bell.

Tout le monde éclata de rire, moi compris.

C'est alors que s'arrêta devant la maison une vieille voiture bringuebalante. En un clin d'œil, Doyle et Wolff chargèrent la malle à l'arrière, puis s'installèrent à côté du cocher, qu'ils avaient promis d'aider à la décharger. C'était un véritable plaisir de les voir faire. Lorsqu'ils furent partis, je repris mon récit.

« Le plus beau de l'histoire, c'est que Farfrae, le concierge, se rappelle avoir vu Bancroft arriver avec un grand paquet emballé dans un solide papier brun. D'après lui, c'était trois ou quatre jours après l'agression de Miss Canaby, leur dis-je.

— L'affaire est quasiment bouclée, dit McCabe avec soulagement. Ce qu'il m'a appris, ou que j'ai déduit de ses déclarations, c'est que Miss Canaby a été la première à s'interroger sur ses visites nocturnes à Cowgate. Elle en a parlé à Ogilvie, qui a demandé à quelques gamins de surveiller ses allées et venues. Il a même mené des recherches de son côté. De toute évidence, Bancroft s'est soudain rendu compte que quelqu'un s'intéressait à ses activités.

— Il y a une chose que je ne comprends toujours pas, dis-je. Vous paraissiez tous deux ne pas prendre les lettres anonymes adressées aux jeunes femmes très au sérieux. Pourquoi cela ?

— Pour ma part, après les premières lettres, je me disais qu'il aurait eu amplement l'occasion de s'en prendre impunément aux étudiantes. Et l'incident de la cible accrochée au-dessus de la tête de Miss Jex-Blake m'a mis la puce à l'oreille. Chacun des principaux suspects – du moins les miens – était un tireur émérite. Nous avons appris au cours de l'enquête que Bancroft était lui aussi un fin tireur. Donc, je dirais que l'homme avait tout simplement un penchant presque morbide pour la mise en scène. Vous êtes de mon avis, docteur Bell ?

— Oui, les faits vous donnent raison. Pour ma part, je savais que Bancroft savait manier le fusil.

— Notre patient a demandé d'autoriser sa femme à lui apporter un livre, une seconde paire de lunettes et ses cigares. Je les ai apportés. Nous les avons examinés, Dundas et moi, et je n'ai rien remarqué de suspect. Voulez-vous les voir ? »

J'examinai soigneusement le mince étui, qui ne contenait que trois cigares. Les lunettes n'avaient pas d'étui.

« Cela me paraît bien innocent », dis-je.

****

Un nombre record de professeurs de médecine soutenaient à présent la requête des étudiantes, et l'auguste Sénat de l'université se réunit lors de trois sessions spéciales réparties sur quatre jours. En définitive, la requête fut une nouvelle fois refusée sur un point de détail. Cependant, dès l'ouverture des débats, Miss Jex-Blake, qui ne se faisait guère d'illusions, avait décidé d'intenter une action en justice contre le Sénat. Le procès eut lieu presque aussitôt après l'annonce de la décision.

Le premier épisode se déroula sur deux jours seulement (pour le second, les jeunes femmes avaient déjà quitté Édimbourg). Le tribunal examina la plainte des étudiantes, déclarant qu'en dépit d'être dûment inscrites à l'université, d'avoir reçu l'autorisation d'assister à divers cours, elles n'étaient toujours pas traitées à l'égal de leurs collègues masculins. Le juge (l'honorable Mr Gifford), se prononça pour une large part en faveur des jeunes femmes. L'essentiel du jugement disait :

> Le Lord Ordinary déclare que, selon la constitution et les règlements en vigueur à l'université d'Édimbourg, les requérantes ont le droit d'étudier la médecine dans ladite université ; elles doivent également pouvoir bénéficier des mêmes droits et privi-

lèges accordés aux autres étudiants dûment inscrits dans ladite université, selon les conditions décrites par les règlements précités, en date du 12 novembre 1869 ; il déclare que les requérantes, à la fin du cursus fixé, et à condition d'avoir rempli toutes les obligations afférant à l'obtention d'un diplôme, peuvent se présenter aux examens de fin d'études selon les modalités fixées par le règlement de l'université d'Édimbourg.

Si l'université voulait agir selon les principes du droit, comme elle l'affirmait, elle en avait à présent l'occasion. Il lui suffisait de se soumettre au jugement de la Cour et de prendre les mesures nécessaires pour le faire appliquer. La tâche était aisée. Au lieu de cela, l'université annonça le lendemain qu'elle faisait appel de la décision du juge, ce qui signifiait, comme l'apprit Sandy Russel aux jeunes femmes, que l'affaire ne pourrait être réglée avant de longs mois. Il allait falloir plus d'un an de délibération aux juges, qui se prononcèrent à sept voix contre cinq contre la plainte des étudiantes.

À mon grand regret, toutes les jeunes femmes avaient déjà quitté Édimbourg. Le coût de la procédure, pour les deux parties concernées, s'élevait à plus de huit cents livres.

Je me souviens que, dans l'après-midi du jour où nous apprîmes qu'un nouvel obstacle se dressait devant elles – l'appel interjeté par l'université –, je reçus une note de Miss Jex-Blake me disant qu'elle s'apprêtait à partir quelques jours chez elle pour oublier un peu toute cette affaire, et qu'elle souhaitait me parler.

Elle vint me voir ce soir-là chez moi, à Charlotte Square, et nous raconta, à Margaret et à moi, tout ce qu'elle avait sur le cœur. Elle nous informa qu'elles s'étaient toutes réunies et avaient joué à pile ou face la décision de porter l'affaire devant le Parlement, ou de s'en aller.

« Et vous avez décidé…

— Il est temps de partir vers d'autres forêts, vers de nouveaux pâturages, pour suivre le sage conseil de Milton, dit-elle. Nous avons perdu une bataille, mais nous refusons de nous déclarer vaincues. »

Il y avait cependant une bonne nouvelle, nous dit-elle. Son livre sur les universités américaines se vendait bien, et elle envisageait d'en écrire un autre sur le système scolaire aux États-Unis. Aucun de nous ne souhaitait évoquer le procès ni l'appel. Elle finit cependant par dire dans un soupir :

« Dernièrement, on avait l'impression de toucher au but.

— La moitié des professeurs est maintenant de votre côté, me semble-t-il, lui dis-je. Même Sandy Wood a pris votre parti cette fois-ci. Ce qui est un petit miracle, vous devez vous en rendre compte.

— Ah, oui ! s'écria-t-elle en levant les mains au ciel. On gagne d'un côté ce qu'on perd de l'autre, mais on ne peut remporter la mise ni d'un côté ni de l'autre. »

Pour son plus grand embarras, elle ne put retenir ses sanglots, abandonnant sa stoïque réserve. Margaret la prit dans ses bras pour la réconforter de son mieux.

Une demi-heure plus tard, lasse et le cœur lourd, elle accepta de laisser Benjamin la raccompagner. Au moment de partir, elle posa sa main sur mon bras et m'embrassa sur la joue en versant de nouvelles larmes.

Le surlendemain, au beau milieu de mon cours de chirurgie clinique, nous entendîmes quelqu'un arriver au pas de course dans le couloir. Je vis une silhouette se dessiner derrière le verre dépoli. Personne ne dit mot. Je fis signe aux étudiants de ne pas bouger, puis allai ouvrir la porte et me retrouvai nez à nez avec Doyle, qui avait endossé dernièrement le rôle de Mercure. Il me fit signe de le suivre d'un air pressé ; son visage habituellement rougeaud était devenu blanc.

Je prévins mes étudiants que je m'absentais quelques instants.

« C'est terrible, terrible, se lamenta Doyle en se rongeant le pouce pour se donner une contenance.

— Que diable se passe-t-il ? lui demandai-je.

— L'inspecteur McCabe veut vous voir immédiatement. Le patient – le docteur Bancroft –, ils pensent qu'il s'est empoisonné.

— Oh, pour l'amour du ciel ! » m'écriai-je.

La nouvelle était exacte, hélas. L'homme avait avalé du cyanure. J'étais abasourdi par la nouvelle, sachant combien McCabe avait pris de précautions.

« Mais comment ? Où ? demandai-je à l'inspecteur dès que je le vis.

— Il a dit qu'il était fatigué, qu'il voulait dormir, répondit-il d'un las et découragé. L'infirmière lui a apporté un verre d'eau, et il s'est donné le coup de grâce. Il avait caché deux pilules de cyanure dans…

— Pas dans l'étui à cigares ! m'écriai-je.

— Non, répondit McCabe en secouant la tête. Elles avaient été soigneusement insérées dans l'un de ses gros cigares.

— Incroyable ! m'entendis-je dire.

— Lorsqu'il a enfin avoué, je me suis dit qu'il avait fait gagner beaucoup de temps au gouvernement. Maintenant, il lui évite une grosse dépense. Vous savez, la plupart du temps, cet homme était en avance d'un pas sur nous. »

Il est impossible de décrire la sensation causée par la mort de Bancroft et les informations fournies à la presse par McCabe. L'hôpital fut pris d'assaut par les journalistes pendant deux bonnes semaines.

****

Deux jours après le suicide de Bancroft, Margaret et moi accompagnâmes Miss Jex-Blake à la gare Waverley. Elle avait dû s'incliner, mais sa détermination restait la même. Elle avait la tête remplie de projets concernant les universités dans lesquelles certaines d'entre elles comptaient s'inscrire. Elle cita entre autres celle de Berne. Nous nous fîmes nos adieux très tristement.

Le soir même, Bell m'invita à venir prendre un verre chez lui après le dîner, ce qui n'était guère dans ses habitudes. « La crème de la crème, Watson. Un pur malt », m'avait-il dit.

Il passa le plus clair de la soirée à m'interroger sur les chances qu'avaient les femmes d'être enfin admises à l'université, et m'apprit quelques-unes des extraordinaires informations qu'il avait pu recueillir grâce au jeune Tomkins et aux gamins des rues.

Je lui racontai comment nous avions accompagné Miss Jex-Blake à la gare.

« Je crois que nous n'avons pas fini d'entendre parler d'elle, dit-il. Elle a du cran. Si je comprends bien, elle a rencontré Emerson et Thoreau. J'ai commencé à lire son livre sur l'éducation américaine, vous savez. C'est assez fascinant. Une université de l'État de l'Ohio – qui s'appelle Oberlin, je crois – compte autant de femmes noires diplômées que de blanches. Selon elle, ce seul État compte plus d'universités que la Grande-Bretagne tout entière.

— Et chez nous, aucune femme, noire ou blanche, n'est encore diplômée, lui dis-je.

— Le temps viendra, Watson, vous verrez ; et vous leur avez peut-être, à votre manière, permis d'entrouvrir la porte. À propos, saviez-vous qu'elle envisage d'écrire un autre livre sur l'éducation américaine, mais en s'intéressant cette fois aux plus jeunes ?

— Oui, c'est ce qu'elle nous disait. D'ailleurs, comment appelle-t-on le premier niveau de la scolarité là-bas ?

— Élémentaire, mon cher Watson. »

Épilogue

Ce livre raconte un des épisodes les plus dramatiques du long combat mené par un petit groupe de femmes intrépides pour ouvrir la profession médicale aux femmes, mais leur histoire ne s'arrête pas là. Leur échec dans cette « bataille d'Édimbourg » (expression utilisée par Sophia Jex-Blake dans ses mémoires) ne fit que renforcer leur détermination.

En 1874, Sophia contribua à fonder la London School of Medical Woman. Vers la même époque, le Parlement britannique vota une loi : The Medical Act de 1876 (aussi connu sous le nom du Russell Gurney Enabling Act), « autorisant » les examinateurs à traiter les femmes à l'égal de leurs homologues masculins (sans les y obliger).

Sophia termina ses études en Suisse, et obtint son diplôme à l'université de Berne en 1877. Elle partit peu après pour Dublin, où elle réussit ses examens quelques mois plus tard ; elle y put enfin, grâce à la nouvelle loi, être inscrite au Conseil médical général, devenant ainsi la troisième femme médecin du pays.

Elle retourna plus tard à Édimbourg, où elle s'établit comme médecin et fonda un dispensaire pour les patients à revenus modestes, qui devint, après sa retraite, The Bruntsfield Hospital for Women.

En 1886, elle fonda The Edinburgh School of Medecine for Women.

Elle mourut en 1912, agée de près de soixante-douze ans. Une plaque à son nom figure aujourd'hui à l'entrée de la faculté de médecine d'Édimbourg, rendant hommage à la physicienne, à la « pionnière de l'éducation médicale des femmes en Grande-Bretagne », et à l'ancienne élève de l'université – université où elle eût tant de mal à s'inscrire.

Table des matières

Cet ouvrage a été achevé d'imprimer en février 2012
dans les ateliers de Normandie Roto Impression s.a.s.
61250 Lonrai
N° d'impression : 12-0755
Dépôt légal : janvier 2012

Imprimé en France